중국연구방법론
Methods and Methodology in China studies

연구설계·자료수집·현지조사

정재호 편

서울대학교출판문화원

서문

10년 전인 2000년 봄 녘에 『중국정치연구론: 영역, 쟁점, 방법 및 교류』라는 제목의 편집서를 출간한 적이 있다. 나 자신이 대학생일 적부터 줄곧 지녔던 지적 목마름, 즉 "중국을 어떻게 공부할 것인가"라는 질문을 학계 전체와 공유하고픈 마음에서 시작했던 작업이었다. 열다섯 분의 전문가들과 함께 만들어낸 총 17장(606쪽)으로 구성된 그 책에서는 "중국정치연구의 영역과 쟁점" 부분에서 엘리트 정치, 국가-사회관계, 정책과정, 대외관계 및 양안관계 등 다섯 개의 영역을 자세히 다루었고, "유학, 현지연구와 자료수집" 부분에서는 한국, 미국, 대만, 중국에서의 유학 및 중국연구에 대한 평가와 함께 북경에서의 자료수집, 인터넷을 통한 자료수집 그리고 한국 내 지방에서의 연구 환경에 대한 진솔한 평가를 제시하였다. 그리고 마지막으로 "교류와 상호인식"의 부분에서는 정부, 기업 및 언론매체와 학계 사이의 교류와 인식에 대한 평가와 제언을 시도했었다.

당시로는 상당히 파격적인 기획과 내용을 담았던 이 책에 대한 평가는 매우 긍정적이었던 것으로 기억한다. 일반적으로 학술서적에 대한 한국 출판시장의 열악한 '한국적' 상황을 감안할 때 이 책의 판매 부수 자체는 그리 중요한 것이 아닐지도 모른다. 무엇보다도 독자들이 그 책을 읽고 편집자에게 보내온 여러 통의 편지와 이메일 내용을 갖고 볼 때, 당시에 여전히 많은 중국학도들이 "중국을 어떻게 공부할 것인가"라는 질문에 목말라 있었다는 점이다. 『중국정치연구론』이 출간된 직후 받았던 소감문 중 몇 통만을 아래에 간단히 발췌해 소개한다.

> "『중국정치연구론』을 통독한 후 지난 열흘동안 저는 여러 가지 생각과 감흥에 젖어 지냈습니다. 이 책은 적어도 중국이나 동아시아에 관심있는 많은 젊은 예비학자 및 지식인들에겐 그들의 미래를 설정하는데 긴요한 방향성을 제시했다고 봅니다…또 제가 10년 뒤쯤 한국의 중국정치학계에 동참하여 기여할 부분이 무엇인지에 대한 고민을 좀 더 진지하게 그리고 구체적으로 하게 되는 것 같습니다."(2000년 8월 3일, 베이징에서 날아온 이메일 중에서)

> "『중국정치연구론』을 받은 즉시, 저항할 수 없는 호기심으로 다 보았습니다…이 책을 5~6년 전인 대학 3, 4학년 시절에 보았다면 얼마나 좋았을까라고 생각합니다. 당시 중국정치연구에 뜻을 굳혔지만 '무엇을 어떻게 어디서' 해야 할지에 대해 너무 막막했기 때문에 지금이라도 후배들이 좋은 길라잡이를 갖게 된 점을 기쁘게 생각합니다…다만 중국정치연구를 '어떻게' 할 것인가를 다루는 3부에서 사실상 '어디서'의 문제에 더 주안점이 주어진 것 같습니다. 막 중국연구에 입문한 학생들에게는 '어떻게'의 문제가 더 중요하기에 이는 매우 아쉽습니다."(2000년 9월 8일, 미국에서 온 편지에서)

"『중국정치연구론』을 읽고 엄밀한 중국연구에 관한 강조를 다시 한번 느낄 수 있었습니다. 저 역시 항상 고민하는 부분이라고 말씀드릴 수 있습니다…중국이란게 '실재'한다면 연구자들의 학문배경에 상관없이 그들에게 보이는 중국은 동일해야 한다는 것입니다…따라서, 제가 봤을 때는 중국연구가 어떤 학문배경에서 나온 것이건 간에 각각의 중국연구의 우열을 가릴 수 있는 것은 결국 그 연구의 실증적 설명력이라고 생각합니다" (2000년 일시 미상, 한국에서 받은 편지 중에서)

위의 글을 보내왔던 독자를 포함해 2000년에 출간된 『중국정치연구론』을 읽고 중국연구에 입문했거나 공부한 적잖은 수의 학생들이 그로부터 10년이 지난 지금 이미 박사학위를 마치고 대학과 연구소에서 강의와 연구에 매진하는 소장학자로서 학계에 몸을 담고 있다. 소위 "제5세대" – 2000년대에 박사학위 과정을 다니고 또 학위를 받아 연구를 시작한 소장학자들 – 에 속하는 이들에게 이제는 그냥 '수혜자'가 아닌 학계를 위한 '공헌자'로서 향후 10년을 위한 '공공재(public goods)'를 함께 창출하자고 제안하였다. 막 학위를 받고 자신의 연구에 매진하고 있는 소장학자 여덟 분이 바쁜 일정에도 불구하고 편집자의 제안을 흔쾌히 받아들여 이 작업에 함께 참여해주었다.

이번 책, 『중국연구방법론』은 10년 전의 편집서와는 그 구성에서 큰 차이를 노정하고 있다. 우선 이번 책에는 "연구영역과 쟁점" 및 "교류와 상호인식"의 부분이 포함되어 있지 않다. 그 이유는 지난 10년의 기간 동안 다양한 단행본과 편집서들이 출간되어 이미 국내 학계를 논함에 있어 중국연구의 영역과 쟁점을 따로 재론할 필요가 없어졌기 때문이기도 하고, 또 관-학 및 산-학간 그리고 학계와 언론 사이에 이전에는 감히 상상도 할 수 없을 정도로 긴밀한 연계와 교류가 이뤄지고 있기 때문이기도 하다. 따라서 『중국연구방법론』에서는 10년 전에 나온 『중국정치연구론』에서 불가피하게 크게 주안점을 두지 못했던 '어떻게'의 문제, 즉 연구의 방법(methods)과 방법론(methodology)에 그 초점을 맞춰 보았다.

이 책은 학자의 일생을 통해 아마도 박사학위 논문의 준비와 완성의 과정에서만큼 많은 고민과 모색의 시간을 갖기도 쉽지 않을 것이라는 전제 하에 학위를 마친지 몇 년 되지 않는 소장학자들이 직접 자신들이 겪었던 방법론적 번민과 경험을 풀어쓴 것을 학계 차원에서 공유하려는 작업의 결실이다. 반년여의 기획을 거쳐 2008년 겨울동안 집필자들의 인선이 이뤄졌고, 2009년 2월 중순에 전체 책의 틀, 편집자의 의도와 함께 개별 장들의 저술에 대한 가이드라인이 필자에게 전달되었다. 2009년 11월 14일에 서울대에서 열린 초고발표회에서의 열띤 토론을 거쳐 2010년 1월 말에 종고가 모였으며, 이를 묶어 단행본으로 출간하게 되었다. 현대중국의 다양한 주제에 대해 좋은 연구를 하고 있는 소장학자들이 바쁜 일정에도 불구하고 마음을 합해 주었음에 큰 고마움을 표하며, 이 프로젝트가 가능하도록 지원해준 서울대 중국연구소와 초고발표회에서 유용한 논평을 제시해준 김시중 교수, 백우열 박사에게 감사의 마음을 전한다. 또 원고의 교정 과정에서 힘을 보태준 중국연구소 전명종 간사, 그리고 출판 과정에서 큰 도움을 준 서울대출판문화원 형난옥 본부장, 김현호 편집장, 주지연 박사에게도 고마움을 전한다.

10년 전 절절한 마음을 담은 독후감들을 받았던 것처럼 이번 책도 우리에게 10년 전보다 더 중요하게 다가오고 있는 중국을 연구하는 많은 후학들에게 또 하나의 좋은 길라잡이가 될 수 있었으면 하는 바람이 간절하다. 물론 이 책에 실린 개별 논문들에 대한 치열한 학술적 평가는 동학들의 몫임을 밝히며 서문을 맺는다.

2010년 8월
관악연구실에서
편집자 서

목차

표 목차

그림 목차

제1장
방법론과 중국연구

정재호

I. 들어가며

지난 20여 년간 – 특히, 한–중 수교가 이뤄진 1992년 이후부터 – 한국에서의 중국연구는 양적인 부분과 질적인 측면에서 공히 획기적인 성장과 발전을 이뤄왔다고 평가할 수 있을 것이다. 현대중국을 연구하는 전문 인력의 급속한 증대, 연구 대상과 영역의 점진적인 확대, 중국연구에 투입되는 재원의 지속적인 증가, 학회 및 연구회를 포함하는 다양한 연구 협력 네트워크의 확산, 출간되는 연구 성과물의 증대 등에서 모두 긍정적인 평가를 내릴 수 있기 때문이다.[1)]

전반적으로는 긍정적인 평가에도 불구하고 한국에서의 중국연구가 얼마만큼 견실한 방법론적 토대 위에 서있는가라는 질문에 대해서 현재로선 그리 확신에 찬 대답을 제시하기가 어렵다. 필자가 한국으로 돌아온 1996년 이후부터 지금까지 대략 15년 정도의 기간 동안 겪어본 한국의 중국학계(특히, 중국정치 영역)는 방법론적 사유에 대한 고려와 관심이 별로 없는 곳이라 해도 과언이 아니기 때문이다. 2000년에 출간된 『중국정치연구론』이 '어떻게(how)'와 관련된 구체적인 연구 설계/방법/기법들에 그 초점을 맞추지 못했던 이유 중의 하나도 당시의 필진(중국연구의 제3세대 및 4세대) 대부분이 엄밀한 방법론적 훈

---

* 초고를 읽고 유용한 도움말을 준 이옥연 교수에게 고마움을 표한다.

1 이와 같은 평가에 대하여는 Jae Ho Chung, "Studies of Contemporary Chinese Politics in Korea: An Assessment," *The China Quarterly*, No. 194 (June 2008), pp. 395~413을 참조하라.

련을 받은 적이 없거나 다양한 연구방법들을 실제로 활용해본 경험이 별로 없었다는 점에 기인했다.[2)]

방법론은 그 속성에 있어서 외국어의 학습과 유사한 측면을 많이 지니고 있다. 즉, 휘발성(揮發性)이 매우 높아 방법론적 사유에 대한 지속적인 관심과 함께 방법 및 기법들의 실질적인 활용 없이는 일정한 소양을 지닌 연구자들마저도 그것을 유지하기가 매우 어렵다는 특성을 지니고 있다.[3)] 반면에 방법론적 사유와 방법의 활용에 대한 실제 경험과 함께 이에 대한 일정 부분의 친숙도를 유지하게 되면 연구의 수행에 있어서 상당한 (때론 폭발적인) 잠재력을 발휘하게 되는 장점도 함께 갖고 있다.

방법론적 사유에 기반을 둔 연구와 그렇지 않은 연구 사이의 가장 큰 차이는 대개 제기되는 핵심 질문의 성격에서 잘 드러난다. 전자가 주로 '무엇'과 '어떻게'에 대한 심도있는 이해를 당위적인 전제로 상정한 후 '왜'의 측면에 그 분석의 초점을 맞춘다면 후자는 대체로 '무엇'과 '어떻게'에 대한 기술에 주로 천착하는 경향이 높다. 특히 후자의 경우, 학술연구와 탐사보도 사이의 경계가 모호해지는 문제를 낳을 수도 있다. 물론 '왜'라는 인과적 질문에 초점을 맞춘 후자의 연구가 없는 것은

2 한국의 중국학계 내 세대 구분에 대하여는 정재호, "중국정치연구의 영역, 쟁점, 방법 및 교류에 관하여," 정재호(편), 『중국정치연구론: 영역, 쟁점, 방법 및 교류』(서울: 나남, 2000), pp. 3~4를 참조하라.

3 여기서 말하는 방법(methods)이란 자료의 수집 및 분석과 논리의 실증에 활용되는 구체적이고도 미시적인 연구전략과 기법들(예컨대 서베이, 인터뷰, 사례연구, 통계분석, 내용분석, 현지조사, 의사실험 등)을 가리키며, 방법론(methodology)이란 위의 다양한 방법들뿐만 아니라 질문의 설정, 가설의 구성, 비교와 추론까지를 포괄하는 연구설계 및 논증의 체계를 포괄적으로 지칭한다. 이에 대해서는 Martyn Denscombe, *The Good Research Guide for Small-Scale Social Research Projects* (Buckingham: Open University Press, 1998)를 참조하라.

아니나 실증적 관점에서의 객관성 및 설득력의 제고라는 측면에서 우수한 연구를 만들어내기가 쉽지 않은 것이 사실이다. 지금까지 우리가 접해본 탁월한 연구들의 대부분이 한 치의 논리적 오류도 허용하지 않으려는(즉, 비판과 반박의 여지를 가능한 사전에 극소화하는) 꼼꼼한 방법론적 사유의 토대 위에서 나오고 있음을 인식할 필요가 있겠다.

여기서 한 가지 꼭 짚고 넘어갈 것은 방법론적 사유에 대한 강조가 곧 서구적 연구기법에의 맹종을 의미하지 않는다는 점이다. 이미 언급한대로 방법과 기법은 방법론의 중요한 한 부분일 뿐이며 그보다 더 크고 중요한 부분을 차지하는 설득과 추론(推論)의 논리는 지역과 국가에 따라 달라지는 성격의 문제가 아니기 때문이다. 한국에서의 중국연구는 – 예컨대 국제정치연구 일반에 비해 – 훨씬 더 '토착화(indigenization)'에 대한 관심이 컸던 것으로 보인다. 다만 예전과 비교해 '한국적 연구'라는 말이 함부로 사용되지 않는 것은 매우 다행스러운 일로 생각된다.[4] 따라서 방법론은 단순히 동양 대 서구의 이분법적 문제이거나 국가별 특성을 부각시키는 작업이 아니라 어떻게 하면 자신의 주장과 논리를 보다 설득력 있게 제시할 것인지와 관련된 보편성을 띤 학술적 고민이라는 인식이 필요하다.[5]

---

4 '한국적 연구'에 대한 필자의 입장은 정재호, "중국정치연구의 영역, 쟁점, 방법 및 교류에 관하여," pp. 17~18에서 이미 피력한 바 있다.

5 중국 학계에서도 학문의 자주성 및 토착화에 대한 관심은 적지 않다. 예컨대 鄧正來, 『研究與反思: 中國社會科學自主性的思考』(沈陽: 遼寧大學出版社, 1998)을 보라. 그럼에도 불구하고 방법론적 사유의 중요성에 대하여는 크게 이견이 없는 것으로 보인다. 王惠岩, "論當代中國政治學的發展," 楊海蛟(主編), 『新中國政治學的回顧與展望』(北京: 世界知識出版社, 2000), pp. 79~80과 肖歡容, 『國際關係學在中國』(北京: 中國傳媒大學出版社, 2005), pp. 34~60을 참조.

이 편집서의 작업에 참여한 필진의 대부분은 '제5세대'에 속한다. 즉, 1990년대 끝자락이나 2000년대 초반에 박사학위 공부를 시작해 2000년대 후반부터 자리를 잡기 시작한 신진 학자들을 지칭하는 것이다. 이들은 대체로 학문 연구의 국제화에 지대한 관심을 갖고 있으며 학위 수령국과는 큰 관계없이 연구 성과를 영어로 출간한다는 점, 그리고 SSCI급의 학술지에 게재하기 위해 노력한다는 점 등의 공통점을 지니고 있다(필진 소개 참조). 이러한 노력 뒤에는 이들이 가진 방법론적 사유에 대한 치열한 고민이 있었다는 점에 주목할 필요가 있다. 따라서 이들의 적극적인 참여로 만들어진 이번 편집서가 향후 제6세대, 제7세대의 배양을 위한 소중한 밑거름이 될 것이며, 더 나아가 한국의 중국연구가 단순히 "들여오는(引進來)" 단계에서 점차 벗어나 우리의 성과를 "밖으로 갖고 나가는(走出去)" 단계로 진입하는 데에 큰 역할을 할 것으로 기대해본다.

이 책의 서론에 해당하는 본 장은 다음과 같은 몇 가지 생각들을 기반으로 구성되었다. 무엇보다도 방법론과 방법/기법에 대한 구체적인 논의는 연구자 자신의 직접적인 그리고 체화(體化)된 경험으로부터 유리되어 이뤄지기 힘든 것이기에 지난 22년(1988년 첫 학술지 게재를 기점으로)간의 연구 노정 속에서 필자가 가졌던 방법론적 사유와 고민을 중심으로 다양한 이슈들에 대한 논의를 증류 및 도출하고자 한다. 특히, 2000년 이후 매년 서울대 외교학과 대학원에서 방법론 강의를 하면서 느꼈던 다양한 문제와 관점들을 공유하려고 한다.

한 가지 미리 강조하고 싶은 것은 – 아래에서도 누차 언급이 되겠지만 – 방법론적 인식과 관련해 필자가 가지고 있는 몇 가지 전제에 대한 것이다. 필자는 주로 실증적 연구를 수행하지만 그것이 곧 비판이론이나 해석학적 접근에 대한 반대에 기반하고 있지는 않다. 또 '정량적(quantitative)' 기법이 '정성적(qualitative)' 방법보다 우월하다거나, 사례연구는 다변수 통계분석보다 열위에 있다는 등의 무의미한 고정관념에 천착하지도 않는다. 다양한 접근방법과 연구 전략 및 기법들은 연구자들이 자신의 주제와 목적에 맞게 선택할 수 있는 요소들로 구성된 '차림표(menu)'일 뿐이며 그 구체적인 선택과 조합을 결정짓는 것은 오로지 연구자가 가진 질문과 논리인 것이다.[6] 특히, 학문의 기능 속에 사회적(정책적) 유용성이 포함될 경우 방법 및 방법론적 사유가 갖는 중요성은 더더욱 부각될 수밖에 없다.[7] 따라서 이 글은 중국연구에 있어서 어떤 방법론적 사유가 가능하며 또 어떤 방법과 기법들의 조합이 주관의 최소화와 설득력의 제고에 도움이 되는지 등에 대한 논의라는 점을 강조하고 싶다.

이 글은 다음의 세 부분으로 구성되어 있다. 2절에서는 방법론적 사유의 핵심이라 할 질문의 선정, 가설 및 추론의 논리 설정과 관련한 기준과 그 타당성에 대한 논의를 제시한다. 3절에서는 문헌연구 및 내용분석, 인터뷰, 서베이, 현지조사와 통계수집 등의 방법들에 대한 소개와 함께 이와 관련한 필자의 구체적인 경험들을 소개한다. 마지막으로 4절에서는 "연구자는 결국 글로 승부하는 것이다"는 전제 하에 연구결과를 문자

6 David Collier, Jason Seawright and Gerardo L. Munck, "The Quest for Standards: King, Keohane and Verba's *Designing Social Inquiry*," in Henry E. Brady and David Collier (eds.), *Rethinking Social Inquiry: Diverse Tools, Shared Standards* (London: Rowman & Littlefield, 2004), pp. 21~50.

7 예컨대 Bent Flyvbjerg, *Making Social Science Matter: Why Social Inquiry Fails and How It Can Succeed Again* (Cambridge: Cambridge University Press, 2001)을 보라.

화해 공유하는 과정에서 '서술'과 '분석' 사이의 균형을 어떻게 유지할 것인지에 대한 고민을 나눔으로써 글을 맺는다.

II. 질문, 가설 및 추론의 논리 설정에 대하여

학문 탐구의 궁극적 목적은 '공유된 의견'으로서의 지식 생산에 있다. 여기서 가장 중요한 것은 "구체적으로 어떤 과정을 거쳐야만 개인의 특정한 의견이 그 주관성을 최소화하고 설득력을 갖게 되면서 사회적으로 '공유'되는가" 라는 질문이다. 물론 이와 관련해 이미 학계에서는 해묵은 논쟁이 존재한다. 이 논쟁의 한쪽 편에는 지식이란 종교적이거나 규범적인 발언과는 달리 궁극적으로 증명하거나 반증할 수 있는 논리의 형태로 제시되어야 한다는 포퍼(K. Popper)의 관점이 자리잡고 있다. 이는 소위 가시성(可試性: testability), 반증 가능성(falsifiability), 잠정성(tentativity), 그리고 신뢰성(reliability)을 포괄하는 과학적 기준과 방법을 강조하는 시각에 해당한다.[8)]

이 논쟁의 반대편에서는 과학의 기준 및 방법 그 자체를 부정하지는 않지만 방법론에 대한 지나친 집착으로 인해 연구의 범위와 대상이 필요 이상으로 축소되어 사회적으로 중요한 문제를 다루지 못하거나 과학적 직관과 상상력(vision)을 지나치게

8 Karl Popper, *Conjectures and Refutations* (London: Routledge, 1963).

위축시키는 문제를 만들어낸다고 비판한다. 예컨대 쿤(T. Kuhn)은 기법보다는 '생각의 틀' 또는 '문제의식을 결정짓는 범주'로서 패러다임(paradigm)의 중요성을 강조한다. 즉, 기법보다는 직관, 혜안, 그리고 상상력이 보다 핵심적인 요소임을 주장하는 것이다.[9] 실제로 연구를 수행하는 연구자들의 일상에서는 사실 양자가 공히 중요할 수밖에 없다. 즉, 발상의 탁월함이 없다면 무엇이 '이상현상(anomaly)'인지를 찾아내기가 어려울 것이며, 반면에 기법의 정교함이 없다면 그 주장이 갖는 논리적 설득력이 떨어질 가능성이 높아지기 때문이다.[10]

정치학 연구에서도 소위 '방법 vs. 직관'에 대한 논쟁이 오랫동안 지속되어 왔다.[11] 소위 '정상과학(normal science)'이 아닌 정치학 분야만을 놓고 볼 때 1930년대에 비해 2000년대에 들어 정치현상에 대한 훨씬 정교한 이해의 틀을 갖추었다고 평가하기도 어려운 실정이기에 이러한 논쟁은 쉽사리 해결점을 찾지 못하고 있다. 그 동안 정치학 분야에서 생산된 다양한 이론의 틀들이 한 차례 파도에도 쉬이 쓸려나가 버리는 '모래성'으로

---

9 Thomas S. Kuhn, *The Structure of Scientific Revolutions* (Chicago: University of Chicago Press, 1970), 2nd ed., chs. 3~4.

10 Arthur Goldberg, "Political Science as Science," in Howard Ball and Thomas Lauth (eds.), *Changing Perspectives in Contemporary Political Analysis* (Englewood Cliffs: Prentice–Hall, 1971), pp. 45~49; 장대익, 『쿤 & 포퍼: 과학에는 뭔가 특별한 것이 있다』(서울: 김영사, 2008), 8장을 보라.

11 예컨대 David M. Ricci, *The Tragedy of Political Science: Politics, Scholarship, and Democracy* (New Haven: Yale University Press, 1984), pp. 209~318; David Easton, "Political Science in the United States: Past and Present," in David Easton and Corinne Schelling (eds.), *Divided Knowledge: Across Disciplines, Across Cultures* (Newbury Park: SAGE, 1991), pp. 38~58; 김광웅, "한국정치학에서 '과학적 연구'의 의미: 과학철학에 대한 반성과 제언," 김웅진(편), 『방법, 방법론과 한국정치학: 경험과학연구를 중심으로』(서울: 한울아카데미, 1994), pp. 17~51을 보라.

까지 비유되는 실정에서 어떻게 하면 정치현상에 대한 이해와 설명을 조금은 더 현실에 가깝게 모사(模寫)할 것인지에 학계의 관심이 주어지고 있는 것이다.[12)]

정치현상에 대한 사회과학적 모사에는 포퍼가 언급한 것과 같이 두 가지의 유형이 존재한다. 하나는 구름(clouds)의 범주로서 무질서하고 불규칙적이며 예측 불가능함을 지칭하는 비유이며 여기에는 주로 귀납적인 논리(즉, 사후 기술)가 적용된다. 그 반대편에는 시계(clocks)의 범주가 자리잡고 있는데 이는 규칙적이고 질서정연하며 예측 가능한, 따라서 연역적 논리의 적용이 가능한 영역들을 지칭한다. 과학적 연구의 활용에 대해 낙관적 입장을 가진 학자들은 대개 "모든 구름은 시계다"라는 지식의 누진적 성장과 학문연구에 대한 희망적 시각을 가진 반면, 반대쪽에 선 학자들은 "모든 시계도 결국은 구름이다"라면서 인간이 고려하거나 계측할 수 없는 다양한 변수들의 무게를 강조한다.[13)]

---

12 '모래성'의 비유는 Barbara Geddes, "Paradigms and Sand Castles in Comparative Politics of Developing Areas," in William Crotty (ed.), *Political Science: Looking to the Future*, Vol. 2, *Comparative Politics, Policy, and International Relations* (Evanston: Northwestern University Press, 1991), pp. 35~75에서 따옴. 국제정치학에 있어서 패러다임의 잠정성에 대한 유사한 평가로는 Steven Smith, "The Self–Image of a Discipline: A Genealogy of International Relations Theory," in Ken Booth and Steven Smith (eds.), *International Relations Theory Today* (University Park: Penn State University Press, 1995), pp. 1~37을 보라.

13 이 두 가지 비유에 대해서는 Garbriel A. Almond and Stephen J. Genko, "Clouds and Clocks and the Study of Politics," *World Politics*, Vol. 29, No. 4 (July 1977), pp. 489~522를 보라. 또 전자(낙관적)의 입장에 대해서는 Bruce Bueno de Mesquita, "Toward a Scientific Understanding of International Conflict: A Personal View," *International Studies Quarterly*, Vol. 29 (1985), pp. 121~136을, 그리고 후자(신중한)의 입장과 관련해서는 Nassim Nicholas Taleb, *The Black Swan: The Impact of the Highly Improbable* (New York: Random House, 2007), pp. xvii~37을 보라.

알몬드(G. Almond)와 겐코(S. Genco)는 정치학 연구의 목표와 지향점을 다음과 같이 제시하고 있다.

> 우리에게 필요한 것은 아마도 [구름과 시계] 중간 어딘가에 있는, 즉 완벽한 우연과 완벽한 결정론 사이의 그 무엇일 것이다…. 왜냐하면 우리에게는 창의적이고 또 돌발적인 인간과 문화의 제반 현상을 완전하게 설명할 수 있는 능력이 없기 때문이다….[14)]

우리가 지향해야 할 목표와 관련해서 다음의 세 가지 비유가 상당히 함축적으로 잘 표현해내는 것 같다. 첫째는 음파를 사용하는 레이더(sonar)에 관한 비유로 깊은 수중에서 물체의 정확한 모습보다는 대략의 윤곽을 통해 현상의 특질을 담아내는 소위 '근접화(approximation)'의 노력을 지칭하는 것이다. 즉, 연구자가 아무리 정치현상의 세밀한 부분까지 담아내려 해도 우리가 가진 능력에는 한계가 있을 수밖에 없지만 그럼에도 불구하고 그 윤곽을 가능한 자세히 그리고 제대로 규명해내기 위해 지속적인 노력을 할 필요가 있음을 가리키는 것이다.

둘째로는 언어의 비유가 있는데 이는 곧 정치학 연구가 사회적 현상이자 구성의 대상(social construct)임을 의미한다. 즉, 사회적인 교류와 상호작용의 과정 없이 제대로 된 연구가 만들어지기 어려움을 지칭하는 것이며, 이는 곧 치밀한 검증과 심사를 기반으로 하는 학문공동체(epistemological community)가 공유한 일정한 규범과 구조 안에서 학술연구가 구성되어야 함을

14 Almond and Genko, "Clouds and Clocks and the Study of Politics," pp. 491, 492.

가리킨다. 물론 때로는 이들 공동체가 지나치게 '편협해지는(tribalize)' 위험을 내재하기도 하지만 그럼에도 불구하고 그 존재는 지식 창출의 객관성 제고를 위해 필수불가결하다 하겠다.

마지막으로 셋째는 지도(map)의 비유인데 이는 곧 동일한 지역에 대해 '제대로' 만들어진 지도가 단 하나만이 아니라는 흥미로운 사실에 착안하고 있다. 즉, 지도를 필요로 하는 사용자의 다양한 목적에 따라 동일한 지역에 대한 '제대로 된' 지도의 개념이 바뀔 수 있다는 점이다. 즉, 단순 관광객, 전문 등반가, 군부대, 동물학자, 광산업자 등이 필요로 하는 지도는 각기 그 목적에 따라 다른 내용을 담을 수밖에 없다는 것이다. 이 지도의 비유가 주는 핵심적 함의는 곧 '합목적성'의 기준에 따라 – 즉, 연구질문, 주제 및 목표에 따라 – 서로 다른 방법/기법을 사용해야 하며 또 활용할 수 있다는 것으로서 목적에 대한 전제 없이 서로 다른 방법/방법론에 대한 우열을 논하는 것 자체가 매우 위험한 일임을 경고하는 것이다.[15)]

질문의 선정과 분석논리의 구성

방법론적 사유의 출발점은 연구 질문의 선정에 있다고 그 무엇보다도 힘주어 강조하고 싶다. 논문이나 저서의 모두(冒頭)에 하나의 핵심질문(물론 세부질문은 복수일 수도 있음)이 의문문의 형태로 제시되지 않는다면 그것이 훌륭한 연구업적으로 평가받을 가능성은 그리 높지 않다고 본다. 구체적인 연구질문을 하나의

15 이 세 가지 비유에 대하여는 Jane Azevedo, *Mapping Reality: An Evolutionary Realist Methodology for the Natural and Social Sciences* (Albany: SUNY Press, 1997), pp. 84, 92~94, 101~105, 112~113을 참조하라.

의문문으로 제시함으로써 연구자는 그 해답으로서의 가설과 논리에 대해 지속적으로 고민하게 되는 장점을 누리게 된다. 많은 연구자들이 소위 '문제의식' 또는 '주제' 등의 개념을 활용해 자신이 뭘 하려는 지를 '뭉뚱그려' 표현하지만 그 뭉뚱그림의 정도와 실제 연구의 성과는 반비례할 가능성이 높다고 필자는 생각한다. 바꿔 말하면 연구 질문의 구체성이 높으면 높을수록(즉, 연구자가 그 질문에 대해 고민한 정도가 깊을수록) 그 연구의 성과 역시 긍정적 평가를 받을 가능성이 높아진다는 뜻이다.

그렇다면 이토록 중요한 연구 질문은 도대체 어디로부터 유래하는가? 쿤은 "발견이란 곧 '이상현상'에 대한 인식으로부터 시작된다"고 했으며, 그러한 인식은 기존의 다양한 연구 및 분석틀들에 대한 충분한 이해와 섭렵으로부터 형성된다는 견해를 피력했다.[16] 주제가 먼저 정해지고 연구를 하는 것이 아니라 연구를 하다보면 핵심질문을 얻게 된다는 것이 어쩌면 역설적으로 들릴 수도 있겠으나 전자의 방식으로 접근하는 경우 창의성(originality)을 지닌 연구성과가 나오거나 단순 누적이 아닌 지식의 축적을 만들어내기가 어려운 반면 후자는 그 뭔가 새로운 공헌을 할 수 있는 토대를 갖고 시작한다는 장점을 지닌 경우가 많다.

질문의 '획득' 작업을 보다 구체적으로 수행하도록 도와주는 방법에는 대략 다음의 네 가지가 있다. 첫째로는 저명 학술지에 가끔씩 실리는 "영역 평가(state of the field)"에 관한 글들을 치밀하게 읽음으로써 하나의 주제에 대해 어떻게 접근하면 - 즉, 질문을 어떤 식으로 구성하면 - 창의적인 공헌을 할 수 있

---

16 Kuhn, *The Structure of Scientific Revolutions*, pp. 52, 65.

는지를 모색하는 방법이 있다.[17] 둘째로는 다양한 학술지에 게재되는 관련 서적들에 대한 서평을 정독함으로써 나름의 '틈새' 질문을 찾아내는 방법이 있다. 셋째로 저명 학술지에 실린 관련 논문들에서 사용된 질문과 연구방법 및 각주를 중심으로 새로운 질문을 구성하는 방법도 있을 것이다. 물론 마지막으로는 지도교수나 동료 연구자들과의 상호교류를 통해서도 적잖은 도움을 얻을 수 있다. 한 가지 특기할 것은 이러한 모색의 과정에서 형성되는 핵심질문에 대한 구상이 대체로 누진적으로 향상되기보다는 단절적으로 변화되는 소위 혜안과 직관의 개입 경향이 매우 높다는 점이다.[18]

물론 자신의 연구 질문이 어느 정도로 '괜찮은' 것인지를 가릴 수 있는 일련의 기준들이 존재한다. 첫째로 들 수 있는 것은 기존 연구들과의 중복도가 낮으면 낮을수록 좋은 질문이라는 점이다. 이는 특히 한국학계와 관련해 아무리 강조해도 지나침이 없는 것으로 지식의 '축적'을 위해서는 질문 없이 주제를 중심으로 이뤄지는 '벽지 겉칠하기' 식의 중복연구는 지양되어야 한다.[19] 둘째로는 연구 질문의 중요성과 창의적 공헌도에 대한 기준을 들 수 있겠다. 즉, 그 질문이 학계에서 진지하게 다뤄진

---

17 예컨대 "Special Issue: The State of the China Studies Field," *Issues and Studies*, Vol. 38, No. 4 & Vol. 39, No. 1 (December 2002/March 2003)을 보라. 필자의 연구로는 "Studies of Central–Provincial Relations in the People's Republic of China: A Mid–Term Appraisal," *The China Quarterly*, No. 142 (June 1995), pp. 487~508이 이러한 범주에 들어간다.

18 예컨대 Colin Robson, *Real World Research: A Resource for Social Scientists and Practitioner–Researchers* (Oxford: Blackwell, 1993), pp. 24~27을 참조하라.

19 예컨대 "중국의 티베트 정책 연구"라는 제목의 논문보다는 "중국의 티베트 정책의 변화 동인 연구"가, 또 그보다는 "중국의 티베트 정책 변화: 시기별 추이 및 신장(新疆) 정책과의 비교연구"가 훨씬 더 좋은 논문이 될 개연성이 높다는 뜻이기도 하다.

적이 있는지, 그 질문에 대한 가설이 제대로 검증된 적이 있었는지, 또 그 질문을 둘러싼 논쟁이 존재한다면 이에 대해 새로운 가설, 접근법, 및 자료들을 제시하는지 여부 등이 연구자가 가진 질문의 성격을 평가함에 있어 매우 중요한 기준이 될 수 있을 것이다.[20]

그렇다면 연구 질문의 구체적인 성격에 대해서는 어떤 얘기를 할 수 있을 것인가? 필자의 20여 년에 걸친 연구 경험에 따르면 사실 모든 연구가 '왜'라는 보다 흥미로운(그러나 더 높은 난이도의) 질문을 갖기는 쉽지 않다. 때로는 학계에서 아직 다뤄지지 않았거나 제대로 연구되지 못한 주제를 탐색적이며 기술적으로 – 즉, '무엇'과 '어떻게'를 중심으로 – 접근해야 할 때도 있기 때문이다.[21] 특히, 실험적 개혁과 체제이행을 경험하고 있는 중국에 대한 연구에서는 이러한 주제가 적지 않다고 하겠다. 다만 이러한 유형의 연구와 관련해 한 가지 지적할 것은 단순히 한글로 된 연구 성과가 없다는 이유 때문에 외국에서 이뤄

---

20 이 부분은 Gary King, Robert O. Keohane, and Sidney Verba, *Designing Social Inquiry: Scientific Inference in Qualitative Research* (Princeton: Princeton University Press, 1994), pp. 15~17을 참조해 재구성하였음.

21 필자의 연구 가운데 이러한 범주에 들어가는 것으로 "South Korea–China Economic Relations: The Current Situation and Its Implications," *Asian Survey*, Vol. 28, No. 10 (October 1988), pp. 1031~1048과 "The Politics of Prerogatives in Socialism: The Case of *Taizidang* in China," *Studies in Comparative Communism*, Vol. 24, No. 1 (March 1991), pp. 58~76; "Study of Provincial Politics and Development in Post–Mao China: Issues, Approaches and Sources," in Peter Cheung, Jae Ho Chung and Zhimin Lin (eds.), *Provincial Strategies of Economic Reform in Post–Mao China* (Armonk: M. E. Sharpe, 1998), pp. 429~456; "인터넷과 중국정치연구," 정재호(편), 『중국정치연구론』, pp. 441~465; "Deputy–Provincial Cities: Embedded yet De Facto Players," in Jae Ho Chung (ed.), *China's Local Administration: Traditions and Changes in the Sub–National Hierarchy* (London: Routledge, 2010), pp. 111~126을 들 수 있다.

진 작업들이 이미 있음에도 불구하고 중복연구를 감행하는 우를 범하지 말아야 한다는 점이다.

앞서도 간략히 언급했듯이 의문문 형태의 질문을 모두에 제시하고 연구에 돌입하는 방식이 갖는 최대의 장점은 연구자로 하여금 연구를 수행하는 기간 내내 지속적으로 가설(질문에 대한 잠정적인 답)에 대해 생각하게 하고 또 이의 논리적 설득에 대해 고민하도록 만든다는 것이다. 그렇다면 가설과 설득의 논리는 어떻게 설정해야 하는 것인가? 물론 필자가 모든 논문에 있어서 명시적인 가설의 제시와 실증적인 접근을 통한 논증이 있어야만 한다고 주장하는 것은 아니다. 다만 구체적인 질문의 적시를 통해 최소한 연구자의 뇌리에 이러한 '의무감'을 심어두면 그렇지 않은 경우보다는 훨씬 더 좋은 성과가 나올 개연성이 높아짐을 강조하는 것이다.

연구 질문에 대한 잠정적 해답으로서의 가설이 갖는 보편적 형식에는 "Y라는 결과가 나온 데에는 X라는 변수와 관련이 있다"라는 반증 가능한 논리가 들어 있어야 한다. 물론 여기서 사용된 "관련이 있다"는 구절은 명확한 인과성(causality)을 표시하는 것에서부터 그보다는 약한 연관성(association)을 의미하는 것에 이르기까지 다양한 유형의 관계를 포괄한다. 가설에서 제시되는 논리는 대개 다양한 기존 연구들에 대한 이론적 검토와 연구자 자신이 지닌 사회과학적 상상력의 조합을 통해

22 기존의 논리를 부분적으로 '비틀어' 생각해보는 '반사실적 사유'(counterfactual thinking)는 새로운 가설의 설정에 큰 도움을 주기도 한다. 예컨대 Philip Tetlock and Aaron Belkin, "Counterfactual Thought Experiments in World Politics," in P. Tetlock and A. Belkin (eds.), *Counterfactual Thought Experiments in World Politics: Logical, Methodological and Psychological Perspectives* (Princeton: Princeton University Press, 1996), pp. 1~38을 보라.

만들어진다.[22] 이와 관련하여 소위 변수들의 선정과 그들 사이의 관계에 대한 논리의 설정이 객관적 타당성(즉, 내적 타당성)을 갖도록 많은 주의와 노력을 기울여야 한다.[23]

또 하나 중요한 과제는 변수 간의 관계를 구체적으로 보여주기 위해 이들 변수와 현실세계를 밀접히 연결시켜주는 '지표(indicators)'의 선정을 제대로 해야 한다는 것이다. 즉, '알고자 하는 것(construct of interest)'을 가장 효율적으로 잘 보여주는 지표를 찾기 위해 고심해야 하는 것이다. 예컨대 '경제발전은 민주화를 동반한다'는 가설이 있을 때 경제발전이라는 독립변수와 민주화라는 종속변수를 가장 잘 보여주는 지표로 무엇을 택할 것인지의 고민을 지칭하는 것이다. 또 다른 예로 "눈을 자주 깜빡거릴수록 상대에 대한 애정의 강도가 크다"라는 가설에서 말하는 "깜박거림"의 행태는 실제로 사랑의 능동적 표현인 윙크(winking)여야지 안면근육의 문제로 생기는 떨림(twitching)의 빈도를 측정해서는 안 된다는 논리이기도 하다. 하나 더 예를 든다면 지능검사를 하는 데 IQ 검사지가 아닌 토플시험을 사용한다면 일반적 지능이 아닌 영어에 대한 친숙도를 측정하게 되어 오류가 큰 지표를 채택한 셈이 되는 것이다.[24]

---

23 이론의 주관성, 자의성 등에 대한 논의는 이미 많이 존재한다. 예컨대 "대부분의 이론은 '누군가'를 위한 것이며 특정한 목적 위에서 존재한다"(Theory is always for someone and for some purpose)라고까지 얘기되고 있다. 그럼에도 불구하고 학문공동체에 의한 상호비판 및 심사라는 과정을 거쳐 이러한 문제점들이 상당 부분 완화될 수 있다고 필자는 생각한다. 인용문은 Robert W. Cox, *Approaches to World Order* (New York: Cambridge University Press, 1996), p. 87에서 따옴. 방법론적 논의와 관련한 이론의 역할에 대하여는 이 책에 실린 손인주의 논문(2장)을 참조하라.

24 King, Keohane, and Verba, *Designing Social Inquiry*, pp. 107–108; Louis H. Kidder and Charles M. Judd, *Research Methods in Social Relations* (New York: Holt, Rinehart and Winston, 1986), p. 27.

또한 가설의 논리를 설정하는 데 있어서 다음의 두 가지 구조가 추가적으로 들어갈 필요가 있다. 이는 소위 전제에 관한 내용으로, "A라는 조건(condition) 하에서 그리고 B라는 '대상범주(class 또는 population)' 내에서 X가 Y라는 결과를 가져온다"는 가설에서 앞에 나온 A와 B를 지칭하는 것이다. 즉, 시간, 공간 또는 현상 범주를 어디까지로 제한하여 연구 결과가 적용되는 한계점으로 삼을지의 문제를 의미한다. 즉, 추론과 일반화의 범위(연구결과가 어느 정도로 전체에 대해 적용 가능한지)를 어디까지로 설정할 것인가를 가리키는 것이다.[25)]

정치현상은 들어갈수록 그 복잡도가 높아져 어느 정도까지 깊이 팔 것인지를 결국은 연구자가 판단해 결정할 수밖에 없다. 독립변수의 변화 및 편차만을 가지고도 많은 연구가 나올 수 있으며, 여기에 종속변수의 변화를 더해 독립변수들과의 관계까지를 함께 연구한다는 것은 그 난이도가 훨씬 더 높아짐을 의미한다. 거기에다 다른 시기, 다른 지역 및 복수의 분석 수준에서의 연구까지를 포함할 경우 그 난이도는 기하급수적으로 늘어날 수밖에 없다. 시기별 비교(longitudinal comparison) 연구는 사실 많은 연구자들이 묵시적으로 수행하고 있는 유형이지만 이들 대부분은 왜 시기의 명시적 구분이 필요하거나 중요한지, 그리고 결과의 편차가 실제로 시간의 흐름에 따른 것인지, 또 지역적 또는 영역별 편차를 구체적으로 어떻게 드러낼지에 대한 고민이 없는 상태에서 주로 과정에 대한 서술에만 집중하기에 그 유용성을 제대로 살리지 못하는 경우가 많다.[26)]

원인과 결과가 갖는 시간성(長短)에 따라 매우 다른 현상적

---

25 King, Keohane, and Verba, *Designing Social Inquiry*, pp. 43~45, 100~104를 보라.

범주들이 파생될 수도 있다. 예컨대 원인과 결과가 공히 짧은 시간 안에 생겼다 사라지는 '돌풍'의 범주가 있겠고, 원인 누적은 장시간에 걸쳐 이뤄지나 그 결과는 눈깜박할 사이에 드러나는 '지진'의 범주도 존재한다. 반면에 원인의 발생은 단시간에 이뤄지나 그 결과는 장기간에 걸쳐 드러나는 '운석 충돌에 의한 종(種)의 소멸'과 같은 범주도 있겠으며, 원인 및 결과 공히 장시간의 누적을 통해서만 나타나는 '지구 온난화'의 범주도 생각할 수 있다.[27] 우리가 다루는 주제와 질문의 성격은 과연 위 네 가지 중 어디에 속하는지를 생각해보는 것 또한 적잖은 방법론적 함의를 갖게 될 것이다.

결과의 편차가 국가/지역별로 상이하게 나타날 수도 있다는 점에 착안하는 것은 매우 흥미로운 연구를 만들어내는 시발점에 선 것과 같다. 따라서 만약 할 수만 있다면 중국과 다른 나라(들)를 일 대 일 또는 일 대 다수로 놓고 체계적이며 실증적인 비교를 수행하는 연구가 갖는 장점이 매우 많은데 특히, 추론과 이론 적용의 폭을 넓힌다는 면에서 그러하다. 그러나 이런 장점들에도 불구하고 일 대 일(다수) 비교연구는 1차 자료의 해독을 위한 언어의 습득 및 문화, 역사 등의 배경학습, 그리고 복수의 국가에서 수행해야 하는 현지조사에 필요한 재원 및

26 필자의 연구 중에서는 "The Politics of Agricultural Mechanization in the Post–Mao Era, 1977~1987," *The China Quarterly*, No. 134 (June 1993)가 이러한 범주에 포함된다. 이러한 문제의 극복을 위해서는 예컨대 Robert Bates, Avner Grief, Margaret Levi, Jean–Laurent Rosenthal and Barry Weingast, *Analytic Narratives* (Princeton: Princeton University Press, 1998), ch. 1을 참조하라.

27 Paul Pierson, "Big, Slow–Moving and Invisible: Macrosocial Processes in the Study of Comparative Politics," in James Mahoney and Dietrich Rueschuemeyer (eds.), *Comparative Historical Analysis in the Social Sciences* (Cambridge: Cambridge University Press, 2003), pp. 177~207, 특히 p. 179를 보라.

시간이 많이 소요되어 그와 같은 작업이 그리 빈번히 이뤄지지 못하는 것이 사실이다.[28)]

국가 간 비교연구(특히 체제 이행과 관련한 연구들)는 때론 우리에게 많은 이론적 시사점을 주지만 중국지역(중국정치)을 전공으로 하는 연구자들의 대부분은 그 추론의 범위가 주로 중국에 국한되는 연구를 하는 경향이 높다. 물론 1970년대와 80년대에 학계를 풍미했던 '정치학연구'와 '지역연구' 사이의 괴리에 대한 논쟁에 더 이상 집착할 필요는 없겠으나 국가간 비교연구가 주는 긍정적 함의에 대해서는 항상 눈과 마음을 열어둘 필요가 있다.[29)] 그 가장 중요한 이유로는 향후 중국에서 '탈사회주의' 부분의 비중이 커지면 커질수록 이러한 국가 간 비교의 방법을 채택한 연구의 필요성도 함께 늘어갈 수밖에 없기 때문이다.[30)]

---

28 이러한 현상은 외국 학계에서도 크게 다르지 않게 나타난다. 예컨대 비교정치 관련 연구를 주로 싣는 저명 학술지에 실린 글들의 62퍼센트가 단일국가에 대한 사례연구였기 때문이다. L. Sigelman and G. Gadbois, "Contemporary Comparative Politics: An Inventory and Assessment," *Comparative Political Studies*, Vol. 16, No. 3 (October 1983), pp. 275~305를 보라. 필자의 경우, 중국의 '태자당'(太子黨) 집단의 등장과 관련해 소련 및 동구권에서의 특권층 현상을 함께 놓고 본 소위 "1:0.5" 비교를 한 적은 있으나 다른 나라와 중국을 원자료를 기반으로 1:1로 동등비교한 작업은 아직 없다. 이 연구에 대하여는 "The Politics of Prerogatives in Socialism"을 보라. 국외 학계에서도 다수의 연구자가 함께 참여한 편집서 작업을 제외하면 단독연구로서 중국과 다른 나라를 1차 자료를 기반으로 1:1의 수준으로 비교한 업적들은 매우 희소한 것이 사실이다.

29 소위 분과학문 연구와 지역학 연구 사이의 괴리와 갈등에 대하여는 Lucian W. Pye, "The Confrontation between Discipline and Area Studies," in Lucian W. Pye (ed.), *Political Science and Area Studies: Rivals or Partners?* (Bloomington: Indiana University Press, 1975), pp. 3~22; Robert Bates, "Controversy in the Discipline: Area Studies and Comparative Politics," *PS: Political Science and Politics*, Vol. 30, No. 2 (June 1997), pp. 166~169를 보라.

30 이와 관련해 이 책에 들어있는 정주연의 논문(3장)은 시사하는 바가 적지 않다.

국가 간 비교연구와는 달리 중국 내의 지역 간 비교연구는 국내외에서 보다 많은 연구자들이 적극적으로 뛰어들어야 할 분야이자 중요한 연구방법의 하나인 것으로 생각된다.[31] 국내 학계에서 중국 내 지역들에 대한 비교연구의 수가 적은 것은 그런 유형의 연구가 갖는 난이도가 높은 이유도 있겠지만 보다 중요하게는 대체로 방법론적 사유가 결여되어 있음에 기인한다. 물론 모든 연구가 복수의 사례를 가져야 할 필요는 없다. 실제로 소위 하나의 '핵심사례(critical case)' - 즉, 가설의 논리를 실증하기에 더 이상 비교할 수 없을 정도로 중요하거나 대표성을 지녔거나 또는 유일한 사례 - 를 제대로 선정할 수만 있다면

---

31 한 국가 내의 여러 지역들에 대한 비교연구의 필요성에 대하여는 Tom Mackie and David Marsh, "The Comparative Method," in David Marsh and Gerry Stoker (eds.), *Theory and Methods in Political Science* (New York: St. Martin's Press, 1995), pp. 173~174를 보라. 국내 학계에서 지역간 비교사례연구의 절대적 부족에 대하여는 정재호 외, "한국에서의 중국정치연구의 재고찰: 자료, 방법론 및 담론을 중심으로,"『국제정치논총』, 45권, 2호(2005년), p. 113을 보라.

32 기실 필자의 연구 성과 중 상당수도 단일사례를 중심으로 한 것들이다. 그러나 이들에 대해서 필자는 최소한 그 선정에 대한 방법론적 고민을 밝히고 있거나 혹은 그 선정이 맥락 상 합리적이거나 또 널리 받아들여질 수 있음을 명시적으로 기술하고 있다. "Beijing's Relations with the Hong Kong Special Administrative Region: An Inferential Framework for the Post–1997 Arrangement," *Pacific Affairs*, Vol. 68, No. 2 (Summer 1995), pp. 167~186; "The Political Economy of Development and Inequality in Shandong," in David S. G. Goodman (ed.), *China's Provinces in Reform: Class, Community and Political Culture* (London: Routledge, 1997), pp. 127~157; "A Sub–provincial Recipe of Coastal Development in China: The Case of Qingdao," *The China Quarterly*, No. 160 (December 1999), pp. 919~952; "파룬공, 인터넷과 중국 내부통제의 정치,"『한국정치학회보』, 35권 3호 (2001년 가을), pp. 297~315; "The Political Economy of Industrial Restructuring in China: The Case of Civil Aviation," *China Journal*, No. 50 (July 2003), pp. 61~82; "From a 'Special Relationship' to Normal Partnership: Interpreting the 'Garlic Battle' in Sino–South Korean Relations," *Pacific Affairs*, Vol. 76, No. 4 (Winter 2003/2004), pp. 549~568; "China's 'Soft' Clash with South Korea: The History War and Beyond," *Asian Survey*, Vol. 49, No. 3 (May/June 2009), pp. 468~493을 참조하라.

복수 사례의 활용은 오히려 거추장스런 반복일 뿐이기 때문이다.[32]

사실 수많은 연구들이 '단일사례 연구(single-case studies)'를 담고 있지만 왜 당초에 그 특정 사례가 선정되어야만 했는지 또 그 사례의 선택으로 인해 – 즉, 다른 사례를 택했을 때와 비교해 – 얻게 되는 분석적 유용성이 무엇인지에 대해 구체적인 설명을 제시하는 연구를 찾기는 어렵다. 바로 이러한 문제를 해결해야만 좋은 연구를 만들 수 있는 최소한의 잠재력을 갖는다고 할 수 있다. 즉, 앞서 언급했던 추론의 '대상범주'(즉, B)에 대한 개괄적인 이해가 전제되어야만 특정한 사례의 선택이 타당성을 갖게 된다는 점이다. 연구의 대상범주에 대한 총괄적인 숙지 없이 아무거나 하나를 택해 연구를 진행하는 것처럼 무모한 시도가 없기 때문이다.[33]

대상범주에 대한 숙지 및 개괄적 이해를 위해서는 대체로 다음의 두 가지 중 하나 또는 둘 다에 대한 선행 작업이 필요하다. 하나는 대부분의 연구자들이 수행하는 기존 연구들에 대한 섭렵과 평가의 과정 속에서 미리 소위 '유형화(taxonomy)'에 대한 관심을 갖고 정리하는 작업이다. 즉, 기존 연구들에서 사용된 다양한 지역사례들을 나름대로 기준을 삼아 구분해봄으로써 전체 대상범주가 대략 몇 가지의 어떤 특색을 갖는 유형들로 나눠지는지를 분류함을 가리킨다. 이와 같이 전체 대상범주에 대한 개괄적인 이해 없이 무조건 하나의 사례를 선택해 연구하는 것은 추론과 일반화(외적 타당성)의 측면에서 매우 저

33 이와 관련해서는 이 책에 실린 신상범의 연구(4장)를 참조할 수 있겠다.

34 David Collier, "Letter from the President: Comparative Method in the 1990s," APSA–CP *Newsletter* (Winter 1998), pp. 1~5를 보라.

급한 연구라고 평가할 수밖에 없다.[34)]

또 다른 하나의 작업은 보다 높은 난이도를 갖는 것으로 대상범주에 속하는 지역들 각각에 대해 종속변수의 변화치를 가

그림 1-1
대상범주 유형화(plotting)의 예

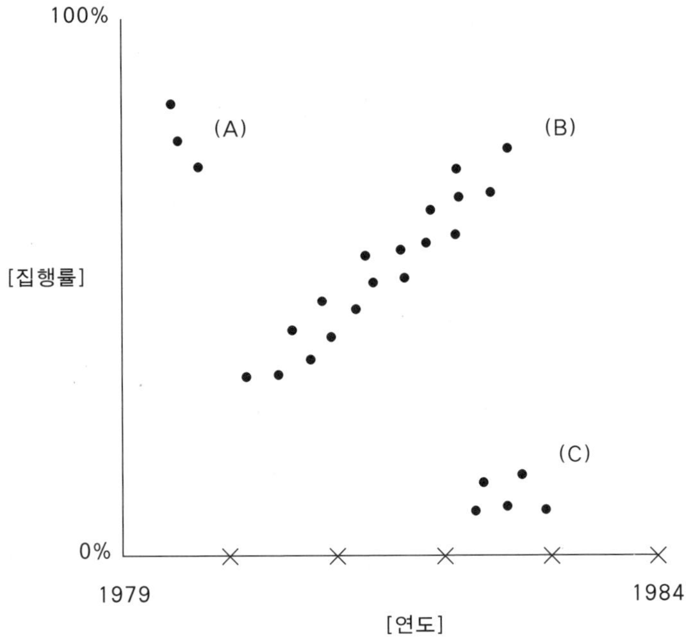

능한 많이 찾아봄으로써 독립변수의 변화에 따라 다른 값을 갖는 지역들의 분포가 대략 어떤 형태로 나타나는지를 규명해 보는 '사전 작업(pilot study)'을 의미한다. 필자의 박사학위 논문의 경우, 중앙정부가 추진하는 '호별영농정책(家庭聯産承包制)'의 집행속도가 왜 성(省)에 따라 달리 나타났는지의 지역별 편차에 대한 질문을 갖고 시작하였다. 문헌연구 및 홍콩에서의 자료수집을 통해 26개 성급 단위(직할시를 제외한 21개 성 및 5개 성급

자치구)에서 1979~84년 기간 동안의 집행속도에 대한 통계자료(즉, 종속변수의 변화치)를 확보했고 이를 유형화하는 노력을 기울였다(대략의 모습으로서의 그림 1-1 참조). 이러한 작업을 통해 크게 세 가지의 유형 – 선도형(先導型: 그림에서 A의 유형), 편승형(B의 유형), 그리고 저항형(C의 유형) – 이 존재함을 밝힌 후 각각의 유형에 속하는 세 개의 성(安徽, 山東, 黑龍江)에 대한 현지조사와 비교사례 연구를 수행했던 것이다.[35] 만일 전체 대상범주에 대한 사전 이해가 없었더라면 몇 개의 성을 선택해야 하는지 알 길이 없었을 뿐만 아니라 구체적으로 어느 성(들)을 사례로 선정해야 타당성을 갖는지도 알 수가 없었을 것이다.[36] 즉, 일반화의 수준이 매우 떨어지는 연구를 만들어낼 수밖에 없었을 것이라는 얘기가 된다.

필자의 연구 중에서 또 다른 유용한 예가 있다면 하나의 연구가 또 다른 분석단위에서의 비교연구를 이끌어낸 경우를 들 수 있겠다. 지역별 연구는 – 그 분석단위가 성급(省級)인 경우에도 – 한 연구자가 단독으로 접근하기에는 그 범위가 너무 넓고 다뤄야 할 지역의 숫자가 너무 많아 대개는 편집서 출간을 위한 다수 연구자들의 협력프로젝트로 시작하는 경우가 많다. 필자의 경우에도 산둥성(山東省)을 사례로 삼아 여러 가지 작업을 하던 중 산둥 성내의 지역간 편차에 대해 관심을 갖기 시작했다.[37] 즉, 산둥이라는 성급 단위 전체에 대한 개괄적 이해가 이

35 이에 대하여는 *Central Control and Local Discretion in China: Leadership and Implementation during Post–Mao Decollectivization* (Oxford: Oxford University Press, 2000)의 3장 및 4~6장을 참조하라.

36 단기로나마 현지를 방문해 대상범주에 대한 이해를 넓히는 '사전작업' 또는 '초기 조사(pilot study)'를 활용할 수도 있지만 추가적 재원이 소요되는 단점을 갖고 있다.

뤄진 다음에 이를 기반으로 산둥성 내에서 경제성장이 가장 빨랐던 칭다오(青島) 시에 대한 단일사례 연구가 이뤄졌고, 그 다음에 산둥성 내에서 발전속도가 매우 느렸던 랴오청(聊城) 지구와의 비교연구가 수행되었던 것이다.[38] 그 다음에 거기서 한 걸음 더 나아가 산둥의 발전 선도시인 칭다오와 랴오닝(遼寧)성의 발전 선도시 다롄(大連) 사이의 비교연구가 병행되었던 것이다.[39] 또 이런 연구들의 연장선에서 중국 중앙정부의 지역 격차 해소 방안에 대한 전반적인 연구도 파생되었다.[40]

중국연구자들은 흔히 중국의 "특수성" 또는 어느 하부 지역의 "독특성"에 대해 많이 강조하곤 한다. 그러나 특수성 또는 독특성이라는 것도 비교의 관점에서 보면 결국 어느 것이 더 복잡한 성격을 갖고 있느냐의 문제에 불과하며 이에 대해 보다 '체계적인 정리(order in complexity)'를 하는 작업이 필요하다는 의미일 뿐이다.[41] 따라서 지역 단위에서의 비교연구가 가져야 할 방법론적 사유의 핵심 모형은 어떻게 지역 간 편차를

37 산둥을 사례로 했던 작업 중에는 "The Political Economy of Development and Inequality in Shandong"과 " "Shandong's Strategies of Reform in Foreign Economic Relations: Preferential Policies, Entrepreneurial Leadership and External Linkages," in Cheung, Chung and Lin (eds.), *Provincial Strategies of Economic Reform in Post-Mao China*, pp. 253~301이 있다.

38 "A Sub-provincial Recipe of Coastal Development in China: The Case of Qingdao" 와 "중국 산동성 내 낙후지역과 발전지역의 정치경제: 青島와 聊城의 비교," 『중소연구』, 23권, 1호 (1999년 봄), pp. 11~38을 보라.

39 "Preferential Policies, Local Leadership, and Development Strategies: A Comparative Analysis of Qingdao and Dalian," in Jae Ho Chung (ed.), *Cities in China: Recipes for Economic Development in the Reform Era* (London: Routledge, 1999), pp. 105~140.

40 "Vertical Support, Horizontal Linkages, and Regional Disparities in China: Typology, Incentive Structure, and Operational Logic," *Issues and Studies*, Vol. 37, No. 4 (July/August 2001), pp. 121~146.

41 Charles Ragin, *The Comparative Method: Moving Beyond Qualitative and Quantitative Strategies* (Berkeley: University of California Press, 1987), p. 19를 보라.

일정한 논리의 틀 안으로 끌어들일 것인가이다. 예컨대 두 개의 매우 다른 조건을 가진 지역들이 상당히 유사한 결과 및 행태를 보였다면 이는 소위 "최대상이체제 간 비교의 설계(most-different-system design)"가 적절한 유형일 것이며, 반면에 두 개의 매우 비슷한 조건을 가진 지역들이 대조적인 행태와 결과를 나타냈다면 이는 곧 "최대유사체제 간 비교의 설계(most-similar-system design)"를 활용할 수 있다는 얘기이다.[42] 이와 같은 비교 논리의 설정이 선행되어야만 보다 유용한 분석이 이뤄질 수 있음에 유의해야 한다.

특정한 사례(들)의 선택이 연구결과를 상당 부분 좌우할 뿐만 아니라 그 성과가 갖는 일반화의 폭까지도 결정짓는 것임을 감안할 때 우리는 사례의 선정 과정에 대해 매우 신중할 필요가 있다. 무엇보다도 중요한 것은 이러한 사례 선정의 논리가 이미 가설의 설정 안에 적지 않게 녹아 있다는 점이며, 가설의 설정은 곧 연구 질문의 명시적 표현으로부터 시작한다는 점은 이미 누차 강조한 바 있다.[43] 이와 같이 질문-가설-논리의 설정에 대한 진지한 고민과 노력이 곧 좋은 연구를 만들어내는 시발점인 것이다.

---

42 이 두 가지 설계에 대하여는 Theodore W. Meckstroth, "'Most Different Systems 'and' Most Similar Systems': A Study in the Logic of Comparative Inquiry," *Comparative Political Studies*, Vol. 8, No. 2 (July 1975), pp. 132~157을 보라.

43 Barbara Geddes, "How the Cases You Choose Affect the Answers You Get: Selection Biases in Comparative Politics," *Political Analysis*, Vol. 2 (1990), pp. 131~159; Gary Goertz and Harvey Starr(eds.), *Necessary Conditions: Theory, Methodology and Applications* (Lanham: Rowman & Littlefield, 2003); Alexander George and Andrew Benett, *Case Studies and Theory Development in the Social Sciences* (Cambridge: Massachusetts Institute of Technology Press, 2004), ch. 4를 참조하라.

III. "차림표": 방법, 자료 수집 및 현지조사에 대하여

지금까지의 논의가 주로 방법론적 사유(methodological thinking)에 대한 것이었다면 이제부터는 구체적인 방법들(methods)에 대해 한번 자세히 살펴보자. 즉, 전자가 인식론과 함께 질문, 가설 및 논리의 설정을 중심으로 논의를 전개한 것이라면 후자는 이를 현실세계와 연계시켜 보다 설득력 있는 '증거(evidence)'들을 체계적으로 제시하기 위한 노력에 대한 것이라고 할 수 있다. 이들 방법, 자료, 통계, 그리고 현지조사 등과 관련하여 사용 가능한 '차림표'는 크게 다음의 몇 가지 범주로 나눠 논의를 제시할 수 있겠다.

문헌연구와 내용분석

일반적으로 연구자들의 의존도가 가장 높은 연구 방법은 뭐니뭐니 해도 결국 문헌연구의 방법이라고 하겠다. 여기서 말하는 문헌이란 소위 '2차 자료'에 포함되는 학자들의 연구 성과 뿐 아니라 정부의 각종 공문서, 통계연감, 신문 및 잡지 등의 '1차 자료(archives)'들을 포괄하며, 이를 보다 광의적으로 해석할 경우에는 공문서가 아닌 '사문서(private documents)'까지도 그 안에 들어갈 수 있다. 문헌연구가 갖는 유용성은 크게 두 가지인데 하나는 서베이나 인터뷰처럼 사람들을 직접적인 대상으로 하는 연구방법들과는 달리 '무반응(non-reaction)'의 특징을 갖는다는 것이며, 다른 하나는 원래의 소스(source)로 돌아가 확인하고 검증하는 소위 '재연(再演: replication)'이 항상 가능하다는 점이다.

연구자들이 연구의 질문과 영역을 설정하고 나면 대개 연관된 기존 연구들을 우선적으로 섭렵한다는 점에서 문헌연구의 중요성은 아무리 강조해도 지나침이 없다. 뿐만 아니라 뒤에서 보다 구체적으로 다루겠지만 '현지조사(fieldwork)'를 수행하면서도 대부분 원자료 및 관련 통계 등의 수집을 위한 문헌연구를 병행한다는 점에서 그 중요성은 더욱 두드러진다. 특정한 정부문서의 발굴이나 희귀한 통계자료의 획득을 통해 기존에 풀리지 않았던 논쟁에 대해 유의미한 가설을 던지거나 새로운 해석을 내놓는 경우도 없지는 않다. 물론 중국연구의 경우에도 그러한 예가 있기는 하나 대부분의 경우 정치적 부담이 매우 크거나 자료의 신뢰성에 대한 의문이 제기되는 문제들이 노정되곤 했다.[44)]

여기서 소개하고 싶은 것은 지금껏 연구자들 대부분이 항상 해왔던 그런 유형의 문헌연구가 아니라 아직은 그리 익숙지 않은 방법/기법의 하나로서 '내용분석(content analysis)'에 대한 것이다. 사실 이 또한 상당수의 연구자들이 '해석(interpretation)'이라는 이름으로 해오던 것이지만 여기서는 그보다 훨씬 체계적이고도 임의성을 줄이는 방향으로 논의를 제시하고자 한다.[45)]

---

44 예컨대 Michael Y. M. Kau (ed.), *The Lin Piao Affairs: Power Politics and Military Coup* (Armonk: M. E. Sharpe, 1975)와 Andrew Nathan and Perry Link (eds.), compiled by Zhang Liang, *The Tiananmen Papers: The Chinese Leadership's Decision to Use Force against Their Own People* (New York: Public Affairs, 2001)를 보라.

45 아래의 논의는 Kidder and Judd, *Research Methods in Social Relations*, pp. 299~311; Robson, *Real World Research*, pp. 272~293; Eric Woordrum, "Mainstream Content Analysis in Social Science: Methodological Advantages, Obstacles, and Solutions," *Social Science Research*, Vol. 13 (1984), pp. 1~19를 참조하였음.

우리가 흔히 1차 자료라고 부르는 정부의 각종 공문서, 통계자료, 신문 및 잡지들은 방대한 양의 자료와 메시지를 전달하는데 여기서 우리는 두 가지 유형의 정보에 착안할 수 있다. 하나는 이들 자료에서 '명시적으로 드러난 것들(manifest items)'에 주목하는 것으로, 예컨대 특정 영역이 정부문서에서 다뤄지는 빈도가 높으면 높을수록 그 중요성이 큰 것이라고 볼 수 있으며, 마찬가지 논리로 관영신문에서 특정한 주제(개념/단어)를 다루는 빈도가 많을수록 그 정책에 대한 선호도가 높은 것이라고 상정할 수 있다.

이러한 논리로부터 나온 것이 소위 빈도 측정을 통해 산출하는 '현안 중요도(issue salience)'인데 연구자가 어차피 일정 기간 동안의 문서, 신문 또는 잡지를 다 정독해야 하는 경우 아예 처음부터 어떤 주제(단어)가 어디에(1면에, 헤드라인으로, 또는 사설로 등) 얼마만큼(예를 들어 1면 헤드라인 기사 총수 중 몇 퍼센트) 나오는지를 측정하면서 읽는다면 적잖은 도움을 받을 수 있다. 필자의 경우, 앞서 언급했던 호별 영농정책의 집행 속도 비교와 관련해 3개 성의 공식기관지 8년치를 다 읽어야만 했다. 호별 영농은 대형 기계 중심의 기계화 농법과는 잘 맞지 않을 수도 있다는 가설에 착안해 처음 읽을 때부터 이들 신문에 실린 농업 기계화 관련 기사의 게재 빈도를 측정하였다. 특히, 산둥의 『대중일보(大衆日報)』와 헤이룽장의 『흑룡강일보(黑龍江日報)』의 비교를 통해 농업 기계화의 수준이 유사함에도 불구하고 두 성이 이에 대해 부여했던 실제 정책 선호도는 판이하게 나타남을 확인할 수 있었고 이를 통해 두 성간 호별 영농 집행 속도의 편차가 만들어졌음을 상당 부분 논증할 수 있었다. 만약 이러한 빈도 측정을 통한 내용분석 작업을 추가로 하지 않았더라면

기계화 관련 가설에 대한 주장의 설득력을 제고하기 매우 어려웠을 것으로 생각된다.[46)]

정부문서, 통계자료, 신문, 잡지 등의 자료에서는 소위 '드러나지 않는 정보(latent items)'도 찾을 수가 있는데 이는 문서, 기사, 칼럼, 사설 등에서 특정 정책에 대해 어떤 성격을 부여하고 또 어떻게 평가하는지를 연구자가 일정한 틀을 통해 불러내야 하는 대상을 의미한다. 이와 같은 작업을 수행할 경우, 관련된 모든 것을 다 읽는 소위 '전수조사(全數調査)'를 할 수도 있지만 대개는 샘플링(sampling)을 통해 신문의 종류(중앙지/지방지, 보수지/진보지, 조간/석간 등), 기간(매주, 매달, 매 석 달마다, 반년마다 등), 기사의 종류(일반 기사, 칼럼, 사설 등), 면(1면 또는 국제면 등)을 따로 선정해 살펴보는 방법을 활용한다. 문제는 명시적으로 드러난 단어의 빈도를 세는 것과는 달리 이 경우 상당 부분 주관적 해석이 들어갈 수 있기 때문에 가능하면 연구자 이외에 최소한 1명 이상의 코더(coder)를 활용해 임의성을 줄이는 노력을 할 필요가 있다.[47)]

필자의 경험을 나누자면, 이와 관련해 두 가지 다른 작업에 대해 얘기할 수 있겠다. 하나는 한국 언론의 보도에서 드러난 대 중국 및 대 미국 인식에 대한 연구였는데 이는 한국언론재단의 데이터베이스(http://www.kinds.or.kr)를 활용해 『조선일보』와 『한겨레신문』의 사설을 내용분석한 것이었다.[48)] 또 다른 작업으로는 중국의 '부상'에 대해 동아시아 여러 국가들이 어떤 전략적 입장을 보이는지 또 이들 사이에는 구체적으로 어떤 편차

46 이와 관련한 자세한 논의에 대하여는 *Central Control and Local Discretion in China*, pp. 127~128을 보라.

47 Kidder and Judd, *Research Methods in Social Relations*, pp. 307~308을 보라.

가 나타나는지를 측정하기 위해 기존의 연구 성과물들에 대한 내용분석을 수행한 것이 있었다, 이 경우에는 따로 복수의 코더를 사용하지는 않았으나 해당 국가 출신의 학자들에게 관련 의견을 물어보는 자문의 형식과 함께 '다지표(multi-indicator) 분석'의 방법을 채택하였다.[49]

단순한 해석이 아닌 실증적 연구방법으로서의 내용분석은 일반적으로 시간이 많이 소요되는 단점이 있기는 하지만 번뜩이는 아이디어와 의지만 갖고 있다면 앞서 언급한 것처럼 어차피 읽어야 할 자료에 대해 일석이조의 효과를 만들어내는 큰 장점을 지니고 있다. 한 가지 꼭 지적하고 싶은 것은 이 방법 하나에만 의존해 연구를 진행하는 것에는 적잖은 위험이 따를 수도 있다는 점이다. 따라서 내용분석의 방법을 다른 몇 가지 방법들과 함께 연구 질문에 접근하는 보완 수단으로 활용하는 것이 실증연구의 설득력을 높이는 데에 큰 기여를 한다고 평가하겠다.

---

48 물론 이 연구의 경우 내용분석만을 단독으로 사용한 연구는 아니었고 인터뷰 및 서베이 자료의 활용과 함께 연구를 구성하는 세 가지 방법 중 하나였으며 복수의 기록자(coders)를 기반으로 이뤄졌다. 자세한 절차(protocol)에 대하여는 Jae Ho Chung, *The Korean–American Alliance and the Rise of China: A Preliminary Assessment of Perceptual Changes and Strategic Choices* (Stanford: Institute for International Studies, 1999)의 Appendix–II를 참조하라. 이 논문은 http://aparc.stanford.edu/publications에서 다운로드 할 수 있음.

49 이 작업에 대하여는 Jae Ho Chung, "East Asia Responds to the Rise of China: Patterns and Variations," *Pacific Affairs*, Vol. 82, No. 4 (Winter 2009/2010), pp. 657~675를 보라.

인터뷰와 서베이

문헌연구나 내용분석과는 달리 인터뷰와 서베이(surveys)는 사람들과의 직접적인 소통을 통해 그들이 특정 주제에 대해 생각하고 인식하는 바를 가능한 객관적으로 담아내는 방법을 의미한다. 인터뷰와 서베이는 사실 오랜 기간 한 지역에 머물며 그 곳 사람들의 언어 및 문화에의 동화(同化)를 전제로 그들의 생각을 담아내는 인류학적 방법에 기원을 둔 것이기는 하나 소위 '민속학적 연구(ethnographic research)'와는 또 다른 여러 특성을 지니며 발전해왔다.[50] 인터뷰와 서베이는 사람을 그 직접적인 대상으로 하는 연구방법이기에 어떻게 하면 이들이 다른 요소들에 의해 방해받거나 불필요한 영향을 받지 않고 자신의 마음을 편견 없이 그대로 드러내 보이도록 할 것인가가 가장 큰 과제로 인식되어 왔다.[51]

사실 정치학 연구 자체가 그렇기도 하지만 특히 폐쇄적인 체제로서의 중국정치를 연구하는 학자들 대부분이 기회 있을

---

50 민속학적 연구에 대하여는 Paul Atkinson, *Understanding Ethnographic Texts* (Newbury Park: SAGE, 1992), pp. 1~15; James Clifford and George E. Marcus (eds.), *Writing Culture: The Poetics and Politics of Ethnography* (Berkeley: University of California Press, 1986), ch. 1~2를 보라.

51 이들 방해요인에는 최소한 세 가지가 있는데 첫째, 피연구자가 연구자의 의도를 미리 간파하고 이에 맞춰 사실과 다르게 반응하는 경우(Howthorne effect), 둘째로는 인터뷰 또는 서베이가 주는 일정한 학습효과(practice effect)가 만들어내는 왜곡, 셋째로는 반복되는 인터뷰 및 서베이 과정에서 피연구자가 느끼는 피로가 가져오는 왜곡효과(fatigue effect) 등을 들 수 있겠다. 이에 대하여는 Robson, *Real World Research*, pp. 81~82, 94를 보라.

52 이 부분은 Robson, *Real World Research*, pp. 227~243; Joanne McEvoy, "Elite Interviewing in a Divided Society: Lessons from Northern Ireland," *Politics*, Vol. 26, No. 3 (2006), pp. 184~191 및 필자의 경험으로부터 재구성하였다.

때마다 수행하는 방법이 인터뷰라는 것은 주지의 사실이다. 그럼에도 불구하고 인터뷰를 어떻게 준비하고 수행해야 하는지에 대한 유용한 도움말을 찾기란 그리 쉽지 않다. 그토록 중요한 인터뷰가 제대로 이뤄지기 위해서 꼭 필요한 세 가지의 전제 조건이 있다.[52] 첫째는 뭐니 뭐니 해도 제대로 된 준비가 선행되어야 한다는 것이다. 거의 모든 경우에 있어서 인터뷰 대상자(interviewee)는 인터뷰 수행자(interviewer)가 물어보는 것 이상을 대답해주지 않는다는 점을 감안하면 어떤 질문들을 얼마만큼 구체적으로 어떤 순서에 맞춰 물을 것인지에 대한 진지한 고민이 필요하다. 필자의 경우에도 대개 인터뷰 대상자의 선정 및 질문 목록의 작성 부분에 가장 많은 시간을 투자하지 않았나 생각된다.[53]

둘째는 인터뷰의 맥락과 환경에 대한 것으로 우선 인터뷰 대상자와의 친소 여부가 큰 변수로 작동한다. 가까운 사람과의 인터뷰에서는 '민감한' 질문을 던질 수도 있고 또 보다 심도 있는 소통이 가능한 반면 그렇지 않을 경우에는 대화를 여는 데만도 적잖은 시간이 소요되기 때문이다. 인터뷰 일정을 잡는 것도 중요한데, 예컨대 정부 부처들이 모두 당 대회에 매달려 있는 10월 초나 정부 공작회의(工作會議)에 전념하는 11~12월에는 책임있는 인사와 약속 잡기가 그리 쉽지 않다. 또 가능하면 - 대개 처음 만나는 사람의 경우에는 불가능하지만 - 인터뷰 장소를 인터뷰 대상자의 집무실이 아닌 '중립적 장소'(예컨

53 인터뷰의 성패(成敗)는 사전 준비만큼이나 우연적 요소에 의해서도 큰 영향을 받게 된다. 현지에서의 지원자(host)가 누군지도 큰 변수이며, 또 인터뷰 대상자들이 인터뷰에 관심을 갖는지 그리고 자신들의 인맥을 자발적으로 심도 있게 소개해주는지 등의 여부도 매우 중요할 수 있기 때문이다.

대 식당이나 커피숍)로 잡아야만 집중도 높은 인터뷰가 가능해진다. 사안에 대한 개괄적 이해를 목적으로 하는 탐색성 인터뷰는 일 대 다수로 해도 무방하지만 민감한 주제를 다루거나 심도 있는 인터뷰를 할 때는 가능한 일대일의 형식을 택하는 것이 유리하다. 또 아무리 친한 관계라고 해도 통역이나 녹음기를 사용할 경우에는 그렇지 않은 때보다 일반적으로 그 성과가 더 많지 않을 가능성이 크다.

셋째는 많은 연구자들이 소홀히 여기기 쉬운 부분으로 인터뷰가 이뤄진 이후 수행해야 할 몇 가지 작업들에 대한 것이다. 우선 지적하고 싶은 것은 인터뷰를 통해 얻은 지식과 정보를 무조건적으로 믿고 사용할 것이 아니라 기존연구 및 문헌자료 등과의 엄밀한 대조를 통한 일정한 '검증(cross-checking)'의 과정을 거칠 필요가 있다는 점이다.[54] 또 인터뷰 내용을 일자, 대상, 주제 등으로 구분해 자세히 정리한 일지(interview notes)를 마련해둠으로써 실증연구의 핵심인 '재연' 가능성을 살려놓아야 한다. 한 가지 더 추가할 점은 인터뷰에 응했던 대상들의 신분을 어디까지 밝힐 것인지와 관련한 '도덕적 의무'에 대해서도 많은 주의를 기울여야 한다는 것이다. 특히, 중국과 같은 권위주의 체제에서는 연구자를 선의로 도와줬던 사람들이 자칫 정치적 피해를 입을 수도 있기에 매우 신중한 접근이 필요하

54 단지 한 사람의 말에 의존해 사실을 기술하거나 논증을 한다는 것이 얼마나 자의적인지는 재론의 여지가 없다. 따라서 인터뷰 자료를 사용할 때에도 이것이 어떤 대조와 검증의 절차를 거쳤는지에 대해 고민할 필요가 있다. 필자의 경우에도 가능하면 '복수의 자료원(multi-sources)'에 근거한 논증을 하려고 노력하는 편이다.

55 그리 민감하지 않은 문제에 있어서도 우선적으로 인터뷰 대상자가 신분 노출에 동의하는지 여부를 직접 확인해야 하며, 민감한 사안과 관련해서는 보다 특별한 주의를 기울여야 함은 아무리 강조해도 지나침이 없을 것이다.

다.[55]

사람들과 직접 소통함으로써 그들이 어떤 생각을 갖고 있는지를 가능한 객관적으로 담아낸다는 측면에서 인터뷰와 서베이는 상당히 유사하지만 또 일정한 차이가 있는 것도 사실이다. 크게 두 가지에서 차이가 나는데 서베이의 경우 인터뷰에 비해 던지는 질문의 성격이 매우 구체적이며 소위 '닫힌 형태(structured)'이자 주로 다지 선택의 유형을 띤다는 점이다. 즉, 답변자로 하여금 특정한 답을 선택하도록 하며 대개 자유로운 기술은 서베이의 주된 형식이 아니다. 또 다른 차이는 이렇게 '닫힌 형태'를 갖는 서베이를 사용할 경우, 단시간 내에 다수의 사람을 대상으로 작업을 완료할 수 있다는 점이다. 많은 사람들을 대상으로 한다는 것은 곧 대개의 경우 모집단의 일부에 대한 샘플링이 필요함을 의미하며 이를 통해 모집단 전체에 대한 추론을 모색하는 것이다.[56]

과거와 비교하면 중국정치 연구에 있어서도 서베이 방법이 차지하는 중요성이 점점 더 커지고 있는 것이 사실이다. 이는 중국의 정치체제가 다양한 영역에서 점점 더 개방되는 추세와도 연관이 있고, 또 중국을 연구하는 학계의 경향이 보다 미시적인 것으로부터 거시적 함의를 도출하려는 경향이 높아지는 것과도 관계가 있다.[57] 한국 학계에서는 - 일부 기업단위에 대

56 서베이에는 우편, 전화, 방문 면담 등을 통한 다양한 방법들이 동원되는데 시간, 비용, 응답률, 상담원 훈련 등과 관련해 각각의 장단점들이 있다. 요즘에는 컴퓨터 프로그램(random digital dialing)을 활용한 전화서베이가 많이 활용되고 있지만 인건비가 저렴한 중국에서는 방문 면담도 널리 쓰이고 있다. 이에 대한 자세한 내용에 대하여는 Robson, *Real World Research*, pp. 121~145; Arlene Fink, *The Survey Handbook* (Thousand Oaks: SAGE, 1995), pp. 1~67 등을 참조하라.

57 "Special Section on New Frontiers in Survey Research," *The China Quarterly*, No. 196 (December 2008), pp. 755~826을 보라.

한 경제/경영학적 접근을 제외하면 – 서베이 방식에 대한 의존도가 아직은 매우 낮은 편이다. 이는 과거와 달리 한국 학계가 가진 재원의 부족 때문이라기보다는 오히려 방법론적 다양성 및 훈련의 결여가 더 큰 원인이라고 할 수 있다. 중국 내에서의 서베이는 외국인이 직접 수행할 수 없도록 법적 규정이 있는 바 실제로 중국 내 연구자나 전문기업을 통해 수행할 경우 그 질의 관리를 위해 설문 설계에서부터 많은 주의를 요한다고 하겠다.

필자의 연구 노정 속에서 인터뷰는 필요불가결한 부분이었다고 한마디로 요약할 수 있다. 아무리 관영신문을 많이 읽고 또 다양한 1차 문헌을 섭렵했다고 하더라도 그 행간에 담겨 있는 많은 함축적 의미를 정치동학(political dynamics)의 맥락에서 제대로 해석해내기란 그리 쉽지 않다. 그러나 당시 정책과정에 참여했거나 그에 대한 친숙도가 높은 인사들과의 단 몇 시간의 인터뷰로도 엄청나게 많은 것들을 이해하거나 수수께끼의 끈을 이을 수 있기에 인터뷰의 힘은 정말 크다고 하겠다. 필자가 20여 년에 걸쳐 수행한 수천 시간의 인터뷰 경험 속에서 깨우친 학습과 '도약(leapfrogging)'에 대한 체험을 글로 풀어 기술하기는 상당히 어렵고 개별 연구자들이 직접 경험을 통해 실제로 체감해야만 하는 부분이 많다.

필자는 국가–사회 관계나 민주화 이행에 대한 연구를 거의 하지 않아 원래 의미 그대로의 서베이 방법을 사용할 기회는 없었다. 그러나 다음의 두 가지 측면에서 서베이와 연관된 기법들을 활용했다고 할 수도 있다. 첫째로는 기존에 이뤄진 가능한 많은 서베이 자료들을 시계열적으로 수집해 특정한 이슈에 대한 인식 흐름의 변화를 체계적으로 추적하는 방법을 쓴 적은 여러 번 있었다.[58] 둘째로는 인터뷰와 서베이가 결국은 질문의 구체성(또는 개폐성)과 대상자 수의 다소(多少)라는 변수의 연장선상에 있는 것들이기에 – 물론 '무작위 추출(random sampling)'의 조건에서는 큰 차이가 나기도 하지만 – 정책엘리트 또는 전문가 30~60명 정도를 대상으로 서베이에 가까운 구조화된 질문을 던져 그들이 생각하는 정책선호도를 도출해보는 작업을 여러 번 한 것도 이 범주에 넣을 수 있겠다.[59]

현지조사와 자료수집

지역학을 전공하는 연구자들에게 현지조사는 버릴 수 없는 로망이자 반드시 수행해야만 하는 관문과도 같은 작업이다. 여기서 말하는 현지란 소속된 대학이나 연구소를 떠나 참여관찰, 인터뷰, 서베이, 통계수집, 특정 문헌자료에의 접근 등이 가능하며 연구대상이 되는 별도의 공간을 의미한다. 물론 연구자가 가진 주제에 따라 현지조사의 유형과 성격은 달라질 수밖에

58 이러한 예로 *The Korean–American Alliance and the Rise of China*; "Dragon in the Eyes of South Korea: Analyzing Evolving Perceptions of China," in Jonathan Pollack (ed.), *Korea: The East Asian Pivot* (New Port: Naval War College Press, 2005), pp. 253~266; *Between Ally and Partner: Korea–China Relations and the United States* (New York: Columbia University Press, 2007), ch. 8을 들 수 있다.

59 물론 이와 같이 엘리트나 전문가를 대상으로 할 경우 무작위 추출이 거의 불가능하기 때문에 수행되어진 인터뷰의 결과도 추론보다는 근접모사(sketch)에 가까운 것이라 하겠다. 그 예로서 56명의 미국인 전문가를 대상으로 했던 작업인 Jae Ho Chung, *How America Views South Korea–China Bilateralism* (Washington, D.C.: Brookings Institution, 2003, http://www.brookings.edu/fp/cnaps)와 각각 30명, 38명의 중국인 전문가들을 대상으로 2004년과 2007년에 수행한 작업을 들 수 있다. 이 자료의 일부는 『중앙일보』, 2008년 5월 26일자에 소개되었으며 보다 자세한 내용은 정재호, 『중국의 부상과 한반도의 미래: 상호 인식과 전략적 선택』(서울: 창비, 2011)에 실릴 예정임.

없다. 예컨대 기층단위에서의 '미시정치(micropolitics)'를 이해하려면 비교적 긴 기간 동안 그들의 한 성원으로 살아보며 관찰하는 것이 필수적일 수도 있다. 또는 단기간에 특정 부서 또는 정책과 관련해 핵심 인물들에 대한 전략적 인터뷰를 수행하는 방법도 있겠다. 즉, 기간의 장단, 장소의 선정, 만나는 인원의 규모, 그리고 반복 방문이 필요한지의 여부는 바로 주제의 성격과 밀접한 연관이 있는 것이다.[60)]

어떤 성격의 현지조사이든 무엇보다도 중요한 것은 "현지조사란 본국에서부터 시작한다(fieldwork begins at home)"는 점이다.[61)] 즉, 현지로 조사를 떠나기 전에 본국에서 해야 할 많은 사전준비가 그 성공 여부를 결정짓는다는 의미이다. 그 준비에는 크게 세 가지가 포함되는데 첫째는 행정적 준비로서 현지조사 예산의 확보, 숙소 및 주관 단위(hosting unit)의 선정, 입국 비자의 취득 등이 이에 포함된다. 둘째로는 기능적 준비인데 선정된 현장(site)에 대한 배경조사, 현지 접촉 인물들의 명단 작성 및 언어능력의 습득 등이 이에 해당된다. 마지막으로는 학술적 준비로서 제대로 된 질문의 구성, 복수의 가설 마련, 현지에서 취득해야 할 문헌 및 통계자료의 파악, 인터뷰 질문 목록의 작성, 그

60 다양한 현지조사 대상(산업단위, 도시 기층, 농촌 기층)과 관련한 서로 다른 연구 경험에 대하여는 이 책에 실린 여유경(5장), 정유선(6장), 이동영(7장)의 논문을 참조하라.

61 이 부분에 대하여는 필자 본인의 경험과 함께 Anne F. Thurston and Burton Pasternak (eds.), *The Social Sciences and Fieldwork in China* (Boulder: Westview, 1983); Stephen Devereux and John Hoddinott, "The Context of Fieldwork"와 "Issues in Data Collection," in Stephen Devereux and John Hoddinott (eds.), *Fieldwork in Developing Countries* (Boulder: Lynne Rienner, 1993), pp. 3~40; Elin Sather, "Fieldwork as Coping and Learning," in Maria Heimer and Stig Thogerson (eds.), *Doing Fieldwork in China* (Honolulu: University of Hawaii Press, 2006), pp. 42~57로부터 재구성하였음.

리고 최악의 상황을 대비한 제2의 주제 준비 등이 포함된다.

많은 경우 연구자에게 현지조사는 항상 놀라움의 연속일 가능성이 크다. 당초 예상했던 것 이상으로 큰 도움을 받을 수도 있겠지만 또 그와는 아주 상반된 경험을 할 수도 있다. 문제는 일단 현장을 결정해 떠나고 나면 장소나 계획의 변경이 매우 힘들어진다는 점이다. 따라서 당초에 현지조사 장소의 선정에 만전을 기해야 한다. 다른 주제로 그 지역을 방문했던 동료학자에게 자문을 구할 수도 있고, 기존연구에서 드러난 평가들을 참조할 수도 있으며, 또 가능하면 일주일 이내의 단기 방문을 통해 감을 느껴보는 것도 이상적이지만 이 경우 부가적인 비용이 들어가는 단점이 있다.

현지조사에서 겪게 되는 가장 큰 장애는 역시 사람의 문제라 할 것이다. 특히, 중국과 같은 체제에서 현지 관료들과의 관계는 현지조사의 성패를 좌우할 정도로 핵심적이기 때문이다. 그러나 이 부분과 관련해 그 누구도 규격화된 모범답안을 제시하기는 어려운데 그 이유는 사람과 사람 사이의 화학적 작용을 일반화하기가 어려우며 특히 중국에서의 현지조사와 관련해서는 주제별, 지역별로 큰 편차가 날 수 있기 때문이다.[62] 특히, 현지조사의 주체가 박사과정 학생이라 기존의 인맥(關係)이 거의 없을 경우 그 어려움은 배가될 수 있으나 지도교수의 도움 등으로 일정 부분 이를 극복할 수도 있다. 현지조사를 하는 연구자와 현지 관료 사이에는 사실 주로 후자가 전자에게 뭔가

62 필자의 경험에 비추어 볼 때 경제 관련 주제보다는 외교/안보 관련 주제의 경우 관료들의 협조를 받기가 일반적으로 훨씬 더 어려우며, 경제 관련 주제 내에서도 재정/세제 등의 주제에 비해 산업정책이나 지역발전 등에 대해서 보다 적극적인 협조를 받을 가능성이 크다.

를 제공하는 일방적 관계이기가 쉬워 전자를 많이 위축시키기도 하지만 연구에 대한 집념과 진지함, 지속적인 신뢰관계의 형성, 그리고 정성이 담긴 선물 등으로 이러한 문제를 상당 부분 극복할 수도 있다.[63)]

많은 연구자들이 현지조사의 과정 속에서 - 특히, 조사가 상당히 순조롭게 진행되는 경우 - 지나치게 낙관적인 생각을 갖고 연구 범위와 대상을 지속적으로 확대시키는 경우를 본 적이 있으나 이는 매우 신중을 기해야 할 문제이다. 현지는 항상 의외성과 돌발성을 지니고 있기에 진행 중인 연구의 포괄성과 수행 가능성 사이에서 건강한 균형을 유지하려 노력해야 한다. 또 하나 강조하고 싶은 것은 현지조사 기간 동안 그저 자료의 수집에만 몰두할 것이 아니라 틈나는 대로 모은 자료의 숙독, 정리 및 이에 기반한 일정 분량의 글쓰기를 병행해야만 연역 및 귀납적 사고의 교차 속에서 보다 유용하고 생산적인 현지조사가 이뤄질 수 있다.

현지조사의 주요 목적 중 하나가 곧 논증을 위한 자료 및 통계의 수집이기에 이와 관련해 몇 가지를 지적하고자 한다. 사실 현지조사를 하다보면 - 특히 숙련된 연구자들의 경우 - 예상보다 훨씬 많은 자료와 통계들을 획득하는 경우도 적지 않다. 즉, 자료의 부족보다는 과다(過多)의 문제가 생길 수 있으며, 특히 상충되는 자료 및 통계를 얻게 되었을 때 무엇을 기준으

63 이러한 관계를 일각에서는 '기생충과 숙주의 관계'로까지 표현하기도 한다(Devereux and Hoddinott, "The Context of Fieldwork," p. 20). 선물 제공은 어디까지나 겸손하고 소박한 차원에서 이뤄져야 하며 자료 획득을 위해 현금 공여 등이 개입되는 것은 부도덕할 뿐 아니라 중국과 같은 체제에서는 매우 위험할 수도 있음을 깊이 인식해야 한다.

로 선택하고 검증할 것인가의 딜레마를 겪을 수도 있다. 이 경우 중요한 것은 자료 및 통계에 담겨 있는 "의도된 편견"을 적절히 포착하고 제거하는 일인데 이와 관련해 대략 다음의 몇 가지를 고려하는 것이 바람직하다. (1) 누가 수집하고 배포한 자료/통계며 어떤 잠재적 편견이 있을 수 있는가? (2) 세부적인 통계 항목은 어떻게 설정되었으며 그 공개 여부는 무엇을 기준으로 결정되었는가? (3) 통계의 기준점(예컨대 기준가격 또는 소위 통계 口徑의 문제)은 일관되게 사용되었는가? (4) 서로 다른 자료에서 연도별로 일관된 통계를 제시하고 있는가?[64]

궁극적으로 공간된 정부문서 및 통계자료는 배포자의 의도하에서 구성되고 이뤄지는 것이므로 실제로 적절한 대안이 없다 하더라도 연구자가 이에 대한 최소한의 고려를 하는 것이 마땅하다.[65] 특히, 중국과 같이 여전히 많은 사항들이 공개되지 않고 있는 폐쇄된 체제를 연구함에 있어서 정치적 구성물로서의 통계 및 자료가 갖는 내재적 문제점들에 대한 주의를 기울여야 하며 가능한 한 치밀한 재확인과 검증의 절차를 거칠 필요가 있음을 강조하고자 한다. 필자 개인적으로는 이에 대한

---

64 예컨대 Carsten A. Holz and Yimin Lin, "Pitfalls of China's Industrial Statistics: Inconsistencies and Specification Problems," *The China Review*, Vol. 1, No. 1 (Fall 2001), pp. 29~72; 柳茂君, "矛盾的統計數字背後的玄機,"『改革內參』, 16期 (2009), pp. 18–19를 보라. 중국연구에서 나타나는 통계의 문제에 대하여는 이 책에 실린 은종학(9장)의 논문과 Xi Chen, "State-Generated Data and Contentious Politics in China," in Allen Carlson et al. (eds.), *Contemporary Chinese Politics: New Sources, Methods and Field Strategies* (Cambridge: Cambridge University Press, 2010), pp. 15~32을 참조하라.

65 관련하여 Mark H. Maier, *The Data Game: Controversies in Social Science Statistics* (Armonk: M. E. Sharpe, 1991), pp. 167~200; A. P. Tant, "The Politics of Official Statistics," *Government and Opposition*, Vol. 30, No. 2 (Spring 1995), pp. 254~266을 참조하라.

몇 가지의 기준을 갖고 있으나 이들 역시 항상 적절하다고 볼 근거는 사실 많지 않다.[66]

IV. 논리의 공유: 서술과 분석[67]

현지조사를 통해 집적된 자료 및 통계는 연구 초반에 설정했던(또는 현지조사 과정에서 일부 조정되었던) 가설의 논리를 실증적으로 뒷받침하기 위해 정독과 정리를 거친 후 일정한 방식으로 – 즉 문자를 통해 – 표현되어야 한다. 그래야만 독자들(다른 연구자들 및 학계 전반)과 하나의 '공유된 의견'(즉, 지식)을 형성하는 기회를 가질 수 있기 때문이다. 그렇다면 이를 위해 주로 어떤 방식들이 활용되고 선호되고 있는가? 설정한 논리를 실증하기 위해 기존의 통계들(예컨대 다양한 통계연감)을 사용할 경우 연구자들은 대개 두 가지 가운데 하나를 선택할 수 있다. 첫째

66 예컨대 중국 내에서 나온 두 개의 통계가 큰 편차를 보일 경우, 일단은 그 정책 또는 사건의 발생 시점으로부터 훨씬 후에 나온(즉 더 이상 현안이 아닌 때에 공개된) 통계를 더 적실하게 본다거나, 또는 중앙정부와 지방단위 통계 중에서 지방 차원에 대한 것은 – 예외는 있지만 – 대개 후자의 것에 조금은 더 신뢰도를 둔다거나 하는 것 등이 포함된다. 물론 이러한 판단은 정책과정 참여자들과의 인터뷰 및 기존 연구들과의 대조를 통해 이뤄지게 된다. Chung, *Central Control and Local Discretion in China*, p. 81 note 49을 보라.

67 사실 이 내용을 더 앞부분에서 다룰까 고민도 했지만 궁극적으로는 마무리 부분에서 제시하는 편이 나을 것으로 필자는 판단했다. 앞서 이미 언급했지만 실제의 연구과정에서는 질문과 가설, 논리와 데이터, 연역적 사고와 귀납적 사유가 쉼 없이 교류하며 서로에게 영향을 주기 때문에 이러한 인위적 순서의 설정은 사실 그리 큰 의미가 있다고 하기 어렵다.

로 이들 통계를 일종의 '제시용(illustrative)'으로 활용하는 것인데 즉, 단편적, 일화적으로 사용해 연구자의 주장이 갖는 설득력을 높이려는 노력을 가리킨다. 둘째로는 이들 통계를 일정한 기법(회귀분석 등)을 사용해 가공한 후 그 분석 결과를 보임으로써 공감대를 만들고자 하는 노력을 지칭한다. 기존의 통계자료에 더해 자신이 원자료를 만들어내는 경우에도 대부분 후자의 채택 경향이 높은 것으로 보인다.[68]

여기서 정성적 연구와 정량적 연구 사이의 해묵은 논쟁을 다시 반복하자는 얘기가 아니다. 오히려 이 둘을 마치 서로 만날 수 없는 – 상호 배타적인 – 정향과 방법으로 보는 논쟁이 있다는 그 자체가 너무도 큰 오류이자 편견임을 인식할 필요가 있다. 실제 연구의 과정에서 귀납적 관점과 연역적 사유가 끊임없이 교류하듯이 정성적 방법와 정량적 기법도 하나의 연구 안에 창의적으로 함께 자리 잡아 시너지를 만들 수 있다는 점에 주목해야 한다. 소위 '복합적 방법(hybrid methods)'이라고 부를 수 있는 이와 같은 사유를 통해 단일 사례를 선정하더라도 그

---

68 예컨대 필자의 작업 중에서는『중국의 중앙–지방관계론: 분권화 개혁의 정치경제』(서울: 나남, 1999)의 3장과 4장 그리고 *Central Control and Local Discretion in China*, ch. 3을 참조하라. 원자료 통계를 만들어낸 작업으로는 "Mounting Challenges to Governance in China: Surveying Collective Protestors, Religious Sects and Criminal Organizations," *China Journal*, No. 56 (July 2006), pp. 1~31과 "East Asia Responds to the Rise of China"를 들 수 있겠다.

69 이와 관련해서 Ragin, *The Comparative Method*, ch. 5; John A. Vasquez, "War Endings: What Science and Constructivism Can Tell Us," *Millennium*, Vol. 26, No. 3 (1997), pp. 651~678; Andrew Benett and Alexander George, "An Alliance of Statistical and Case Study Methods," *APSA–CP Newsletter* (Winter 1998), pp. 6~9; Michael Coppedge, "Thickening Thin Concepts and Theories: Combining Large N and Small in Comparative Politics," *Comparative Politics*, Vol. 31, No. 4 (July 1999), pp. 465~476; Manfred M. Bergman, *Mixed Methods Research* (London: SAGE, 2007)을 보라.

것이 왜 중요한지를 대상범주 전체에 대한 이해를 통해 규명할 수 있어야 하고, 또 변수 중심의 대규모 통계분석에서 모자란 부분을 왜 심도 있는 사례연구가 채워주어야 하는지를 이해할 필요가 있다는 의미이다.[69]

사실 문제는 논쟁 그 자체에 대한 이해가 아니라 우리가 과연 이 두 가지를 우리의 연구 안에서 창의적으로 '복합'시킬 수 있을 만큼 두 가지 유형의 방법/관점/경향들에 대해 공히 익숙한가 하는 것이다.[70] 차림표가 존재한다는 사실 자체를 알지 못한다면 주문할 수 있는 음식 또한 극히 제한될 수밖에 없고 그 경우 대개 '그 밥에 그 나물' 식의 연구를 벗어나기 어렵기 때문이다. 어쩌면 아주 좁은 상자 속에 갇혀 있는 우리 중국연구자들이 가진 일상적 연구의 '틀'을 한번쯤은 과감히 깨버릴 필요가 있지 않을까? 이러한 실험적 사유와 새로운 '제법(製法)'에 대한 훈련과 체험의 기회를 갖지 못한다면 가끔씩 2~3년 기간의 과거 정책들을 번역해 업데이트하는 "중국의 대 티베트 정책연구" 식의 반복 연구 수준을 우리 학계가 벗어나기는 어

70 바움(R. Baum)은 미국에서의 중국정치 연구 50년을 평가하면서 최근 학계의 문제로 지나친 계량화와 합리적 선택 모델의 범람을 들고 있는데 이는 양자가 공히 결여된 한국 학계의 상황과는 매우 상반된 모습을 보이는 것이라 하겠다. "Studies of Chinese Politics in the United States," in Robert Ash, David Shambaugh and Seiichiro Takagi (eds.), *China Watching: Perspectives from Europe, Japan and the United States* (London: Routledge, 2007), pp. 160~162. 관련하여 이 책에 실린 주장환의 논문(8장)을 참조하라.

71 라카토스에 의하면 이론2가 이론1을 대체하기 위해서는 첫째 이론1의 효율성을 배태하고 있어야 하고, 둘째로 이론1보다 새로운 것을 예측할 수 있어야 하며, 셋째로 이론1보다 조금은 더 많은 실증적 내용을 가지고 있어야 한다고 말한다. 예컨대 우리의 "중국의 대 티베트 정책"에 대한 많은 연구들은 이러한 지식 축적의 공식을 만족시키고 있는 것일까? Imre Lakatos, *The Methodology of Scientific Research Programmes* (London: Cambridge University Press, 1978), Vol. 1, pp. 32~33.

려울 것이다.[71]

한국의 제3세대 및 제4세대 중국연구자들에 비해 앞으로 큰 역할을 하게 될 제5세대와 제6세대는 방법론적 사유와 관련해 위에서 제기한 여러 가지 문제점들을 비교적 적게 느끼며 활동할 가능성이 크다. 이미 세계 학계가 주목하기 시작한 한국에서의 중국연구가 그 경쟁력을 지속하기 위해서는 무엇보다도 이 부분에 대한 인식이 더 빨리 그리고 훨씬 더 넓게 공유될 필요가 있다. 연구에 사용된 특정 방법 및 기법에 대한 평가는 오로지 질문과 주제의 성격에 달려있고 또 합목적성만이 그 가장 중요한 기준이지만 그와 같은 특정한 선택에 이르기까지 연구자를 안내해준 핵심 길라잡이로서의 방법론적 사유가 무엇보다도 중요한 지적 자산임을 필자는 재차 강조하고자 한다.

이 글의 모두에 썼던 것을 다시 한번 반복하자면 방법론적 사유는 외국어와 같아 그 휘발성이 지나치게 높은 단점을 갖고 있다. 따라서 끊임없이 고민하고 활용하며 배워가지 않으면 그 끈을 놓치기가 너무나도 쉽다. 결국은 연구자가 가진 열정이 제대로 된 방법론적 사유와 그 활용을 가능케 한다는 의미이다. 미국 정치학회 회장을 지낸 로위(Theodore J. Lowi)는 "지상 최대의 죄악은 열정의 결여다(The greatest sin of all is the omission of passion)"라고 확언했다. 이는 아마도 동양에서 회자되는 "아는 것보다 좋아하는 것이 나으며, 좋아하는 것보다도 즐기는 것이 한 수 위이다(知之者 不如好之者 好之者 不如樂之者)"는 말과 일

72 전자는 "The State in Political Science: How We Became What We Study," in James Farr and Raymond Seidelman (eds.), *Discipline and History: Political Science in the United States* (Ann Arbor: University of Michigan Press, 1993), p. 394에서 그리고 후자는 『論語』「雍也」18장에서 인용함.

맥상통하는 것이 아닐까?[72] 보다 많은 한국의 중국연구자들이 방법론적 사유를 통해 자신들의 연구를 보다 더 많이 즐길 수 있기를 바라며 이를 위해 본서가 적으나마 기여할 수 있길 기대해본다.

제2장
중국연구와 이론의 접합

손인주

I. 머리말

중국연구에서 이론의 역할은 무엇인가? 현대중국에 대한 '지식상품'과 '지식공해'가 함께 쏟아져 나오는 21세기 전세계 아이디어 시장에서 사회과학이론은 어떤 '유용성(有用性)' 또는 '무용성(無用性)'을 지니고 있는가? 정보와 지식의 세계화 속에서 연구자들은 자신들의 개별 중국연구와 이론화 작업을 어떻게 접목시켜볼 수 있을까? 본장은 이러한 큰 질문들에 대한 명쾌한 해답보다는 유용한 하나의 참고자료를 제공하려 한다. 적극적으로 이론화 작업을 시도했던 최신 연구 성과물들과 필자 자신의 경험을 토대로, 중국연구와 이론 접목에 대한 방향과 문제점들을 살펴보려고 한다.

본론에서는 두 가지 주제에 대해 논의를 집중하려 한다. 첫째, 중국연구에서 이론은 어떤 유용성과 한계를 지니는지에 대해 몇 가지 견해를 제시하려 한다. 21세기 중국연구 환경의 '구조적 변화'에 대한 필자의 개인적 고민과 관찰을 바탕으로 이론의 역할을 논의하려 한다. 둘째, 대표적 중국전문가들이 그들의 개별연구에 구체적으로 어떻게 이론을 적용·발전시키려고 했는지 살펴보려고 한다. 이를 위해서 최근 10년 간 경제학, 사회학, 정치학 분야에서 '인용 영향력(citation impact)' 기준 상위 20위 학술지들에 게재된 현대중국 관련 영문논문들을 검토해 보았다.

II. 이론의 역할과 한계

얼마 전 일본의 노벨상 수상자 마스카와 도시히테(益川敏英)는 세계학계의 치열한 경쟁을 다음과 같이 묘사했다. "요즘은 재미있는 걸 발견하면 전세계 인간들이 다 몰려든다. (어떤 연구 과제를) 동시에 발상한다면 3명이 같이하는 곳(연구기관)이 1명이 하는 곳에 99.9% 이긴다. 논문도 2주일 뒤지면 그걸로 끝이다. 인터넷을 통해 곧장 서버로 보내져 전세계 관련자가 다 보게 되고, 2주 후에 그걸 올리면 모두 '앞의 것을 훔쳤다'고 한다."[1)]

21세기 중국의 급부상과 더불어 중국학 열풍은 나날이 뜨거워지고 있다. 21세기 새로운 강자, 중국을 알고자 하는 수요의 급증이 많은 지식생산자들의 눈을 중국 쪽으로 돌리게 하고 있다. 다른 지역·시대를 연구하던 일부 연구자들도 연구주제를 바꾸어 이제는 현대중국에 대한 정보와 지식 창출에 직·간접적으로 공헌하고 있다. '재미있는 것을 발견하면 전세계 인간들이 다 몰려든다'는 노벨 수상자의 관찰이 중국학에도 적용되는 것 같다. 자연과학 분야에서의 연구경쟁만큼은 아닐지라도 중국에 대한 인문·사회과학자들의 연구경쟁은 나날이 심화되고 있다. 중국과 연관된 수많은 뉴스, 비평, 첩보, 예측 등이 여러 가지 언어와 매체를 통해 폭발적으로 쏟아져 나오고 있을 뿐만 아니라, 중국 관련 학술논문의 수도 세계적으로 폭증하

1 『중앙일보』, 2009년 3월 9일 (http://article.joins.com/article/article.asp?total_id=3523211&ctg=1201).

고 있다.[2] 개혁·개방이후 중국사회의 급격한 변화로 인해, 양질의 논문임에도 불구하고 '생명력'이 짧은 현대 중국과 관련된 논문들도 늘어나고 있다. 즉 일부 연구는 몇 년 동안의 힘든 준비 기간 후 활자화 되자마자 주장의 적실성(適實性)을 잃어버리거나, 1~2년 안에 인용가치가 급격히 상실되는 연구 성과물들이 허다하다. 게다가 지구 반대편에서 어떤 연구자가 어떤 중국연구를 하는지 모르다보니, 비슷한 내용의 논문이 나오면, '앞의 것을 훔쳤다'는 오해를 받기도 쉬워지고 있다. 이렇게 구조적 패러다임이 변하고 있는 중국학 세계에서 연구자들은 어떻게 대응해야 하는 것일까? 이런 상황에서 이론의 역할은 무엇이고, 어떤 유용성 또는 무용성을 지니는 것일까?

필자는 이에 대해 다음과 같은 세 가지 견해를 제시한다.

1) 이론은 이제까지 몰랐던 사실(unknown fact)뿐만 아니라 이미 아는 사실(known fact)에 대한 새로운 '설명'과 '이해'[3]를 돕는다.
2) 이론은 중국연구자들 사이의 소통뿐만 아니라,

2 예를 들어, 국제정치학의 대표적 영문학술 저널인 *International Security* (IS)도 이러한 변화를 반영하고 있다. IS에 게재된 중국 관련 논문의 수가 1980년대 10년(1980년 초부터 1989년 말) 동안 4편에 불과하였으나, 최근 10년(2000년 초부터 2009년 말) 사이에는 총 14편으로 늘어났다.

3 사회과학철학에서 일부 학자들은 '설명(explaining)'과 '이해(understanding)'를 구분한다. 이 견해에 따르면 사실 또는 변수 간의 일반성을 지닌 인과법칙을 다루는 것이 '설명'의 문제이고, 행위주체들 사이 또는 주체와 구조 사이의 사회적 구성규칙 및 상호작용을 다루는 것이 '이해'의 문제에 가깝다. 이러한 시각에서 보자면, 주류 사회과학자들은 '설명'에 초점을 두는 경향이 있고, 인문학자, 사회구성주의자 및 포스트모더니스트는 대체로 '이해'에 중심을 두는 경향이 많다. Martin Hollis and Steve Smith, *Explaining and Understanding International Relations* (Oxford: Clarendon Press, 1990).

비(非)중국연구자들과의 소통에도 도움을 주는 논리적 언어이다.

3) 이론은 세상을 바라보는데 유용한 도구이지, 절대불변의 진리를 대변하지 않는다.

설명과 이해

많은 연구자들이 지향하는 이상적(理想的) 논문은 아무도 모르는 사실을 발굴해서 설득력 있는 설명과 해석을 제공하는 연구일 것이다. 하지만 지금 추세처럼 수많은 인력들이 현대중국 전반에 대한 정보·지식창출에 동원되고, 많은 정보가 빠른 시간 안에 여러 매체를 통해 전달·확산되는 글로벌화 시대에서는, 아무도 모르는 새로운 사실을 발견해서 학술논문이라는 특정방식[4]으로 발빠르게 생명력이 긴 지식을 생산·전달하는 일이 녹록치 않을 것이다.[5]

중국이라는 현장에서 불철주야 정보생산을 위해 뛰고 있는 각국 정부기관(중국정부 포함)의 정보원들, 싱크탱크 소속 중

4 필자의 2008년 *The China Quarterly* 논문의 경우, 최종게재허가를 받은 후 18개월이 지난 뒤에서야 활자화되었다. 필자의 경우를 일반화시킬 수는 없겠지만, 대체로 논문심사과정과 논문작성과정의 시간까지 고려한다면 논문출판 과정은 상당한 시간이 소요되는 작업일 수 있다.

5 새로운 '사실' 확인과 서술이 가지는 학술적 가치를 폄하하려는 의도는 전혀 없다. 가령, 새롭게 공개된 공산당의 내부문건을 활용한 연구가, 기존 공개자료에 기반을 둔 연구 성과와 차별화된 새로운 시각과 해석을 제공할 수 있다면 (반드시 그렇지 않은 경우도 있겠지만) 학계에 중요한 공헌을 할 것이다. 필자가 지적하고자 하는 바는 중국연구 환경의 '구조적 변화'(중국사회의 개방화, 중국관련 지식생산자의 폭증, 중국사회의 급속한 변화에 따른 단순정보의 생명주기단축)로 인해 새로운 사실에만 주로 의존한 논문들의 학술적 부가가치와 희소성이 '상대적'으로 줄어 들 수 있다는 점이다.

국관찰자들, 중국전문 언론인들, 중국비즈니스 종사자들, 다양한 NGO활동가들, 이러한 정보·지식생산자들과 비교해 학자들이 지닌 '상대적' 장점은 무엇일까? 다소 긴 호흡으로 사회현상을 관찰할 수 있는 학자들의 상대적 비교우위는 사회현상에 대한 새로운 '시각'을 제공하거나, 부족한 (또는 왜곡된) 해석에 대한 '재해석'을 할 수 있다는 점이 아닐까 싶다. 이론은 이러한 목표에 유용한 도구로 쓰일 수 있다. 일반이론은 인간사회에서 벌어지는 수많은 사건들과 실체에 대한 인과관계와 구성관계를 밝히는 논리와 설명구조를 지니고 있다. 오랜 세월동안 여러 지역과 시대를 실험대상으로 다양한 논리와 설명구조를 발전시켜온 노력의 산물이 사회과학이론이다. 이론은 가령, 중국의 '경제'발전과 '정치'발전이 서로 어떤 인과관계를 지니고 있는지, 중국공산당과 중국사회는 어떤 상호구성관계를 형성하고 있는지에 대해 탐구할 수 있는 종합'논리'세트를 제공할 수 있다. 즉 이론은 알려진 사실들을 재구성하여 여러 각도와 높이에서 바라볼 수 있게 도와주는 '렌즈'의 역할을 해 줄 수 있다.

필자의 연구 주제들 중 하나인 중국의 다자주의외교 연구에서도 이론은 '렌즈'나 '나침반'과 같은 길라잡이 역할을 해주었다. 필자의 연구는 다자주의외교 사례들 중에서 중국이 냉소적 방관자에서 적극적 참여자로 태도를 바꾼 아시아금융협력에 초점을 두었다. 이 사례는 언론보도를 통해 알려진 사실임에도 불구하고, 그 사실의 해석과 설명에 있어서는 다양한 견해나 추측이 병존하고 있는 사안이었다. 필자는 우선 비교정치이론과 국제정치이론에서 추출한 여러 논리 및 설명구조들 중에서 연구퍼즐을 풀어줄 가능성이 높은 10여 개 정도의 대안가설들을 만들었다. 이렇게 만들어진 여러 이론적 렌즈들을 동시에 활용하여 더 구체적이고 포괄적인 사실(또는 변수)들을 찾아보고 그들 간의 인과관계를 살펴보려고 했다. 그러나 일부 지역연구자들의 경우처럼 필자 역시 중국 현지조사 과정 중, 초기 가설들이 중국현장에서 수집한 사실들 사이의 관계를 충분히 밝혀주지 못한다는 점을 발견하게 되었다. 이에 따라 초기 가설들이 예상한 인과관계의 전체그림을 완성시켜줄 숨겨진 퍼즐 조각(또는 missing fact)을 찾기 위한 노력과 더불어, 이제껏 사용했던 이론적 렌즈를 잠시 벗고 새로운 방향에서 다른 이론적 분석틀을 찾아보려고 하였다. 즉 이론은 이미 아는 사실들 사이의 관계를 만족스럽게 설명하지 못할 경우에, 아직 발견하지 못한 사실을 찾거나 새로운 논리·설명구조를 발견할 수 있도록 이끌어 주는 '나침반' 역할을 할 수 있다.

소통

정보의 홍수와 지식산업의 세계화 및 속도전 속에서 부가가치[6]가 높은 양질의 연구 성과를 내기 위해서는 전문화·분업화와 더불어 연구자들 간의 '학술협력'이 절실하다. 수많은 비슷비슷한 논문들이 세계 곳곳에서 쏟아져 나오는 상황에서, 연구자들은 누구나 독창적인 연구를 효율적으로 하고 싶어 한다. 이를 위한 방법들 중의 하나가 공동연구 또는 학술교류이다. 예를 들어, 중국의 경제성장이 정치제도변화에 미치는 영향을 분석하기 위해서, 중국기업의 발전을 연구하는 경제학자, 중산

6 이 글에서 필자는 생명력이 길고 (오랫동안 인용되고) 적용의 범위가 넓은 (여러 분야의 연구 및 정책에서 활용되는) 학문적 발견을 '부가 가치(value added)가 높다'라고 지칭한다.

층의 사회참여를 관찰하는 사회학자, 비교정치문화를 전공한 정치학자 세 명이 자신들의 전문성을 살려 공동연구를 할 수 있다면, 심층적이고 종합적인 연구 성과를 보다 빠르게 생산할 수 있다. 그러나 이러한 공동연구가 무난히 진행되기 위해서는 연구자들 사이의 원활한 소통이 선행되어야 한다. 마치 자연과학자들이 수식(數式)이라는 매우 논리적인 언어로 소통의 효율성을 높이듯이, 이론이라는 '논리구조'는 좀 더 섬세하고 명확한 또 하나의 '언어'가 되어 연구파트너들이 지닌 다양한 가정과 논리를 정확하게 이해하는 데 일조할 수 있다. 이론은 서로 다른 학문분과에서 훈련을 받은 연구자들과 상대방의 개별 사례에 대한 사실적 지식(factual knowledge)이 부족한 연구자들이 공통연구주제의 인과·구성 관계에 대한 다양한 아이디어를 원활하게 교류할 수 있는 언어적 도구가 될 수 있다. 비단 중국 연구자들 사이에서 뿐만 아니라, 현대중국이 아닌 다른 지역과 시대를 연구하는 사람들과의 교류와 협력을 위해서도 이론은 유용한 커뮤니케이션 수단이 될 수 있다. 가령, 브라질과 러시아의 중앙-지방 관계를 전공하는 연구자들이 중국에 일차적으로 관심을 갖게 되는 것은 중국의 중앙-지방관계에 대한 세세한 사실 그 자체보다도, 그 사실들이 모여 이뤄진 인과·구성 관계에 대한 논리적 설명과 해석일 것이다. 그 논리적 구조물이 자신의 브라질 연구 또는 러시아 연구에 적용할 만한 새로운 시각을 가지고 있는지에 일차적 흥미를 느낄 것이며, 이러한 교류는 좀 더 부가가치가 높은 글로벌 지식생산 네트워크의 발전을 위한 디딤돌이 될 것이다.[7]

목적이 아닌 수단

"위대한 과학자의 우수성은 그가 자신의 분야에서 얼마나 오랫동안 새로운 이론적 발전을 저해했는가로 알 수 있다." 필자가 들었던 이 문구는 특정 과학'이론'이 종교'교리'처럼 물신화(物神化)되어 새로운 사실이나 논리의 발견을 방해할 수 있다는 아이러니를 지적하고 있다. 즉 후학들이 이론적 선구자들이 만들어 놓은 개념의 감옥(conceptual jail)에서 빠져나오지 못하는 일이 발생할 수 있다는 것이다. 사회과학이론은 인간세상을 잘 이해하기 위한 '수단'이지 '목적'이 아니다. 흔들리지 않는 종교적 믿음이 아니라, 더 넓은 지식과 정보의 바다를 헤쳐 건너가는데 유용한 도구이다. 배를 타고 강을 건너갔으면 배를 계속 끌고 갈 것이 아니라 놓고 가야하듯, 사회현상의 일면을 탐구하는 데에 이론을 활용했으면 놓고 가면 그만일 것이다. 더 이상 특정 이론적 색안경에 영원히 집착할 필요는 없다. 연구자는 추상적인 이론으로부터 (그 이론이 유효하다면) 현실에서 발견할 수 있는 논리적 함의(observable implication)를 추출하여 그것을 실증적인 관찰(empirical observation)을 통해 검증하고, 그 결과에 따라 검증한 이론을 다시 수정·발전시켜야 한다. 이론은 절대

---

7 앞서 언급한 필자의 연구에서도, 새로운 논리와 설명구조를 찾던 노력이 자연스럽게 비(非)중국연구자들 특히 구소련 (및 러시아) 연구자들과의 아이디어 교류로 이어졌다. 구소련의 외교행태를 대상으로 검증된 이론들 중에서 '학습이론(learning theory)'에 흥미를 느꼈고, 그 이론적 모델이 필자의 중국사례에 활용될 수 있을지 검토하였다. '학습이론'에 대한 탐구는 이 이론의 모태였던 비(非)정치학분야의 연구자들, 즉 심리학자들과의 교류와 연계로 발전되었다. 소련에 대한 현지지식이 부족하고, 심리학을 전공하지 않은 필자였지만, 사회현상의 특정 인과관계에 대한 공통된 관심으로 인해 (공통된 이론적 관심사로 인해) 비중국연구자 및 비정치학자들과 소통하게 되었다.

불변의 진리를 대표하는 것이 아니라, 진리를 찾아가는 유용한 도구일 뿐이기 때문이다.

III. 이론접목의 특징과 문제점: 경제학·사회학·정치학

지난 10년 간 (2000년 1월부터 2009년 7월까지)[8] 현대중국과 관련된 사회과학분야의 이론 발전에 대한 검토를 위해 다음과 같은 연구방법을 선택했다. 우선 연구자 한 명이 사회과학의 모든 분과학문을 살펴보는 것이 힘드므로, 정치학, 경제학, 사회학 분야의 논문들에만 초점을 맞추었다.[9] 그리고 세 분야의 논문들 중에서 '사실'의 기술·설명·분석 보다는 '일반이론'의 검증과 발전에 주목적을 둔 논문들을 검토하기 위해, 최첨단 이론화 작업의 성과물이 주로 등장하는 대표적 영문학술지를 샘플로 삼았다.[10] 따라서 *The China Quarterly*나 *The China Journal*과 같은 대

8 현대중국정치연구를 종합적으로 검토했던 정재호(편), 『중국정치연구론: 영역, 쟁점, 방법 및 교류』(서울: 나남, 2000)이 출간된 이후부터 필자의 초고집필 시점(2009년 여름)까지의 연구 성과물에 초점을 맞추었다.

9 일반이론을 검증하고 개발하는 것이 학문의 주목적인 아닌 인문학 분야는 검토대상에서 우선 제외하였다. 애초 인류학과 지리학 분야도 살펴보려고 했으나, 지면의 제약과 더불어 본고의 목적에 부합되지 않는 논문들이 많아 제외하였다. 인용영향력 기준 상위 20위 인류학 학술지 게재 논문들 중에 상당수가 '사회과학'이 아닌 '자연과학'분야의 연구 성과물이었으며, 지리학 논문들의 경우 다수가 단지 기술(記述)적(descriptive)이거나 포스트모더니즘의 경향을 보이고 있었다.

표적 중국 '지역학' 학술지들은 제외하였다.[11] 대신 톰슨 로이터(Thomson Reuters)에서 발표하는 2008년도 ISI 학술지인용보고서(*ISI Journal Citation Reports 2008*)를 활용하여 인용도가 높은 영문 학술지들을 검토 대상으로 삼았다. 학술지의 순위는 기준과 세부분야에 따라 다르겠지만, 본고는 ISI 학술지인용보고서 항목 중 5년 간 인용 임팩트 지수(5 Year Impact Factor) 기준으로 상위 20위 학술지를 선정하여, 이에 최근 10년 간 게재된 현대중국(1949년 이후, 대만/홍콩제외) 관련 논문들을 살펴보았다.[12] 이 장에서는 중국 관련 논문들의 다양한 주제분포를 간략히 기술한 뒤, 이론화 작업에서 나타난 세 가지 특징들을 설명하려 한다.

연구주제

경제학 분야에서는 상위 20위 학술저널에 총 61편(전체논문 436편 중 약 14%에 해당)의 현대중국 관련 논문들이 게재되어 있다. 주제별로는 계획·투자·경영이 15편(25%)으로 가장 많고, 인구

10 중문, 일문 및 기타 유럽언어로 된 논문은 검토대상에서 제외하였다. 제한된 지면 안에 비영문학술지에 대한 포괄적 검토가 어려울 뿐만 아니라, 중문·일문·유럽언어로 생산되는 중국학 연구 성과물이 대체로 일반이론 접목 및 개발보다는 지역학적 접근에 무게를 두고 있어, 본고는 주요 영문저널 검토에 집중하기로 했다. 유럽과 일본에서의 중국학 (정치학과 경제학) 동향에 대해선 Robert Ash, David Shambaugh and Seiichiro Takagi (eds.), *China Watching: Perspectives from Europe, Japan, and the United States* (London: Routledge, 2007)를 참조.

11 지역학 학술지, 특수분과 (또는 세부전공) 학술지 그리고 단행본 형태의 연구 성과물 중에서도 이론화 작업에 공헌한 훌륭한 연구들이 있다. 후일 이러한 연구들까지 모두 포괄한 문헌검토 논문을 기대해 본다.

12 *Journal Citation Reports*에서는 정치학과 국제관계학(International Relation)이 서로 다른 학문분과로 구분되어 있어서 필자는 인용영향력 점수를 기준으로 두 분과를 정치학이라는 하나의 범주로 재구성하여 상위 20위 정치학 학술지 순위를 만들었다.

및 노동력 14편(23%), 국가생산 및 소득 10편(16%), 물가 및 금융 6편(10%), 농업 3편(5%) 등이다. 한편 사회학에서는 상위 20위 저널에 총 85편(전체논문 222편 중 약 38%)의 중국 관련 논문이 게재되어 있다. 주제별로는 성·가족·결혼에 대한 논문들이 20편(24%)으로 가장 많고, 사회계층화 및 불균등 10편(12%), 정치사회시스템 및 변혁 10편(12%), 사회정의 7편(8%), 노동문제 6편(7%), 보건의료 5편(6%), 사회네트워크 4편(5%) 등이다. 정치학의 경우, 상위 20위 저널에 국제정치 관련 논문들이 다수 게재되어 있다. 61편(전체논문 256편 중 약 24%)의 논문들 중에서 일반외교정책·국제관계 14편(23%), 군사안보 10편(16%), 국가-사회관계 9편(15%), 세계화 · 국제경제정책 7편(11%), 경제개혁 4편(7%), 정치구조 및 과정 4편(7%), 중앙-지방관계 4편(7%), 엘리트정치 3편(5%) 등이다.

다소 흥미로운 발견 중의 하나는 정치학자들과 경제학자들에 비해 사회학자들은 인용빈도가 가장 높고 최첨단 이론화 성과물이 등장하는 최상위 대표영문저널(flagship journal)에 적지 않은 중국 관련 논문을 게재하였다는 사실이다. 사회학의 대표저널인 *American Sociological Review*(10편)와 *American Journal of Sociology*(5편)에 모두 15편의 논문들이 게재되어 있다. 이에 비해 경제학과 정치학에서는 상대적으로 소수의 중국연구자들만이 최고 대표영문저널에 자신들의 연구 성과를 발표했다. 경제학의 경우 *Quarterly Journal of Economics*에 3편, *Journal of Economic Literature*에 2편이 실렸다. 정치학의 경우 *American Political Science Review*와 *American Journal of Political Science*에 각각 1편씩 게재되었을 뿐이다.

이론접목의 특징

A) 변차연구(variance research)

2000년대에 들어 대표적인 이론화 작업은 지역 및 시기별 변차(變差)연구를 통해 중국의 특수성과 일반성을 밝히려는 특징이 보인다. 즉 이미 알려진 또는 새로이 알려진 사실들 사이의 시간적·공간적 변동을 설명하려는 과정에서 좀 더 일반화·추상화된 논리구조(인과관계에 대한 가설)를 검증하고 수정하려는 노력이 눈에 띤다. 경제학자 청(Leonard K. Cheng)과 콴(Yum K. Kwan)[13]은 1985년-1995년 기간 동안 외국인 직접투자(Foreign Direct Investment: FDI)의 중국의 29개 지역에서 나타나는 변차를 이용해 미국 내 FDI연구에서 도출되었던 가설들을 중국사례에 검증했다. 사회학자 마이컬슨(Ethan Michelson)[14]은 지리적 여건과 경제발전 정도가 다른 6개의 성(省) 3000여 가구의 서베이 자료를 이용하여 농촌의 지역적 특수성과 농민들의 분쟁해결을 위한 법적수단 사용(law mobilization) 간에 어떤 상관관계가 있는지 규명하고자 하였다. 정치학자 짜이(L. Tsai)[15]는 거시적 환경변수들(이데올로기, 국가정책, 정권성격, 경제발전 등)을 조정하면서 지역별

---

13 Leonard K. Cheng and Yum K. Kwan, "What are the determinants of the location of foreign direct investment? The Chinese experience," *Journal of International Economics*, Volume 51, Issue 2 (August 2000), pp. 379~400.

14 Ethan Michelson, "Climbing the Dispute Pagoda: Grievances and Appeals to the Official Justice System in Rural China," *American Sociological Review*. Volume 72, Issue 3 (Jun 2007), pp. 459~485.

15 Lily L Tsai, "Solidary Groups, Informal Accountability, and Local Public Goods Provision in Rural China," *American Political Science Review*, Volume 101, Issue 2 (May 2007), pp. 355~372.

촌정부(316개)의 행정성과(공공재 서비스제공)의 차이를 통해 비공식적 제도의 역할을 고찰하였다.

지역적 변차를 기반으로 한 연구뿐만 아니라 시기적 변차를 고려한 이론검증의 시도도 많이 보인다. 바이(C. Bai)와 그 공동저자들은[16] 지역 간 무역장벽이 금지되어 있는 미국연방제와 달리, 지역보호주의 관행이 퍼져있는 중국에서 지역산업 특화를 결정하는 요인이 무엇인지 고찰하였다. 지역산업 특화와 관련된 여러 서구이론들의 적실성을 검토하기 위해 1985년부터 1997년 사이 29개 중국지역(성, 자치주)의 32개 산업분야의 자료를 이용하여 산업별·시기별 지역특화의 변동양태를 추적하여 경쟁가설들을 검증했다. 모디그리아니(F. Modigliani)와 차오(S. L. Cao)[17]도 시기별 변차 자료, 즉 1953년부터 2000년까지 중국의 소득·저축 정보자료를 활용하여 아직 일인당 국민소득이 선진국에 비해 훨씬 낮은 중국에서 개인저축률이 높은 이유가 무엇인지를 밝혀내려고 하였다. 선진국의 사례들에만 주로 적용했던 인생주기(life cycle) 가설을 분석의 틀로 활용하여, 50년대 평균 세대저축률이 5퍼센트 미만이던 중국이 90년대 들어서 30퍼센트 이상이 된 이유를 근검절약을 강조하는 '문화·교육' 요인이 아니라, '정책'의 변화에서 찾았다. 시장경제개혁이 가져온 고도 성장률과 저출산 정책이 유발한 인구 성장률 감소(노후보장을 위한 저축의 역할)가 주요 원인들이라는 것이다. 사

16 Chong–En Bai, Yingjuan Du, Zhigang Tao and Sarah Y. Tong, "Local protectionism and regional specialization: evidence from China's industries," *Journal of International Economics*, Volume 63, Issue 2 (July 2004), pp. 397~417.

17 Franco Modigliani and Shi Larry Cao, "The Chinese Saving Puzzle and the Life–Cycle Hypothesis," *Journal of Economic Literature*, Volume. 42, Issue 1 (Mar 2004), pp. 145~170.

회학자 월더(A. G. Walder)와 후(S. Hu)[18]는 시기별로 급진적 정치사회변혁들(사회주의혁명과 시장개혁)이 약 반 세기 동안(1949~1996) 중국의 사회계층 이동성(social mobility)에 미치는 장기적 영향을 연구하였다. 이를 위하여 도시거주 성인 3,087명에 대한 다세대 생활사 서베이 데이터를 활용하여 중국 엘리트가족들의 1949년 이후 세대 간 사회이동성에 대한 다양한 가설들을 테스트했다.

상기한 연구들은 시기별·지역별 변차를 통해 종속변수와 가설의 독립변수사이의 상관관계(correlation)를 밝히고 독립변수의 인과영향(causal effect)의 크기를 증명하여, 이론검증에 공헌하였다. 필자는 이론화 작업에서의 변차연구의 중요성을 인정하면서도 동시에 단일사례연구 또는 '무변차'복수사례연구(동일한 결과가 나타난 사례들의 비교연구)가 지닌 상대적 유용성과 장점도 지적하고 싶다. 90년대 중반 이후 사회과학도들에게 큰 영향을 주었던 DSI(*Designing Social Inquiry*)는 통계학적 시각에서 종속변수에 근거한 사례설정의 약점을 지적하고 단일사례연구가 아닌 변차연구의 중요성을 매우 설득력 있게 강조하였다.[19] 그러나 이러한 변차연구에 대한 지나친 강조나 무조건적 추종은

---

18 Andrew G. Walder and Songhua Hu, "Revolution, Reform, and Status Inheritance: Urban China, 1949~1996," *American Journal of Sociology*, Volume 114, Issue 5 (March 2009), pp. 1395~1427.

19 Gary King, Robert Keohane, and Sydney Verba, *Designing Social Inquiry: Scientific Inference in Qualitative Research* (Princeton: Princeton University Press, 1994) pp. 129~132, 210~211. DSI의 방법론과 과학철학은 정량적(quantitative) 연구이든 정성적(qualitative) 연구이든 모든 연구자들이 자신들의 논리와 가정을 보다 민감하게 인지하고 명확하게 밝히도록 유도하였다. 이러한 투명성 제고는 연구자들이 서로의 연구를 이해하고 건설적인 비판과 소통을 하는데 긍정적 기여를 했다. 그러나 필자는 DSI의 방법론이 진리를 찾아가는데 유용한 길들 중에 하나를 제시한 것이지, 절대적 진리나 우월성을 대변한다고는 보지 않는다.

몇 가지 문제점들을 지닐 수도 있다. 첫째, 예외적 사례(deviant case) 연구의 가치를 저평가할 수 있다. 기존이론의 가설 및 예측에 벗어나는 예외적 사례에 대한 심도 깊은 연구는 가설창조, 즉 새로운 인과 및 구성관계를 발견하는데 매우 유용하다. 또 다른 문제점은 개념의 과대확장("conceptual stretching")[20] 가능성이다. 변차의 통계적 중요성을 보여주기에 관찰사례들(샘플크기)의 수를 확대하여 이론을 검증하려는 과정에서, 질적으로 다른 변수나 사례를 똑같은 개념으로 간주하는 오류를 범하기 쉽다. 가령 A문화에서 민주적 절차라는 개념이 B문화에서 실제로는 비민주적인 것일 수도 있다. 이러한 문제를 최소화하기 위해서는 정황요소(contextual factor)에 대한 깊은 고려가 필요하다. 이 점에 있어서는 심도 깊은 사례연구가 매우 유용하다. 셋째, '비독립적' 사례의 문제가 대두 될 수 있다. 다시 말하면 확산(diffusion) 또는 학습(learning) 효과로 인해 여러 사례들이 서로 영향을 주고받으며 독립적 성격을 지니지 않는 사회현상이 나타날 수 있다. 예를 들어 time t-0에 광동성에서 시작한 정책이 time t-1에 절강성에서도 도입되고, 다시 time t-2에는 사천성에서 유사한 정책이 시행되지만 운남성에는 정책도입이 발생하지 않은 상황을 가정해 보자. 이 경우, 종속변수의 시기적·지역적 변차 또는 무변차가 확산이나 학습효과의 영향을 받은 것인지, 아니면 초기가설상의 다른 독립변수의 영향을 받은 것인지를 검토하기 위해서는 확산·학습의 '과정'을 추적하는 사례연구가 필요하다.

---

20 Giovanni Sartori, "Concept Misformation in Comparative Politics," *American Political Science Review*, Volume 64, No. 4 (December 1970), pp. 1033~1053.

일부 연구에 한정되지만, 중국의 특수성과 적실성을 고려한 중범위 인과과정(middle-range causal process)을 밝히려는 이론화 작업이 눈에 띈다. 매우 추상적이고 일반적인 거대이론들은 사회현상의 중간과정(intervening process)을 생략하고, 현상의 시작과 끝을 연결하는 상관관계(correlation)에만 주로 초점을 둔다. 중범위 이론은 인과과정에 대한 한 단계 더 미시적인 가설을 제공하고, 사건 정황을 중시하는 조건부 일반화(contingent generalization)를 시도한다. 이러한 이론화의 경향은 특히 사회학과 정치학분야의 일부 연구에서 나타나고 있다.

사회학자 마이컬슨(E. Michelson)[21]은 경제발전(산업화와 도시화 포함)과 법제도발전 사이의 인과관계에 대해 고전사회학이론이 정치(精緻)하지 못하다고 지적하고, 두 사회현상 (경제발전과 법제도발전) 사이에 중개(仲介)변수를 도입해 보다 구체적인 인과과정을 보여주었다. 경제발전에 따라 개인의 권익을 지키고 사회적 갈등을 해소하기 위해 법의 이용이 증가한다는 인과과정을 반박하고, 두 가지 중개변수(비공식 네트워크인 인맥-關係-의 기능과 재정분권화 이후 농민세금 징수부담)[22]를 추가한 중범위 가설들을 서베이 자료를 통해 검증하였다. 한편 우(X. Wu)와 시에(Y.Xie)[23]

21 Ethan Michelson, "Climbing the Dispute Pagoda: Grievances and Appeals to the Official Justice System in Rural China," *American Sociological Review*, Volume 72, Issue 3 (June 2007), pp. 459~485.

22 두 변수가 중국의 지역상황(local context)을 반영하는 변수이기는 하지만, 기존의 다른 (중국 및 비중국) 연구들에서도 이미 많이 검토된 변수들이기에, 변수 그 자체가 새롭다고 볼 수는 없다. 대신 중개변수들을 추가한 가설들의 검증을 통해 좀 더 설득력 있고 구체적인 '중범위' 인과과정을 보여주었다는 점에서 부가가치가 있는 연구이다.

는 시장화가 교육의 소득증대 기여(시장경제에서 교육이 임금상승에 긍정적 기여)로 이어진다는 광범위이론(covering–law theory)의 중간 인과과정을 밝힘으로써 기존이론의 세부 논리를 더욱 발전시켰다. 그들의 실증연구는 시장화 이후 교육수준증대가 임금상승에 미치는 영향이 공공분야보다 민간분야에서 커졌다는 기존 광범위이론의 적실성을 우선 증명하였다. 이보다 더 중요한 그들의 연구 성과는 교육-임금 상관관계가 초기 노동시장 참여자들의 임금이 아니라 후기 노동시장 참여자들(80년대 말 이후)의 임금에만 나타나는 사실을 밝혀, 개인 노동자의 시장참여 시기 또는 역사가 중요하다는 것을 증명한 점에 있다. 즉 90년대 초 사회이동이 증대하는 환경에서 노동자 "선택과정(sorting process)" (유능한 고등교육자들이 자발적으로 더 좋은 임금조건을 찾아 직장변경)이 교육-임금관계의 연결고리임을 강조하였다.

정치학에서도 비슷한 이론화 추세를 발견할 수 있다. 차이(Y. Cai)[24]는 권위주의체제에서 중국정부가 어떻게 대중시위문제를 처리하는지에 대한 중범위 인과과정을 고찰하였다. 구공산권이나 다른 권위주의국가에 대한 기존 연구에서 발견한 독립변수(대중시위요구에 대한 정부의 양보가 가져올 비용 그리고 시위의 강도)와 종속변수(대중시위의 결과: 양보, 탄압, 용인)를 사용하였지만, 두 변수 사이의 상관관계에만 초점을 두지 않았다. 이 분석모델에 중개(仲介) 변수인 중앙 또는 지방 정부의 관여 여부(또는

23 Xiaogang Wu and Yu Xie, "Does the Market Pay Off? Earnings Returns to Education in Urban China," *American Sociological Review*, Volume 68, Issue 3 (June 2003), pp. 425~442.

24 Yongshun Cai, "Power Structure and Regime Resilience: Contentious Politics in China," *British Journal of Political Science*, Volume 38, Issue 3 (July 2008), pp 411~432.

그 가능성)를 더하여, 분권화에 기반을 둔 중국정부의 다원적 권위구조가 어떻게 정부의 시위대응 양태를 결정하고 정권의 안정성 유지에 공헌했는가에 대한 인과과정을 밝혔다.

짜이(K. Tsai)[25]는 체제변혁기 중국에서 비공식적 제도가 어떻게 생성되어 공식적 제도로의 점진적 변화에까지 영향을 주는지 그 인과과정을 밝히려고 하였다. 자유민주주의체제 또는 권위주의체제와 같은 거시적 체제·제도범주가 중국체제변혁(비민주주화)을 설명하는데 유용한 분석도구가 되지 못한다고 보고, 좀 더 미시적 수준의 체제·제도범주에서 일어나는 변화를 고찰하고자 했다. 즉 권위주의체제 국가에서 행위자들이 자신들을 제약하는 공식제도에 창의적으로 대응하는 과정에서 '적응적' 비공식제도('adaptive' informal institution)가 형성되며, 그 비공식제도가 공식제도를 변화시키는 인과영향을 지닌다고 주장하였다.

중범위 인과과정 연구의 장점은 첫째 실증주의자들이 우려하는 지나친 추상화를 피하고 일반현상의 다양한 하위범주(subclass)를 제시할 수 있다. 둘째, 구체적이고 미시적인 사건전개

---

25 Kellee S. Tsai, "Adaptive Informal Institutions and Endogenous Institutional Change in China," *World Politics*, Volume 59, Issue 1 (October 2006), pp. 116~141.

26 예를 들어 필자의 중국다자주의 연구에서도 구조주의적(structural) 주장 또는 가설들이 비슷한 결과를 예측했기에 정책결정과정이라는 암상자를 열지 않고는 진위여부를 밝히기 어려웠다. 국가 간의 위협 또는 힘의 균형을 강조하는 현실주의 가설들, 국가 간 상호의존 또는 공동이익을 중시하는 자유주의 가설들, 행위자의 정체성 및 세계관에 초점을 맞춘 사회구성주의 가설들이 모두 21세기 중국의 다자주의외교를 어느 정도 설명해 줄 수 있을 듯 보였다. 중국 내부의 정책토론과 입안과정이라는 암상자를 열고 인과관계를 고찰한 후에서야, 앞서 언급한 구조주의적 초기 경쟁가설들을 검증하고, 새롭게 발견한 중범위 인과과정을 '학습이론'이라는 분석틀로 조건부 일반화를 시도할 수 있었다.

과정을 밝힘으로써, 경쟁가설 검증에 도움을 준다. 여러 경쟁가설들이 서로 다른 논리로써 똑같은 결과를 예측할 경우, 인과과정이라는 암상자(black box)를 열지 않고서는 진위 여부를 밝히기 어렵다.[26] 두 번째 이유와 연관된 세 번째 장점은 복수인과수렴(equifinality: 다양한 과정으로 동일한 결과에 이르는 현상)이나 복합작용효과(multiple interaction effects)와 같은 복합인과관계를 설명하는데 도움을 준다는 점이다.[27] 예를 들자면, 똑같은 'Y'라는 결과를 지닌(종속변수가 똑같은) 세 가지 사례들일지라도, 'A–B–Y', 'A–C–Y' 또는 'X–D–Y'라는 서로 다른 인과과정이 존재하는 현상(equifinality)을 밝히는 유용한 접근방법이 될 수 있다. 셋째, 정책결정자들에게 좀 더 유용한 정책 가이드라인을 줄 수 있다. 구체적 정황을 중시한 조건부 일반화를 지향하기 때문에, 개별 정책옵션이 효과적일 수 있는 특정조건에 대한 지식을 제공할 수 있다.[28]

그러나 중범위 인과과정 이론화의 상대적 약점은 일반화의

27 최첨단 통계기법들도 이러한 복합인과관계를 규명하는데 유용한 도구로 쓰일 수 있다. 그러나 다양한 성격과 형태의 '신뢰'할 만한 통계자료를 서구선진국에서처럼 쉽게 구하기 힘든 중국의 특수성으로 인해, 필자는 이러한 통계기법만으로 이 문제를 효과적으로 해결할지에 대해서는 의문을 가지고 있다.

28 필자가 2005년 가을 미국하원외교소위에서 일하면서 흥미롭게 관찰한 것은, 정책입안자들이 적극적으로 알고자 하는 지식들 중에 하나가 개별 전략들의 성공여부에 영향을 주는 조건들(conditions that favor the success of strategies)이었다. 이러한 일반적 지식(generic knowledge)은 문제를 진단해서 해결책을 강구해야하는 정책입안자들이 특정 전략의 사용에 유리한 조건들이 새로운 환경에서도 존재하는지 확인해서 정책의 시행착오를 줄이는데 공헌할 수 있다. 이러한 성격의 지식취득에는 여러 조건변수들 사이의 '인과과정'을 명시한 중범위 이론들이 유용하게 활용될 수 있다. 이 점은 필자가 앞장에서 언급한 이론이 지닌 '소통'이라는 기능과도 관련이 있다. 중범위 이론은 서로의 개별 사례를 잘 모르는 연구자들 사이뿐만 아니라, 연구자와 정책입안자 사이의 교류와 연계에 도움을 줄 수 있다.

가능성이 큰(이론 적용의 범위가 큰) 이론화를 기피하다보니, 동일한 이론적 패러다임 안에 갇혀 안주할 위험이 있다는 것이다. 둘째, 인과'과정'에만 너무 초점을 맞추다보면 또 다른 중요한 이슈인 '인과 효과(causal effect)'를 간과해 버릴 수도 있다. 방법론적으로 적절한 통계기법이나 심도 깊은 사례연구기법을 활용하지 않을 경우, 중개변수가 최종결과(종속변수)에 얼마만큼 중요한지를 평가하기 힘들다.

C) 가설확인과 창조

세 번째 특징은 비(非)중국지역연구에서 유추한 가설들의 확인에만 치우친 채, 비(非)중국지역연구에도 적용할 만한 새로운 가설창조의 노력은 여전히 미미한 듯하다는 것이다.[29] 대부분의 중국연구자들은 아직까지 이론 생산자·수출자의 역할보다

---

29 예를 들자면, A–B–C라는 인과관계의 가설이 중국의 사례에 적용되지 않는다는 점을 보여주는 것을 넘어, 중국에서 발견한 새로운 (또는 수정된) 인과관계(가령 A–X–Y)를 다른 지역이나 시대에도 검증할 수 있도록 명확하고 논리적인 언어로 구성된 가설창조가 드물다.

30 재산권이론(property right theory)을 적용하여 중국가공무역공장의 소유와 자재관리형태를 설명하거나, 재산권이 중국기업의 재투자결정에 어떤 영향을 끼치는지를 밝혀내는 연구 성과도 있고, 중국의 빈곤지역에 "Giffen behavior(가격이 오를 때 소비가 오히려 증대하는 행태)"를 적용하여 중국극빈자들의 소비행태를 살펴본 흥미로운 연구도 있다. Robert C. Feenstra and Gordon H. Hanson, "Ownership and Control in Outsourcing To China: Estimating the Property–Rights Theory Of the Firm," *Quarterly Journal of Economics*, Vol. 120, No. 2 (May 2005), pp. 729~761; Robert Cull and Lixin Colin Xu, "Institutions, Ownership, and Finance: The Determinants of Profit Reinvestment among Chinese Firms," *Journal of Financial Economics*, Volume 77, Issue 1 (July 2005), pp. 117~146; Robert T Jensen and Nolan H Miller, "Giffen Behavior and Subsistence Consumption," *The American Economic Review*. Volume 98, Issue 4 (September 2008), pp. 1553~1577.

는 이론 소비자·수입자의 역할에 충실한 듯하다.

경제학 분야의 경우 서구자본주의체제나 구소련 동유럽경제연구에서 나온 이론적 모델이나 가설을 중국에 적용하려는 시도가 대세를 이루고 있다.[30] 경제학자 브래인스텟터(L. G. Branstetter)와 핀스트라(R. C. Feenstra)[31]는 서구시장경제연구에서 도출된 그로스먼-헬프먼 정치경제모델(Grossman–Helpman political economy model)을 중국에 적용하였다. 중국의 지방정부가 소비자 복리보다 국영기업의 이익을 우선시한다는 시장왜곡의 가설을 증명하려 하였다. 수학적 모델을 활용하여 연역적 가설을 명료하게 제시하고, 이를 성(省) 단위 무역 및 외국인직접투자 흐름에 대한 계량자료를 토대로 검증했다. 엄정한 방법론에 입각하여 서구이론모델이 중국지방정부의 정치적 선호를 설명하는데 적용될 수 있음을 보여주었지만, 기존 중국연구에 새롭거나 반(反)직관적인 설명을 제공하지는 못했다. 즉, 재정분권화상황에서 중국지방정부들이 자신들의 세수원인 국영기업의 이익을 보호하려는 것이 이해하기 힘든 수수께끼(puzzle)거나 잘 알려지지 않은 사실(unknown fact)은 아닐 것이다. 경제학자인 알렌(F. Allen)과 그의 공동연구자들은 서구경제성장 이론들이 중국민간분야의 고도성장을 제대로 설명하지 못한다는 주장을 폈다.[32] 법제도와 금융시스템의 중요성을 강조한 기존서구이론들의 부적실성을 중국통계자료를 통해 보여주었다. 그리고 대안

---

31 Lee G. Branstetter and Robert C. Feenstra, "Trade and foreign direct investment in China: a political economy approach," *Journal of International Economics*, Volume 58, Issue 2 (December 2002), pp. 335~358.

32 Franklin Allen, Jun Qian and Meijun Qian, "Law, Finance, and Economic Growth in China," *Journal of Financial Economics*, Volume 77, Issue 1 (July 2005), pp. 57~116.

적 설명으로서 사회학과 정치학 분야에서 이미 널리 사용하고 있는 사회적 네트워크에 기반을 둔 비공식적 제도의 역할을 제기하였다. 그러나 검증 가능한 구체적인 가설이나 이론모델까지 제시하지는 못했다.

사회학자 펑(Y. Peng)[33]은 서구 사회네트워크 및 사회자본(social capital) 이론에서 가설을 도출하여, 효과적인 제도와 법이 발달하지 못한 전환경제에서는 비공식적 네트워크인 혈족관계(kinship network)가 규범적인 힘을 발휘하고 거래비용을 줄여 사영기업의 성장에 기여했다는 가설을 테스트하였다. 통계기법을 이용하여 현대중국이라는 환경에서 혈족관계유무와 사영기업 성장 사이에 상관관계가 있음을 증명하였지만, 기존 사회네트워크이론에 추가할 만한 새로운 이론적 시각이나 가설을 제기하지는 않았다. 개혁·개방기 중국사회계층을 연구한 비엔(Y. Bian)과 그 동료들[34] 역시 기존 사회네트워크이론에 근거한 가설들을 중국도시지역 서베이 자료를 이용하여 엄정하게 실증하였지만, 사회체제변혁을 겪고 있는 다른 국가들에도 적용할 만한 새로운 가설이나 이론모델을 구체적으로 제시하지는 않았다. 정치학자 궈(G. Guo)[35]의 연구는 민주주의 국가연구에 널리 원용되었던 정치예산주기(political budget cycles)이론을 비민주주의 국가인 중국에 적용하였다. 민주주의의 제도하에서 선거

---

33 Yusheng Peng, "Kinship Networks and Entrepreneurs in China's Transitional Economy," *American Journal of Sociology*. Volume 109, Issue 5 (March 2004), pp. 1045~1074.

34 Yanjie Bian, Ronald Breiger, Deborah Davis and Joseph Galaskiewicz, "Occupation, Class, and Social Networks in Urban China," *Social Forces*, Volume 83, Issue 4 (June 2005), pp. 1443~1468.

35 Gang Guo, "China's Local Political Budget Cycles," *American Journal of Political Science*, Volume 53, Issue 3 (July 2009), pp. 621~632.

를 앞두고 정치인들이 유권자의 환심을 사기 위해 재정지출을 확대한다는 통념(conventional wisdom)이 지닌 논리가 중국적 상황에도 적용될 수 있는지 살펴보았다. 즉 자유민주주의선거가 부재한 중국에서는 관료승진 여부 및 시기가 예산집행의 중요한 정치적 동기가 될 수 있다는 가설을 검증하려고 했다. 현급정부의 관리들이 자신들의 승진결정에 중요한 시기인 재임 3년차 또는 4년차 무렵 지방정부 예산지출을 확대시킨다는 추세를 통계적으로 보여주었다. 궈의 연구는 서구이론의 중국적용 가능성을 보여주었지만, 마찬가지로 새로운 이론도출의 성과는 내놓지 못했다. 최근 중국에서 정치적 승진 목적으로 지방예산을 집행하는 관행이 존재한다는 것은 이미 널리 알려진 사실이다. 2007년 10월 중국최고입법기관인 전국인민대표대회에서 지방정부의 정치적 사업(政績工程)을 단속하는 법안(城鄉規劃法)을 제정할 정도로 이러한 관행은 새로운 현상이 아니다.[36] 그리고 지방 관료가 자신의 승진을 위해 선심행정을 한다는 논리만으로는 새로운 부가가치를 지닌 이론적 발견이라고 할 수는 없을 것이다.

극소수이기는 하지만, 단순한 서구이론의 수입을 넘어 이론의 수출 '가능성'을 보여준 중국연구도 있다. 짜이(L. Tsai)[37]의 연구는 기존 시민사회·사회자본이론의 주장과 궤를 같이 하지만, 독립변수와 종속변수의 범위를 세분화하여 중범위 인과과

36 『新華』, 2007년 10월 28일 (http://news.xinhuanet.com/newscenter/2007-10/28/content_6966540.htm).

37 Lily L Tsai, "Solidary Groups, Informal Accountability, and Local Public Goods Provision in Rural China," *American Political Science Review*, Volume 101, Issue 2 (May 2007), pp. 355~372.

정에 대한 새로운 가설을 제시하였다. 짜이는 비공식적 제도, 자생적 시민단체·사회네트워크, 신뢰 등이 지역거버넌스에 공헌한다는 기존 서구 이론[38]을 더욱 발전시켜, 구체적으로 어떠한 성격을 지닌 사회그룹(모든 시민단체 또는 사회네트워크가 아니라)이 지역거버넌스와 협력의 문제들 중에서 구체적으로 어떠한 분야에 긍정적 기여를 하는지에 대한 가설을 중국연구를 통해 도출하였다. 포괄성(encompassing)과 내포성(embedding)을 구비한 특정 친목단체들(solidary groups)이 지역주민들에 대한 지방정부의 책임성을 증대시킨다는 그녀의 가설은, 효율적인 민주주의 제도나 관료제도가 부재한 다른 개발도상국에서 검증해 볼만하다.

중국과 관련된 국제정치학분야에서도 비슷한 가설창조의 노력이 보인다. 예를 들어, 프래블(T. Fravel)은 영토분쟁에서 중국이 협상과 타협을 선택하게 되는 과정과 조건들을 연구하면서 다소 반(反)직관적인 가설을 도출했다. 국가 내부의 갈등 및 혼란이 국민의 시선을 밖으로 돌리기 위한 전쟁(diversionary war)의 가능성을 높인 것이 아니라, 중국의 경우에는 주변 국가들과의 타협 및 협력(diversionary peace)으로 이어졌다는 주장을 제기하였다. 1959년 티베트의 봉기, 1960년대 초 대약진운동의 실패, 1989년 천안문 사태, 1990년대 신장위구르 폭동이 발생한 시기, 즉 내부적으로 정권의 안정성이 위협받던 시기에 중국은 주변 영토분쟁 당사자들과의 충돌을 피하고 협력이나 협상지

38 Elinor Ostrom, *Governing the Commons: The Evolution of Institutions for Collective Action* (New York: Cambridge University Press, 1990); Robert Putnam, *Making Democracy Work: Civic Traditions in Modern Italy* (Princeton: Princeton University Press, 1993).

연의 정책을 추구하였다는 것이다. 프래블의 가설은 비슷한 정치적 불안과 정당성 위기를 겪은 다른 권위주의 국가들의 영토분쟁 사례 연구를 통한 이론화 작업에 유용한 길라잡이 역할을 할 것이다.[39)]

IV. 맺음말

지금까지 중국연구에서 이론의 역할과 한계, 그리고 대표적 최신 이론화 작업의 특징과 문제점들을 검토함으로써, 중국학 생산자들과 소비자들이 함께 나누고 음미할 수 있는 생각거리(food for thought)를 제공하려고 했다. 구조적 패러다임이 변하고 있는 21세기 중국학 세계에 대응하는 하나의 방편으로써 '이론'의 유용성을 논하였다. 이론은 사회현상에 대한 새로운 설명과 이해에 공헌할 수도 있고, 중국연구자들 뿐만 아니라 비(非)중국연구자 및 정책입안자들과의 소통과 교류에도 도움을 줄 수 있다. 하지만 이론을 진리를 찾아가는 수단이 아니라 목

39 중국 관련 국제정치 분야의 이론화 작업과 관련하여 '하버드–프린스턴 중국과 세계' 프로그램(Harvard–Princeton China and the World Program: HPCWP)을 주목할 만하다. 하버드대 교수 존스턴 (Alastair Iain Johnston)과 프린스턴대 교수 크리스튼슨(Thomas J. Christensen)이 주도한 HPCWP (http://www.princeton.edu/cwp)는 중국관련 국제관계연구를 지역학 범주를 넘어서 일반이론화 작업과 연계 발전시키려는 의도를 가지고 2005년 출범하였다. 이 프로그램에 초빙된 일부 신진 중국연구자들(위에서 소개한 프래블도 HPCWP 펠로우였음)의 이론화 작업은 중국사례를 통한 이론의 생산과 수출의 '잠재력'을 지녔다고 본다.

적으로 인식하게 되면 오히려 좁은 '개념의 감옥'에 갇혀 버릴 수도 있음을 지적했다. 이론을 어떻게 구체적으로 개별연구에 접합시킬 것인가라는 '기술적' 문제에 앞서, 이론의 의미와 역할에 관한 '인식론적' 문제에 대한 깊은 고민과 성찰이 선행되어야 한다.

다양한 전공학문을 배경으로 다양한 이론적 훈련을 받고, 다양한 방법론을 숙지한 차세대 중국연구자들은, 새로운 연구 환경 속에서 시너지 효과를 낼 수 있는 공동연구에 대해서도 좀 더 많은 고민을 해야 되리라 본다. 현대중국이라는 공통된 연구 과제를 두고 서로 다른 학제·이론·방법론 사이의 '실질적'이고 '효과적'인 연구협력과 연계는 실현하기 힘든 과제인가? 이 문제와 관련해 생각해볼 만한 우화 하나를 소개하고자 한다.

산골마을에 태어나 살면서 정식 학교교육을 받아 본 적이 없는 한 노인이 난생 처음으로 도시구경을 나왔다. 우연히 길가에서 한 번도 들어 본 적이 없는 소음을 들었다. 그 거슬린 소리를 따라 가보니 어느 방구석에서 어린 소년이 바이올린을 연습하고 있었다. 그 소음은 초보자의 바이올린 줄에서 나오고 있었다. 며칠 뒤, 도시의 다른 지역에 갔다가 너무나 부드럽고 아름다운 소리를 듣게 되었다. 그 선율은 어느 집에서 나이가 지긋한 여성의 바이올린 줄에서 흘러나오고 있었다. 그녀는 바이올린의 거장이었다. 그 순간 노인은 깨달았다. 그 불쾌한 악기소리는 바이올린의 잘못이 아니고, 소년이 아직 그 악기 다루는 법을 다 익히지 못한 것일 뿐이라는 것이었다.

사회과학에서도 이론과 방법론은 사용하기에 따라 유용할 수도 무용할 수도 있는 도구일 뿐, 절대적 진리나 우월성을 대변하지는 않는다. 자신의 분과학문·이론·방법론에 대한 투철

한 믿음으로 '불필요한' 논쟁을 일으키는 과열된 연구자를 마주친다고 해서 그가 신뢰하는 이론과 방법론을 비난할 필요는 없다. 그 초심자가 아직 그 이론과 방법론을 잘 배우고 숙지하지 못한 것일 뿐이다. 거장의 훌륭한 연구를 접하게 되면 전공·이론·방법론에 상관없이 깊은 영감을 받고, 우리의 인식도 진화하게 된다. 다양한 악기의 거장들이 함께 연주하는 오케스트라 교향곡이 아름다운 선율을 만들어내 듯, 세상의 학문도 마찬가지다. 각자의 전공·이론·방법론에서 전문성을 높이고, 교향악처럼 조화롭게 연주할 수 있다면, 종합적이고 성숙한 학문의 열매를 거둘 수 있을 것으로 믿는다. 21세기 중국연구 분야에서도 이러한 융합학문의 결실을 기대해 본다.

제3장
중국정치연구와 국가 간 비교방법

정주연

I. 머리말

정치학에서 중국정치를 연구하는 데에는 두 가지의 대표적인 접근법이 존재한다. 하나는 '중국'에 방점을 찍는 접근법이며, 다른 하나는 '정치학'에 방점을 찍는 접근법이다. 전자가 지역연구로서의 중국연구, 그리고 그 세부영역으로서의 중국정치를 연구한다면, 후자는 정치학이라는 학문영역의 다양한 국가사례의 하나로서 중국을 다룬다. 언뜻 유사하게 보일 수 있는 이 두 가지 접근법은 실상 보이는 것 이상으로 복잡한 정치학 내부의 상이한 접근법들 및 논쟁과 연관되어 있다.

정치학 내부에는 정치학이 무엇을 추구하는 학문인가에 대한 관점에 따라 하나의 스펙트럼이 존재한다. 그림 3-1에서 왼쪽은 '설명'을, 오른쪽은 '이해'를 강조한다고 단순화 할 수 있다. 오른쪽으로 갈수록 해석을 통해 맥락을 이해하는 것을 중시한다. 이 접근법에 따르면 현실은 단순화하기에는 너무 복잡하며, 맥락에 따라 그 의미가 달라지는 행위와 현상의 의미를 해석해서 개별 사례의 복잡성, 다양성, 특수성을 제대로 이해하는 것이 관건이다. 맥락을 제대로 이해하기 위해서는 해당 사례의 언어, 역사, 문화에 대한 깊은 이해가 필수적이고, 그러한 이해를 바탕으로 현실에 대한 보다 세부적이고 풍부한 묘사(thick description)[1]를 제공하는 것을 강조한다. 이 때 하나의 개

1 Clifford Geertz, "Toward an Interpretive Theory of Culture," in *The Interpretation of Cultures: Selected Essays* (New York: Basic Books, 1973).

념이라도 다양한 문화적 맥락에서는 다른 의미를 가질 수 있다는 점은, 지역적·문화적 맥락을 벗어나 다른 사례에도 적용될 수 있는 과학적 일반화가 어렵다는 것을 시사한다.[2] 이는 역사학이나 인류학에서 주로 강조하는 접근법이다.

반면 왼쪽은 변수들 간의 인과관계를 설명하는데 집중하며, 사례의 복잡성, 다양성, 특수성을 배제하고 그 인과관계에 대한 일반화된 이론을 구축하고자 한다. 여기서 미덕은 간결성(parsimony)이다. 복잡성에 대한 이해를 어느 정도 희생하고서라도 간결하고 단순화된 명제를 찾아내거나 기존의 일반화된 이론을 테스트하는 것이 이 접근법의 주요한 목적이다. 쉐보르스키(A. Przeworski)와 튜니(H. Teune)의 표현에 의하면, 특정한 사례에 부여된 '이름을 제거'하고 다른 맥락에서도 통할 수 있게 만드는 것이다.[3] 사회과학으로서의 정치학, 즉 '정치과학(political science)'이 강조하는 것은 이쪽이다.

최근 미국 정치학계에서는 정치학의 주류가 경제학적 방법

그림 3-1
정치학에 대한 접근법의 스펙트럼

2 A. Kohli et. al., "The Role of Theory in Comparative Politics: A Symposium," *World Politics* (1995); A. Mcintyre, "Is a Science of Comparative Politics Possible?" in *Against the Self-images of the Age* (London: Duckworth), pp. 260~279.

3 Adam Przeworski and Henry Teune, *The Logic of Comparative Social Inquiry* (Malabar: Krieger Publishing Co., 1982).

론을 차용하며 점점 더 스펙트럼의 왼쪽으로 움직이는 경향이 강하게 나타나는데 반해, 중국정치 연구의 주류는 스펙트럼 오른쪽에 위치하고 왼쪽으로 경도되는 연구들을 경계하는 경향이 있다. 이러한 성향은 특히 한국의 중국정치 연구에서 두드러진다. 이는 중국정치 연구자들이 중국의 특수성과 중국의 정치·사회·문화적 맥락에 대한 심도 있는 이해를 강조하는 경향이 있다는 점, 그리고 '이해'를 위한 정치학을 추구하는 성향이 한국의 학계 일반에 강하다는 점에 복합적으로 기인할 것이다.

이 장(章)에서 다루고자 하는 중국정치 연구에서의 국가 간 비교연구(cross-national comparison)는 이러한 기존의 중국연구에 대한 접근법보다는 스펙트럼 왼쪽에 가깝다고 하겠다. 이는 특수한 사례로서 중국을 바라보기 보다는, 중국연구를 통해 일반화할 수 있는 함의를 찾고자 하는 연구방법이기 때문이다. 한국학계의 중국정치 연구가 그동안 질적·양적으로 크게 성장했음에도 불구하고, 중국을 포함한 국가 간 비교연구는 아직 많이 취약한 단계이다. 중국과 타 국가 간의 비교연구는 일단 그 수도 적을 뿐만 아니라,[4] '비교연구'라는 제목을 명시적으로

---

4 한 예로, 정재호의 『중소연구』 분석에 따르면, 창간된 1975년 이후 30년간, 1949년 이후의 중국에 대한 주제로 한국인 정치학자가 게재한 논문은 총 242편이다. 이 중 단 10편(4.1%)만이 비교분석의 틀을 사용하고 있으며, 그 중 8편이 국가 간 비교를 하고 있다. 이는 전체논문의 3.3%에 해당하는 낮은 비율이며, 그 대부분은 중국과 구소련/러시아 간의 비교에 치우쳐있다. 정재호, "한국에서의 중국정치연구: 평가와 제언," 하용출 편, 『한국 국제정치학의 발전과 전망』 (서울: 서울대학교 출판부, 2008), pp. 241~243. 물론 이는 『중소연구』가 중국과 구소련지역에 대한 연구 성과를 게재하는 지역중심 학술지이고 따라서 중국과 구소련/러시아 외의 국가 간 비교논문이 많지 않을 수 밖에 없다는 점을 고려해서 해석해야 하는 수치이다. 하지만 『중소연구』가 중국연구논문을 위한 대표적인 국내 학술지임을 고려할 때, 국내 중국연구의 경향에 대한 시사점이 있다고 하겠다.

단 경우에도 체계적인 비교연구의 방법론을 고민하고, 구체화된 변수들 간의 정밀한 비교분석을 통해, 분석적·이론적인 주장을 구체적인 형태로 도출하려고 하는 경우는 많지 않다. 국가 간 비교를 통해 그 중요한 목적인 '일반화' 또는 일반화할 수 있는 분석적이고 이론적인 함의를 찾으려는 시도도 아직 미미한 편이다.

그러나 중국정치에 대한 연구 성과가 축적되고 학자 층이 두터워질수록 다양한 연구방법과 접근법이 계속 시도될 것이고, 다양한 방법론적 시도를 통한 일반적인 이론화에 대한 추구도 중국정치연구의 한 중요한 축이 될 것이다. 다양한 접근법들이 경쟁하며 서로를 자극하고 보완함으로써 중국정치연구 자체의 질적 성장도 가능하고, 또 새로운 방법론과 타 국가 사례의 적극적인 도입을 통해, 중국정치 연구가 기존의 상대적 배타성을 벗고 타 지역 연구와 교감하고 정치학 일반에 중요한 기여할 수 있는 가능성도 커질 수 있다. 국가 간 비교방법을 활용하는 것은 이 점에서 유용하다.

이 장에서는 그동안 상대적으로 취약한 부분이었지만 앞으로 중국정치 연구의 발전에 크게 기여할 수 있는 가능성이 있는 방법으로서 중국을 포함한 국가 간 비교연구를 집중적으로 다루고자 한다. 필자가 소수사례(small-N)의 정성적 비교방법을 주로 사용하는 만큼, 여기서도 소수의 국가사례에 대한 정성적 비교연구를 중심으로 다룰 것이다. 이를 통해 구체적이고도 이론적인 함의를 가진 '질문'을 던지고, 체계적인 비교연구 디자인에 입각해 중간 수준의 추상화를 추구함으로써 중국이 의미 있는 국가 간 비교연구의 사례로 충분히 정치학 일반의 이론적 발전에 기여할 수 있다는 점을 강조하고자 한다.

이 장의 구성은 다음과 같다. 아래의 2절은 일반적인 국가 간 비교방법론의 중요한 이슈들을 설명하면서, 국가 간 비교는 어떻게 설계하는지를 설명한다. 3절은 중국의 사례를 중심으로 국가 간 비교의 일반론을 중국에 적용하는 과정에는 어떠한 어려움들이 존재하는지, 그러한 문제들은 어떻게 해결해야 하는지를 살펴볼 것이다. 4절에서는 중국과 타 국가 간 비교연구에 입각한 기존의 학술적 성과물들을 간략하게나마 개괄하면서, 어떠한 주제와 질문들을 다루는데 중국이 유용한 사례가 될 수 있으며 앞으로 흥미로운 연구주제와 질문들에는 어떠한 것들이 있을지를 짚어본다. 2절과 3절은 중국을 포함한 국가 간 비교연구의 '이론과 현실'의 측면에서 비교해서 읽어도 좋겠고, 4절은 학자들이 이론과 현실을 어떻게 절충하여 흥미있는 연구를 하고 있는지 '적용'의 측면에서 도움이 될 수 있을 것이다. 5절은 중국정치 연구에서 국가 간 비교연구의 중요성과 의의를 다시 짚어보면서 마무리할 것이다.

II. 국가 간 비교연구 방법론

우리는 특정 사례를 분석할 때 명시적으로든 묵시적으로든 다른 사례들(또는 다른 사례들로부터 도출된 이론이나 기존의 상식)을 떠올리면서 주어진 사례를 들여다본다. 사회과학에서의 분석은, 정도의 차이는 있지만 기본적으로 비교의 관점을 가지고 있다. 쉬운 예로, "중국은 빠른 경제성장을 이룩했다"라는 단순한 문장은 이미 다른 국가들의 경제발전 성과 및 속도와의 비교에 기초하고 있다. "중국은 권위주의적인 정치체제를 가지고 있다"라는 문장도 이미 다양한 정치체제들 간의 비교연구에 기반한 분류에 입각한 말이다.[5] 비교가 완전히 빠져있는 분석적 사고란 불가능해 보인다.

이처럼 모든 정치학적 분석의 기본이 되는 비교는 왜, 어떻게 이루어지는가? 아몬드(G. Almond)는 정치학의 핵심목표가 "증거로부터 찾아낸 정치에 대한 추론 또는 일반화(inference or generalization)를 통해 지식을 구축하는 것"이라 말한다.[6] 이 때 비교는 변수들 간의 관계에 관한 가설 또는 이론을 테스트함으로써[7] 추론 또는 일반화를 가능케 하는, '사회과학으로서의 정치학'의 핵심적인 방법이다.

어떤 추상의 수준(level of abstraction)[8]에서든, 일반화할 수 있

---

5 Swanson은 "비교없이 생각하는 것은 생각할 수 없다. 비교 없이는 모든 과학적 사고와 과학적 연구도 없다"라고 주장한다. Guy Swanson, "Frameworks for Comparative Research: Structural Anthropology and the Theory of Action," in Ivan Vallier (ed.), *Comparative Methods in Sociology: Essays on Trends and Applications* (Berkeley: University of California Press, 1971), p. 145.

6 Gabriel Almond, "Political Science: the History of the Discipline," in Goodin and Klingemann (eds.), *The New Handbook of Political Science* (Oxford: Oxford University Press, 1996), p. 52. King, Keohane, 그리고 Verba도 그들의 유명한 저서에서 "과학적 리서치는 세계에 대한 경험적 정보에 기반한…추론(inference)을 목적으로 한다."고 주장한다. Gary King, Robert O. Keohane and Sidney Verba, *Designing Social Inquiry: Scientific Inference in Qualitative Research* (Princeton: Princeton University Press, 1994), p. 7.

7 Arend Lijphart, "The Comparable Cases Strategy in Comparative Research," *Comparative Political Studies*, Vol. 8, No. 2 (1975); Jonathan Hopkin, "Comparative Methods," in David Marsh and Gerry Stoker (eds.), *Theory and Methods in Political Science* (New York: Palgrave Macmillan, 2002), pp. 250~252.

8 추상의 수준에 대해서는 Giovanni Sartori, "Concept Misformation in Comparative Politics," *American Political Science Review*, Vol. 64, No. 4 (1970)을 보라.

는 이론적 함의를 찾고자 하는 의도가 없다면 궁극적으로 비교라는 것은 그 수고에 비해서 그다지 유용하지 않은 방법이다. 오직 개별사례를 깊이 이해하고 그 세부적 복잡성을 파악하는 것만이 목적이라면, 좀 더 오랜 시간 좀 더 깊이 주어진 사례를 파들어 가서 보다 더 많은 세부내용을 알아내고 그 맥락에 대한 풍부한 지식을 쌓는 편이 다른 사례의 경우와 이론들을 살피며 시간낭비를 하는 것보다 나을 가능성이 높다. 모든 사례들이 각자 다 특수하다면, 그래서 일반화할 수 있는 함

---

9 이 논문이 간략하고도 입문적인 수준에서 소개할 수 있는 비교방법론에 대한 논의는 제한되어 있다. 비교연구 과정에서 부딪치는 중요한 문제들이나 방법론적 약점들을 모두 거론할 수도, 상이한 연구방법에 관련한 다양하고도 종종 충돌하는 관점들과 논쟁들을 제대로 반영할 수도 없다. 따라서 가능하다면 꼭 학부나 대학원의 수업이나 워크샵 등을 통해 비교방법론에 대한 체계적인 훈련을 받기를 권한다. 참고로, (비교)정치학에 대한 개괄적인 설명과 비교방법론에 관한 훌륭한 입문서로는 Robert E. Goodin and Hans–Dieter Klingemann, *A New Handbook of Political Science* (New York: Oxford University Press, 1996)과 Carles Boix and Susan Stokes, *The Oxford Handbook of Comparative Politics* (New York: Oxford University Press, 2009) 등이 있는데, 폭넓은 주제들을 간결하게 잘 다룬 논문들을 담고 있다. 비교적 쉬운 입문수준의 비교방법론 서적으로는 Todd Landman, *Issues and Methods in Comparative Politics: An Introduction* (New York: Routledge, 2003), Alexander George and Andrew Bennett, *Case Studies and Theory Development in the Social Science* (Cambridge: MIT Press, 2005) 등이 있다. 비교의 방법론을 심도 있게 다루는 대표 저작으로는 Adam Przeworski and Henry Teune, *The Logic of Comparative Social Inquiry* (New York: Wiley–Interscience, 1970); Gary King, Robert O. Keohane and Sidney Verba, *Designing Social Inquiry: Scientific Inference in Qualitative Research* (Princeton: Princeton University Press, 1994); Charles C. Ragin, *The Comparative Method: Moving Beyond Qualitative and Quantitative strategies* (Berkeley: University of California Press, 1987); Robert H. Bates et al., *Analytic Narratives* (Princeton: Princeton University Press, 1998); 그리고 James Mahoney and Dietrich Rueschemeyer, *Comparative Historical Analysis in the Social Sciences* (New York: Cambridge University Press, 2003) 등을 보라. 국문서로서 참고할 만한 것들로는 김웅진 외 편역, 『비교정치론 강의 1: 비교정치연구의 분석논리와 패러다임』 (서울: 한울아카데미, 1995); 한국비교사회연구회 편역, 『비교사회학: 방법과 실제 I, II』(서울: 열음사, 1990); 김웅진·김지희, 『비교사회연구방법론』 (서울: 한울아카데미, 2000); 그리고 김용학·임현진, 『비교사회학: 쟁점, 방법 및 실제』 (서울: 나남, 2000) 등이 있다.

의를 찾을 수 없다면, 사례 간의 유사점과 차이점을 비교하면서 "왜?"라는 질문을 던지거나 일반이론을 개별사례에 적용해 보는 것도 별 의미가 없다. 하지만 어떠한 수준에서든지 단순한 사례의 묘사를 넘어서서 그 의미를 추론해내는 작업을 하고자 하는 정치학자라면 그가 그림 3-1의 스펙트럼 어디에 위치하건, 비교는 중요한 방법이다.

이때 어떻게 연구를 설계해야 치밀한 방식으로 변수들 간의 인과관계를 찾아내거나 또는 논리적 허점을 줄이고 설득력 있는 주장을 할 수 있는가는 연구 결과물의 질을 결정적으로 좌우하는 문제이다. 비교연구방법은 정성적 또는 정량적으로 모두 발달되어 왔으며 방법론적 논의와 논쟁, 분석도 매우 풍부하다.[9] 이 장에서 그 방법론적 논의의 자세한 내용을 다루는 것은 어려운 일이니만큼, 국가 간 비교연구[10]에서 주목해야 할 몇 가지 기본적이고도 핵심적인 문제들을 간략히 다루고자 한다.

질문과 가설

방법론을 논하기 이전에, 비교정치연구의 기본이자 출발점은

10 전통적으로 정치학에서 가장 일반적인 비교는 국가차원에서 이루어졌으며, 국가들 간의 정치체제, 문화, 제도, 정책 등에 관한 비교는 정치학의 중요한 주제들이다. 그렇다고 정치학의 비교연구가 국가 간 비교에 국한된 것은 물론 아니다. 국가 내의 지역, 집단, 행위자 등을 서로 비교하거나, 국가 내의 동일한 대상에 대한 통시적인 비교도 활발하게 이루어지고 있고, 중국연구에서도 많은 예들을 찾을 수 있다. 또는 종족이나 다국적기업, 국제기구, 지역 등 국경으로 구획되지 않는 사례들 간의 비교도 물론 가능하다. 이 장의 초점은 중국정치연구에 있어서 국가 간 비교연구(cross–national comparison)에 있는 만큼 국가들 간의 비교에 중점을 두고 논하고자 한다.

'질문'이다. 이론적 지식이나 비교의 관점을 가지고 현상들을 관찰하거나 사례에 대한 지식을 바탕으로 기존의 이론을 들여다보면서 "왜?" "어떻게?" 또는 "과연 그럴까?"라고 묻는 것이다. 좋은 질문이 꼭 복잡한 질문이어야 하는 것은 아니다. 누구나 생각할 수 있는 간단한 질문이더라도 기존의 연구들이 제대로 답하지 못했거나 설명에 미흡한 점이 남아있는 질문이라면 탐구할 가치가 있는 좋은 질문이다. 기존의 이론이나 경험적 사실에 비추어 잘 설명되지 않는, 표면적으로 모순이 있어 보이는 퍼즐(puzzle)이라면 더욱 훌륭하다.

구체적이고도 명확한 질문이 없이 '주제'만 잡거나 느슨한 형태의 질문을 가지고 연구를 시작하는 경우도 흔한데 질문의 질은 연구결과의 가치와 질을 크게 좌우한다. 예를 들어, '1980년대 중국의 경제개혁정책'이라는 주제만을 잡고 연구를 시작한다면, 십중팔구 1980년대에는 중국에서 어떤 경제개혁들이 이루어졌는지를 정리하여 나열하는 지루한 논문이 나올 것이다. 조금 발전한 형태로, "1970년대 말 중국의 경제개혁은 어떻게 시작되었는가"라는 질문에서 출발한다면, 크게 두 가지 결과가 가능하다. 먼저, 이제까지 밝혀지지 않은 풍부한 사료를 찾아내서 당시 정책결정의 숨은 배경을 획기적으로 밝혀주는 '양질의 풍부한 맥락적 기술(thick description)'이 등장하는 것이다. 이 경우는 일반화 여부를 떠나 지역연구의 차원에서 매우 가치 있는 성과이다. 하지만 그보다는, 당시 상황을 세부적으로 설명하면서 어떤 과정을 거쳐 무슨 개혁이 추진되었는지 등을 기존의 연구를 토대로 죽 살펴보는 평면적이고 묘사적인 논문이 나올 가능성이 훨씬 높다.

그렇다면 질문을 좀 더 구체적으로 다듬어 보자. 중국에 국한되어 있던 시야를 조금 넓혀서, 일반이론의 관점에서 접근을 해볼 수 있다. 경제학자들에 따르면 자본주의적 경제발전의 기본은 개인의 재산권 보장인데, 중국은 어떻게 부분적이고 점진적인 재산권 개혁만 가지고 성공적인 시장경제로의 이행을 시작할 수 있었을까? 도대체 어떻게 공산당이 자본주의적 경제개혁을 성공적으로 이끄는 '상식에 반하는' 결과가 나올 수 있었던 걸까? 구 공산권 국가들을 분석에 도입해도 다양한 퍼즐(puzzle)들이 발견된다. 왜 중국은 정치와 경제영역 전반을 한꺼번에 완전히 개혁하는 빅뱅전략(big–bang approach)을 택한 구소련이나 동유럽 국가들의 달리 경제개혁에만 집중했을까? 왜 중국은 구소련이나 동유럽 국가들과 달리 점진적인 개혁을 선택한 걸까? 이러한 퍼즐들은 이론적인 함의가 있을 뿐만 아니라 중국의 경험을 보다 분석적인 시각에서 구체적인 초점을 가지고 접근하게 해주는 출발점이 된다.

비교방법론은 단순히 어느 사례를 택해서 어떻게 비교할까에 관한 쓸데없이 어렵기만 하고 정치학의 본질을 벗어난 기술적 문제라고 생각할지도 모른다. 하지만 방법론적 논의는 결국 연구자 자신이 가진 '질문'에 어떻게 하면 잘 답할 수 있을까라는 고민에서 출발하는 것이다. 지적 호기심을 자극하는, 정치학이라는 분야가 세상에 대한 지식과 이해를 확장하는데 작은 보탬이라도 되는 질문을 만드는 것은 방법론적 세련됨을 추구하는 것보다 선행되어야 하는 중요하고도 어려운 작업이며, 방법론은 그 작업을 도와주는 수단으로 이해하는 것이 좋다.

기존의 이론들이나 타 국가 사례들을 떠올리면서 눈앞의 현상을 관찰한 결과 설명하고 싶은 질문을 발견한 후에는, 다시 이론이나 타 국가 사례로 돌아가 질문에 대한 설득력 있는 가설들을 찾은 후 관찰대상을 재방문하는 순환적 과정을 수차례 거치면서 자신의 질문을 보다 구체적이고도 분명한 형태, 본인이 다룰 수 있고 경험적으로 리서치가 가능한 형태로 좁혀가야 한다. 이렇게 답을 찾고 싶은 질문을 구체화하는 과정에서는 자신이 설명하고자 하는 변수, 즉 종속변수를 명확히 하는 것이 매우 중요하다. 예를 들어, '구소련과는 차별화되는 중국 경제개혁정책의 성공원인'을 설명하고 싶다면, 그 '성공'이 높은 경제성장률을 의미하는지, 변화의 정도나 내용을 의미하는지, 정치적 안정을 의미하는지, 공산당의 입장에서 본 권력유지를 의미하는지, 그리고 관심의 초점은 정책 자체에 있는지, 개혁전략에 있는지, 정책집행에 있는지 등을 아주 명확하고 구체적으로 좁혀나가야만 연구 설계 전체가 흔들리지 않는다.[11]

사례의 선택

그러면 비교사례는 어떻게 선택하는가? 즉 어떤 국가들을 선택해서 비교해야 하는가? 특정한 사회현상을 구성하는 변수들은 현실적으로 연구 가능한 사례의 수보다 많을 가능성이 높다. 특히 국가사례의 경우에는 그 숫자는 필연적으로 제한될 수밖에 없다. 따라서 사르토리(G. Sartori)는 비교의 핵심목적은 '통제'라고 강조했다. '많은 변수, 적은 사례'[12]라는 고질적인 문제에 직면했을 때 변수의 통제를 가능케 하는 방법이 비교라

11 비교연구를 설계하는 단계에 대해 상세히 다룬 글로는 George and Bennett, *Case Studies and Theory Development in the Social Science*, Ch. 4를 참조하라.

12 Arend Lijphart, "Comparative Politics and the Comparative Method," *American Political Science Review*, Vol. 65, No. 3 (September 1971), pp. 682~693.

는 것이다.[13] 소수사례 비교연구의 경우, 변수의 통제를 위해 흔히 쓰이는 방법은 최대유사체계(most similar systems)와 최대상이체계(most different systems)설계이다. 전자는 밀(J. S. Mill)의 일치 방법(method of agreement)에 근거하는데, 가능한 한 많은 점에서 최대한 유사한 사회체계들을 비교분석의 사례로 삼는 방법이다. 유사성이 극대화된 사례들이 일부 주요 측면에서만 다른 점들을 가진다면, 그 사례들 간의 공통된 속성들은 통제된 것으로 보고 상이성들을 연구자가 관심을 가지는 종속변수를 설명하는 독립변수들로 선별해 낼 수 있다. 후자는 밀의 차별화 방법(method of difference)을 사용하는데, 가능한 상이성이 극대화된 사례들을 비교하는 방법이다. 추출된 사례들이 그들 간의 많은 상이성들에도 불구하고 어떤 중요한 공통점을 가진다면 그 상이함들은 중요한 독립변수가 되지 못하고, 따라서 불필요한 변수로 배제할 수 있는 것이다.[14]

최대유사체계 설계는 국가 내 비교나 동일지역 내의 국가 간 비교에 많이 활용된다. 국가 내 비교분석은 상수로 작용하는 많은 공통된 속성을 지니고, 동일지역 내의 국가들은 역사, 언어, 종교, 문화, 지정학적 조건 등에서 유사성을 가지는 경우가 많다는 점에서 변수의 통제가 비교적 용이하다고 보기 때문이다. 예를 들어 무엇이 개발도상국의 빠른 경제성장을 가능케 하는가 라는 질문을 던진다고 하자. 이때 스페인어, 기독교

13 Giovani Sartori, "Compare Why and How: Comparing, Miscomparing and the Comparative Method," in Mattei Dogan and Ali Kazncigil (eds.), *Comparing Nations: Concepts, Strategies, Substance* (Cambridge: Blackwell, 1994), pp. 15~16.

14 최대유사, 최대상이체계분석 디자인과 각각의 문제점들에 관한 보다 심도 있는 분석으로는 Adam Przeworski and Henry Teune, *The Logic of Comparative Social Inquiry*를 보라.

구교, 스페인의 식민지 경험과 문화적 영향 등 여러 가지 중요한 조건에서 매우 유사하지만, 경제성장률에 있어서는 큰 차이가 있는 중남미 국가들을 선택하여 비교함으로써 공통변수들을 통제한 후 무엇이 경제성장률의 변이를 가져온 사례들 간의 중요한 차이점들인지를 보다 용이하게 선별해 내는 연구를 설계 할 수 있다. 한편, 프랑스와 중국은 사회혁명이라는 경험을 공유하는 사례들이다. 이 두 사례가 정치체제, 문화, 역사 등의 차원에서 중요한 것으로 간주할 수 있는 공통점을 별로 가지지 않는데도 불구하고 혁명이라는 특정 결과를 공유한다면, 이들은 최대상이체계 설계의 사례들이 될 수 있을 것이며 이 사례들이 공유하는 소수이지만 중요한 특성들은 혁명의 발생을 설명하는 가설들이 된다. 이처럼 최대상이체계는 혁명, 민주주의, 경제발전 등의 특정결과가 도출되는 이유를 설명하기 위해 종종 사용된다.[15]

이 때 필요한 최소사례의 수는 테스트하고자 하는 종속변수의 수에 따라 좌우된다. 예를 들어, 경제성장률의 차이를 설명하는 변수는 무엇일까라는 질문을 가지고 기존의 연구들과 국가사례들을 살펴보았더니 강력한 중앙집권제(A)와 경제개발

---

15 문제는 이처럼 종속변수의 특성에 기반해서 사례를 선택할 경우 선택의 편견(selection bias)의 문제가 야기된다는 점이다. 프랑스와 중국, 두 사례가 모두 혁명의 경험이 있다면, 즉 독립변수의 변이가 없다면, 혁명이 일어나지 않은 경우에 대한 사례가 존재하지 않기 때문에, "무엇이 사회혁명을 낳는가"라는 질문에 충분한 답을 찾을 수 없는 것이다. 따라서 스카치폴(Skocpol)은 영국, 독일, 일본의 '거의 혁명이 일어날 뻔한 사례'들을 도입함으로써 해결하고자 시도한다. Theda Skocpol, *States and Social Revolutions: A Comparative Analysis of France, Russia, and China* (New York: Cambridge University Press, 1979). 사례선택과 관련한 방법론과 그 오류에 대한 보다 심도있는 논의는 Gary King, Robert O. Keohane and Sidney Verba, *Designing Social Inquiry: Scientific Inference in Qualitative Research*, ch. 3을 참고하라.

초기단계의 외국원조(B)라는 두 가지 변수가 중요하다는 것이 유력한 가설로 떠올랐다고 가정하자. 이 가설을 테스트하기 위해서는 표 3-1에서처럼 최소한 4개의 사례가 필요하다. 그래야만 A와 B 두 변수 모두가 O, X로 변이한다. 이처럼 독립변수의 변이가 존재하지 않으면 그 변수의 종속변수에 대한 영향력을 테스트할 수가 없다.[16)]

표 3-1
독립변수가 둘일 때 필요한 사례의 수

		강력한 중앙집권제(A)	
		O	X
외국원조(B)	O	국가 1	국가 2
	X	국가 3	국가 4

비교사례의 수는 그렇다면 많을수록 좋은가? 사례의 수, 단순하게 말해 다수사례(large-N)이냐 소수사례(small-N)이냐의 문제는, 정량적 분석과 정성적 분석 중 어느 쪽이 더 나은가에 대한 방법론적 논쟁[17)]과도 일맥상통하며, 이에 대해서는 다양한 관점이 존재한다. 일반화할 수 있는 함의의 도출이라는 목

16 Jonathan Hopkin, "Comparative Methods," in David Marsh and Gerry Stoker (eds.), *Theory and Methods in Political Science* (New York: Palgrave Macmillan, 2002), pp. 252~255; Landman, *Issues and Methods in Comparative Politics: An Introduction*, pp. 29~34.

17 이 점에 대해서는 Gary King, Robert O. Keohane and Sidney Verba, *Designing Social Inquiry: Scientific Inference in Qualitative Research* (Princeton: Princeton University Press, 1994) 그리고 Charles C. Ragin, *The Comparative Method: Moving Beyond Qualitiative and Quantitative strategies* (Berkeley: University of California Press, 1987)을 참고하라.

적에 비추어볼 때, 많은 사례에서 찾은 통계적 인과관계가 그만큼 일반화를 정당화해 줄 수 있다고 주장할 수도 있다. 소수의 사례에 대한 정성분석을 본질적으로 덜 과학적이라고 보는 관점도 존재한다. 그러나 사회과학연구에 있어, 반드시 다수의 사례가 과학성을 담보하는 것은 아니다. 킹, 코헤인, 버바가 주장하듯, 정성 연구과 정량연구는 스타일의 차이일 뿐 모두 체계적이고 또 과학적일 수 있다.[18] 또한 소수사례에 대한 정성연구는 다수사례에 대한 정량연구의 허점을 보충하는 핵심적인 역할을 할 수도 있다.[19] 통계분석으로 연관관계가 밝혀진 변수들 간의 불명확한 인과관계의 매커니즘을 명료하게 보여주기 위해 소수의 사례에 대한 심도 있는 연구를 활용하는 것이 그한 예이다.[20]

일반적으로 추상(추론)의 수준과 사례의 수 사이에는 트레이드-오프(trade-off)가 있다. 즉 추상의 수준이 높고 더 많은 맥락에서 일반화할 수 있는 이론을 만들거나 테스트하기 위해서는 사례의 수가 많을 필요가 있고, 반대로 적은 수의 사례를 가지고는 중간정도 수준의 추상화가 가능하다.[21] 통계 등의 정량적 방법을 써서 두 변수 간의 상관관계를 높은 추상의 수준

18 Gary King, Robert O. Keohane and Sidney Verba, *Designing Social Inquiry: Scientific Inference in Qualitative Research*, pp. 4~5.*in Comparative Politics: An Introduction*, pp. 24~26.

19 정성적 방법과 정량적 방법을 결합하는 문제에 대한 논의로는 Melvyn Read and David Marsh, "Combining Quantitative and Qualitative Methods," in David Marsh and Gerry Stoker (eds.), *Theory and Methods in Political Science* (New York: Palgrave Macmillan, 2002), pp. 250~252을 보라.

20 Gerring은 이러한 사례를 'Pathway Case'라고 부른다. Gerring, "Is There a (Viable) Crucial-Case Method?" *Comparative Political Studies*, Vol. 40. No. 3 (2007).

21 Peter Mair, "Comparative Politics: An Overview," in Robert E. Goodin and Hans-Dieter Klingemann, *A New Handbook of Political Science*와 Landman, *Issues and Methods in Comparative Politics: An Introduction*, pp. 24~26.

에서 보여주고자 한다면 유의미한 사례의 수를 보다 많이 확보하려는 노력이 중요할 수 있지만, 중간 수준의 추상화를 추구하는 소수사례 간의 정성적 비교연구의 경우는 사례를 최대한 늘리는 것이 가장 중요한 문제도 유일한 변수 통제의 방법도 아니다. 현실적으로 개별 연구자가 깊이 있게 분석할 수 있는 국가 사례의 수에는 한계가 있을 뿐만 아니라, 설명하고자 하는 변수와 확보 가능한 자료에 따라 방법론적으로 적합하고도 정성연구가 가능한 사례를 선택하여 변수 간의 인과관계를 테스트하거나 보다 명확히 규명할 수 있도록 비교분석의 틀을 디자인하는 것이 훨씬 더 결정적인 문제이기 때문이다.

같은 맥락에서 사례의 수가 설사 하나라 하더라도 체계적 방법론적 틀을 가지고 접근한다면 훌륭한 비교연구가 가능하다. 대표적인 예가 '결정적 사례(critical case 또는 crucial case)'의 경우이다.[22] 흔한 경우는 아니지만, A라는 이론 이외의 다른 어떤 이론도 주어진 사례를 설명할 수 없다면, 그 사례는 A이론의 결정적 사례가 된다. 보다 흔하게는, 기존이론에 따르면 B라는 결과가 나와야 하거나(most-likely case) 또는 나오지 않아야 하는 사례(least-likely case)인데도 예측과 상반된 결과를 보인다면 이 하나의 사례는 기존이론이 어딘가 허점이 있거나 중요한 한계가 있을 가능성을 보여주는 결정적 사례가 된다.[23] 이러한 허점을 발견하고 더욱 깊이 파들어 가다보면 이 '결정적 사례'가 실은 특별한 예외가 아니며 오히려 기존의 이론이 소수의 사례

22 Harry Eckstein, "Case Studies and Theory in Political Science," in Fred I. Greenstein and Nelson W. Polsby (Eds.), *Handbook of Political Science Vol. 1, Political Science: Scope and Theory* (Reading: Addison–Wesley, 1975).

23 John Gerring, "Is There a (Viable) Crucial–Case Method?," pp. 231~238.

에 기반한 고정관념이었을 가능성을 보여줄 수도 있다. 예를 들어, 근대화이론은 서유럽 국가들의 사례에 기초하여 경제발전과 민주화가 정비례 관계에 있다고 주장했다. 하지만, 아르헨티나 출신의 학자 오도넬(G. O'Donnell)은 60~70년대 아르헨티나와 같은 중남미 국가의 경우 이러한 인과관계에 부합하지 않음을 발견하고, 중남미 20여국을 대상으로 한 비교연구를 통해 '민주화의 가능성은 경제발전이 심화단계로 가면 오히려 감소한다'는 새로운 대안적 이론을 제시했다.[24)] 단일 또는 소수사례에 대한 심도 있는 이해에 기반해서 일반화된 가설에 효과적으로 도전하는 이론적 작업으로 확대해 나간 것이다. 같은 맥락에서 중국이라는 하나의 사례를 가지고도 일반적인 이론적 함의를 던지는 의미 있는 비교정치학적 연구는 가능하며, 중국의 사례에서 출발하여 중간 수준의 추상화를 추구하는 것도 현실적인 방법이다.

다음 절에서는 이런 일반적인 방법론적 논의를 중국의 경우에 적용해서, 중국을 포함한 국가 간 비교연구에는 현실적으로 어떤 구체적인 어려움이 있으며, 이러한 어려움들을 극복하기 위해서는 연구를 설계할 때 어떤 문제들에 특히 신경써야 하는지를 살펴보자.

---

24 Guillermo A. O'Donnell, *Modernization and Bureaucratic–Authoritarianism: Studies in South American Politics* (Berkeley: University of California Press, 1979).

III. 중국을 포함한 국가 간 비교연구

중국은 특수한가?

머리말에서 언급했듯이, 한국학계에서 중국을 포함한 체계적인 국가 간 비교연구는 많지 않다. 그 이유는 무엇일까? '설명'보다는 '이해'를 중시하는 경향이 있는 학술적 풍토에서도 그 원인을 찾을 수도 있겠지만, 방법론적 측면에서 가장 흔하게 거론되는 것은 "중국의 특수성"때문에 중국은 근본적으로 국가 간 비교가 어려운 사례라는 주장이다. 특히 필자가 한국이나 중국의 학생들이나 학자들과 대화하는 과정에서 가장 많이 듣는 "중국 비교 회의론"의 근거는 중국은 타 국가와 비교하기에는 "영토가 너무 크고 인구도 무척 많다", "역사가 길고 복잡하고 특수하다"는 것이다. 즉 기본적으로 너무 '다르다'는 것이다. 중국은 과연 다른 국가사례와는 근본적으로 다른 특수 사례인가? 중국과 타 국가 사례와의 비교는 가능하지도 않고 의미도 없는 것일까?

과연 중국의 영토는 매우 크고 인구도 매우 많다. 역사발전의 경로를 보아도 서구중심의 보편적 이론의 틀을 따르지 않는 예외 사례처럼 보이는 부분이 적지 않다. 하지만 여기서 답해야 하는 중요한 질문은 "그래서?"이다. "중국은 참 다른 점이 많다"는 일반론이나 그 눈에 띄게 다른 점들의 존재 자체가 중요한 것이 아니라 과연 그 '다름'이 본인이 답하고자 하는 질문에 중요한 변수인가를 따져봐야 한다. 설명하고자 하는 종속변수에 따라 영토와 인구와 같은 변수가 핵심적인 문제가 될 수도 있고 아닐 수도 있다. 예를 들어 "개발도상국의 경우, 권위주의 정권이 경제발전을 가능케 하는 결정적인 변수다"는 가설을 테스트하기 위해서라면 중국과 싱가포르를 비교분석을 위한 다국가 사례의 일부로 선택할 수 있다. 영토와 인구의 명백한 격차와 정치체제의 차이에도 불구하고 두 국가가 공통적으로 권위주의정권의 주도 하에 성공적인 경제발전을 이루었다면, 영토와 인구, 정치체제가 아닌 다른 무엇인가가 결정적인 변수일 가능성을 보여주는 흥미로운 비교분석의 사례로 선택될 수 있는 것이다.

중국역사의 특수성에 대한 강조 또한 그다지 설득력을 갖고 있지 않다. 물론, 중국은 정치적으로는 공고한 공산당 1당체제 하에 있으나 경제적으로는 성공적으로 자본주의로의 이행단계를 밟고 있는 사회주의 체제라는 점에서만도 결코 평범한 사례가 아니다. 하지만 그렇다면 한국도 20세기에 '일본 식민지 경험, 냉전의 맥락 속에서의 분단과 내전, 급속한 경제성장, 성공적인 민주화'를 모두 겪은 유일한 국가라는 점에서 아주 '특수한' 사례다. 그렇기 때문에 한국은 너무나 특별한 예외사례이고 따라서 다른 국가 간의 비교는 불가능하다고 주장한다면 비교연구의 존재 의의 자체를 부정하는 것이 될 것이다. 타 국가와 동일한 역사적 경로를 밟는 "보편적 사례"란 어차피 없다. 결국 모든 국가들은 그 하나하나가 유일무이한 사례이다.

중요한 것은 중국이라는 사례가 근본적으로 특수한가가 아니다. 중요한 것은 구체적인 질문과 가설을 세운 후에 중국의 구체적인 어떤 현상이나 특성이 본인이 관심을 두고 있는 독립변수의 변이를 보여주는 사례인가, 중국의 특성이 기존의 이론적 논의에 어떤 함의를 가지고 있는가, 또는 본인이 관심을 두고 있는 중국의 정치현상이 어느 정도까지 단순화, 추상화가 가능한 것인가이다.[25] 이 때 중국이 많은 '특수성'에도 불구하고 중요한 '유사성'을 다른 국가들과 공유한다면 충분히 흥미로운 비교연구사례가 될 수 있다. 중국이 특정 이슈에 있어 예외성을 가지는 사례라면 그것이 중국을 비교연구에서 배제하는 이유가 되기보다는 오히려 기존 이론을 테스트하는데 기여하는 결정적 사례로 만들어 줄 수도 있다.

중국비교연구의 난점

"중국은 특수하다"는 선입견은 필자가 보기에 근거가 약하다. 그러나 중국과 타 국가 간의 비교연구에는 부인할 수 없는 현실적인 어려움들이 있는데, 그것은 중국이 연구가 용이한 사례가 아니라는 점이다. 중국의 경우 일반에 공개되어 있는 자료는 제한적이면서도 체계적이지 않은 경우가 대부분이며, 그나마 공개된 데이터의 신빙성도 보장할 수 없는 경우가 많다. 정책결정과정은 투명하지 않고, 기록된 바도 극히 적으며, 관료나 정치인에 대한 접근도 쉽지 않다. 외국인 연구자가 자유롭게 인터뷰를 하면서 현지조사를 진행하는 데에는 대상과 내용에 따라 많은 제약이 있을 수 있고, 지역이나 주제의 민감성에 따라 연구자 신변의 안전도 고려해야 한다. 게다가 70년대 말의 개혁·개방이후 중국은 사회 전체가 급변해 왔다. 제도적 변화의 수와 범위, 내용 자체가 거대할 뿐만 아니라, 표면적인 제도와 실

25 Gary King, Robert O. Keohane and Sidney Verba, *Designing Social Inquiry*, pp. 42~43.

제로 적용되는 현실 간의 격차도 크며, 그 '현실' 또한 지역이나 대상에 따라 다양하고 복잡한 양상으로 나타나는 것이 일반적이다. 결국 중국전문가가 아닌 경우 자료에 대한 접근이나 해석이 힘들고, 중국전문가라 할지라도 필요한 자료를 확보하고 다양한 문제영역과 지역을 포괄하는 전문성을 갖추기란 쉬운 일이 아니다. 외국인 연구자의 입장에서 겪을 수 있는 언어나 사회문화적 장애를 고려할 때 그 난점은 배가된다.

이런 상황에서 중국을 포함하는 정성적인 다국가 비교연구를 한다는 것은 연구자에게 현실적으로 상당한 시간과 에너지를 요하는 고된 작업이 된다. 일반적으로 기본적인 정치사회적 맥락을 공통변수로 놓을 수 있는 이점이 있는 국가 내 비교연구와 달리, 국가 간 비교연구는 보통 복수의 언어를 다루어야 하고, 상이한 정치·사회·문화적 맥락에 대한 이해가 필요하며, 국가마다 다른 학문적 경향이나 자료수집의 방법과 체계를 알아야 하고, 각국의 최신뉴스와 제도적 변화를 따라잡아야 하는 등 다루는 국가의 수만큼의 연구를 위한 기본노력이 더 든다. 여기에 심도 있는 현지조사를 진행하게 되면 각 국가별로 학문적 네트워크를 만들고, 소속기관과 재정지원을 확보하고, 인터뷰 기회를 찾고, 다언어로 된 정보와 자료를 추적하고 정리하는 작업을 제각각 진행하고 관리해야 한다. 일반적으로 한국인 연구자에게 익숙한 국가사례들과는 정치체제와 제도의 차이가 있고 자료수집에 난점이 있는 중국과 같은 사례가 끼어 있으면 그 노력의 양은 더 커질 수밖에 없다. 정량적인 비교연구도 어렵기는 마찬가지이다. 신뢰할 수 있는 전국적 수준의 통계나 설문조사결과 등의 자료가 상대적으로 매우 부족하기 때문에 중국을 포함한 다수사례 간의 비교연구가 어렵고, 가용한 자료가 있더라도 타 국가 자료와의 기능적 등가성을 확보할 수 있는가의 질문에 늘 부딪치게 된다. 실제로 중국을 포함한 다국가 비교연구를 하는 연구자의 입장에서, 중국이라는 사례가 주는 난점은 방법론적인 문제뿐만 아니라 이러한 현실적 문제에 있다.

'상호조정'의 중요성

위에서 언급한 문제는 실상 중국을 포함하는 비교연구에만 국한된 특수한 문제는 아니다. 국가 간 비교연구는 상이한 정치, 경제, 문화, 사회적 맥락에 처해있는 사례들을 다룬다는 점에서 기본적으로 많은 시간과 노력이 필요하며, 따라서 다국가 비교를 계획할 때에는 현실적인 문제들을 미리 고려하는 것이 매우 중요하다. 물론 이론적으로만 보자면 연구자는 자신이 던진 질문에 답할 수 있는 가장 이상적인 사례들을 선별해야 한다. 하지만 현실에서는 연구자가 가진 시간과 자금, 언어능력과 사례에 대한 이해도 등을 고려해서 현실적으로 최선인 사례의 조합과 수를 타진할 수밖에 없다. 특히 정성분석의 경우에는 연구자의 해당국가 언어 구사력과 그 수준이 사례선정에 결정적인 변수가 되는 경우도 많고, 또 해당국가에서 장시간 연구활동을 수행해야 하는 경우가 많기 때문에 그 국가에 대한 개인적 선호나 가족과의 생활문제 등도 결코 가볍지 않은 고려대상이다. 따라서 많은 연구자들이 되도록이면 상호 언어·문화·정치적 유사성이 큰 사례들을 선택하거나 본인의 연구 편의 또한 고려하여 사례들을 선택하게 된다.

물론 이는 연구자의 개인적 상황이 사례선택의 기준이 되어야 한다거나 현실적인 어려움을 이유로 방법론적으로 문제가 있는 사례의 선택을 정당화할 수 있다는 뜻은 결코 아니다. 오히려 그런 정당화가 어렵기 때문에 주의 깊게 조정과정을 거쳐야 하는 것이다. 겉으로는 과학적 방법에 따라서 '질문→가설정립→사례선택→사례연구를 통한 가설 테스트→결론'의 순서로 착착 진행될 것처럼 보이는 비교연구가 실전에 있어서는 이 단계들을 좌우로 오가는 복잡한 '상호조정'의 단계를 거쳐서 완성된다는 것을 유념할 필요가 있다.

중국을 포함한 국가 간 비교연구를 계획한다면, 중국 및 다른 사례가 가지는 연구의 난점을 충분히 고려하고 본인의 능력과 가용자원을 생각해서 먼저 연구주제와 사례를 서로 잘 '조정'해야 한다. 자신이 답하고자 하는 질문과 가설에 입각해서 최대한 이론적으로 적합한 사례를 선택하되, 그 사례가 본인이 감당하기 어려운 것이라면 시간과 노력을 더 투자하여 해결할 수 있는 문제인지, 아니면 질문의 추상화 수준을 낮추거나 폭을 좁히거나 초점을 바꾸어야 할지 신중히 고민해야 한다. 다국가 비교연구를 포기하고 국가 내 비교연구 또는 결정적 사례로서 중국이라는 단일 사례에 집중하는 방식을 택할 수도 있을 것이다. 또한 본인의 언어능력과 강점, 성향 등도 고려해서 인터뷰, 설문조사, 통계 등의 다양한 조사방법들 중 적합한 것을 선택하거나 조합해야 하며,[26] 그 과정에서 필요하다면 연구

26 예를 들어, 인터뷰를 주로 해야 하는 주제인 경우에는 연구자의 해당언어능력이 매우 중요하며, 차선책으로 통역을 쓸 수 있는 여건이 되어야 한다. 뿐만 아니라 사람들을 많이 대하고 얻기 쉽지 않은 인터뷰 기회도 적극적으로 찾아야 하기 때문에, 낯선 사람을 대하는 것이 부담스럽다거나 성격이 내성적이고 소극적인 경우에는 연구에 장애가 될 수도 있다. 반면, 통계분석이 필요한 주제인 경우에는 수학적 능력이나 컴퓨터 조작 능력 등이 중요할 것이다.

의 질문자체를 재조정하는 과정을 거쳐야 한다.

이러한 연구주제와 질문, 연구방법 간의 조정은 비교연구를 설계하고 초기연구를 진행하는 단계에서 최대한 마무리해 두어야 한다. 특히 소수국가에 대한 정성적인 비교의 경우, 언어를 배우고 사회·정치·경제·문화적 맥락에 접근하는데 초기투자 비용이 크며 이미 연구가 일정 정도 진행된 이후에 사례를 조정하기가 매우 힘이 든다. 연구 계획을 수립하는 단계에서부터 사전조사 등을 통해 자신이 답하고 싶은 질문, 이론, 사례를 '상호조정'하고 이후 연구가 진행되는 단계에서도 지속적으로 질문, 이론, 사례선택을 방법론적으로 점검하고 정당화하는 작업을 쉬지 않는 것이 매우 중요하다.[27)]

27 게링(J. Gerring)은 연구자가 답하고자 하는 질문과 그 질문에 답할 수 있는 이론이나 개념 간에는 실제로 리서치를 진행하는 과정에서 '상호조정(mutual adjustment)'이 일어난다고 설명한다. John Gerring, *Social Science Methodology: A Criterial Framework* (New York: Cambridge University Press, 2001), p. 231. 실제 현지조사연구에서 '상호조정'의 중요성에 대해 잘 설명한 글로는 아래를 참조하라. Kevin O'Brien, "Discovery, Research (Re)Design, and Theory Building," in Maria Heimer and Stig Thøgersen (eds.), *Doing fieldwork in China* (Honolulu: University of Hawaii Press, 2006). 실제로 연구를 진행해가면서 새롭게 발견하게 되는 중요한 정보나 자료, 초기 리서치 설계의 문제점들이 많고, 그런 학습의 과정을 통해 연구의 질문과 그에 대한 가설을 계속 조정하면서 연구를 탄력성 있게 운영하는 것은 불가피할 뿐만 아니라, 매우 중요하다. 다국가 연구의 경우, 그러한 리서치 과정에서의 탄력성과 상호조정의 여지를 남겨두되, 사례변경의 비용이 많이 든다는 점을 고려하여 연구초기부터 질문과 가설, 사례, 연구방법에 대한 상호조정에 주의를 기울이고, 매우 신중하게 정당화할 필요가 있다. 이런 점에서 해당국가에서의 사전조사(preliminary research)는 중요하다. 필자도 박사학위 논문의 주제를 확정하고 장기적인 필드리서치를 시작하기 전에 방학을 이용하여 수차례 중국과 한국을 방문하여 관심분야의 자료수집과 사전 인터뷰를 진행하였다. 이 과정에서 원래의 질문과 가설이 생각과는 달리 상투적이며 논리적 허점이 있다는 사실을 발견하고 거시적 문제의식의 틀 안에서 사전조사 과정에서 발견한 다른 흥미로운 주제로 전환한 경험이 있다.

IV. 중국을 포함한 국가 간 비교연구의 사례

영미 정치학계에서의 중국을 포함한 국가 간 비교연구는 한국이나 중국의 경우와 비교해서 훨씬 발전해 있다. 하지만 그럼에도 불구하고 그동안 중국정치 연구자들의 국가 간 비교연구를 향한 관심과 노력은 비교정치학의 타 지역 연구와 비교해서 상대적으로 약했으며, 구 사회주의국가 등 특정사례에 편중되어 왔다는 점도 부정할 수 없다. 하지만 근래 중국정치 분야에서도 새로운 주제들에 관한 국가 간 비교연구들이 시작되고 있으며 비교의 대상 또한 사회주의권을 넘어 다양하게 확대되고 있다. 이 장에서는 주로 영미 정치학계에서 중국의 사례를 포함하여 진행된 정성적인 국가 간 비교연구들을 간략하게나마 개괄하고, 그 과정에서 기존의 연구들은 어떤 주제와 질문에 기초하여 중국을 국가 간 비교연구에 도입해 왔는지, 그리고 흥미로운 비교사례들과 앞으로의 발전 가능성이 큰 질문들에는 어떤 것들이 있는지 살펴보고자 한다.

개혁·개방 이전, 중국정치에 대한 연구는 지금과 비교해 상당히 제한적일 수밖에 없었다. 중국에서의 현지조사가 어려웠을 뿐만 아니라, 국제정치무대에서 중국이 폐쇄적인 은둔자의 양상을 보이던 때 중국의 정치·경제적 중요성은 지금과 비교할 수 없이 작았다. 이러한 상황에서 중국은 정치사회학 혹은 정치역사학의 관점에서 더욱 흥미로운 비교주제였던 듯하다. 특히 중국은 '혁명'이라는 변수를 가진 중요한 사례로 비교연구되었는데, 대표적인 예로 정치학의 고전인 무어(B. Moore)와 스카치폴(T. Skocpol)의 연구를 들 수 있다.[28] 또한 중국의 혁명은 공산혁명이었다는 점에서 같은 경험을 가진 구소련과의 비교가 이루어졌으며,[29] 중국사회주의의 특성을 구소련이나 동유럽 국가, 베트남 등 타 사회주의국가와 비교하는 연구도 다수 있다.[30]

중국의 개혁·개방과 뒤이은 비약적인 경제성장의 결과, 중국에 대한 학문적 관심은 폭발적으로 늘어났고, 과거와 다른 형태의 비교정치학적 질문들이 중국의 사례에 쏟아지기 시작

---

28 Barrington Moore, *Social Origins of Dictatorship and Democracy: Lord and Peasant in the Making of the Modern World* (Boston: Beacon Press, 1966); Theda Skocpol, *States and Social Revolutions: A Comparative Analysis of France, Russia, and China* (New York: Cambridge University Press, 1979).

29 Hugh Seton–Watson, "The Russian and Chinese Revolutions," *The China Quarterly*, No. 2 (April–June 1960); S. A. Smith, *Revolution and the People in Russia and China: A Comparative History* (New York: Cambridge University Press, 2008).

30 예를 들어 Leopold Labedz, "Poland: The Small Leap Sideways," *The China Quarterly*, No. 3 (July–September 1960); Liliana Brisby, "Bulgaria: Leaping Forward without Communes," *The China Quarterly*, No. 3 (July–September 1960); Alfred Zauberman, "Soviet and Chinese Strategy for Economic Growth," *International Affairs*, Vol. 38, No. 3 (July 1962); Dwight H. Perkins, "Centralization versus Decentralization in Mainland China and the Soviet Union," *Annals of the American Academy of Political and Social Science*, Vol. 349 (September 1963); Peter Schran, "Unity and Diversity of Russian and Chinese Industrial Wage Policies," *The Journal of Asian Studies*, Vol. 23, No. 2 (February 1964); Rensselaer W. Lee III, "General Aspects of Chinese Communist Religious Policy, with Soviet Comparisons," *The China Quarterly*, No. 19 (Jul. – Sep., 1964); Edith Brown Weiss, "The East German Social Courts: Development and Comparison with China," *The American Journal of Comparative Law*, Vol. 20, No. 2 (Spring 1972); John G. Gurley, "The Dialectics of Development: USSR versus China," *Modern China*, Vol. 4, No. 2 (April 1978); Brantly Womack, "The Party and the People: Revolutionary and Postrevolutionary Politics in China and Vietnam," *World Politics*, Vol. 39, No. 4 (1987), pp. 479–507; Jae Ho Chung, "The Politics of Prerogatives in Socialism: The Case of Taizidang in China," *Studies in Comparative Communism*, Vol. XXIV, No. 1 (March 1991); 그리고 Xiaobo Lu and Elizabeth J. Perry, *Danwei: The Changing Chinese Workplace in Historical and Comparative Perspective* (Armonk.: M. E. Sharpe, 1997).

했다. 가장 많은 관심을 끈 비교정치학적 이슈는 바로 중국의 정치·경제적 '전환(transition)' 또는 '변환(transformation)'이다. 그리고 특히 1990년대에 들면서 중국의 전환과 관련해 가장 활발하게 국가 간 비교연구가 이루어진 영역은 역시 구공산권 국가들과 중국의 '사회주의로부터의 전환과정'을 비교하는 것이었다.[31)]

이미 설명했다시피, 중요한 비교정치학적 질문들은 어떤 현상이 기존의 학문적 상식과 예측에 반하거나 다른 사례들과 유사한 조건을 공유하는 듯 보이는 사례가 종속변수에 있어서는 큰 차이가 있을 때 쉽게 등장한다. 그리고 그런 질문들은 훌륭한 비교연구의 토양을 마련한다. 사회주의 중국의 성공적인 경제적 이행은 바로 그런 현상이다. 탈사회주의적 개혁의 결과

---

31 Constance Meaney, "Is the Soviet Present China's Future?" *World Politics*, Vol. 39, No. 2 (1987); Yasheng Huang, "Information, Bureaucracy, and Economic Reforms in China and the Soviet Union," *World Politics*, Vol. 4, No. 1 (1994); Yanqi Tong, "State, Society, and Political Change in China and Hungary," *Comparative Politics*, Vol. 26, No. 3 (April 1994); Minxin Pei, *From Reform to Revolution: The Demise of Communism in China and the Soviet Union* (Cambridge: Harvard University Press, 1994); Andrew Walder, *The Waning of the Communist State: Economic Origins of Political Decline in China and Hungary* (Berkeley: University of California Press, 1995); Hy Van Luong and Jonathan Unger, "Wealth, Power, and Poverty in the Transition to Market Economies: The Process of Socio–Economic Differentiation in Rural China and Northern Vietnam," *The China Journal*, No. 40 (Jul., 1998); Anita Chan and Irene Norlund, "Vietnamese and Chinese Labour Regimes: On the Road to Divergence," *The China Journal*, No. 40 (Jul., 1998); Ben Kerkvliet, Anita Chan and Jonathan Unger, "Comparing the Chinese and Vietnamese Reforms: An Introduction," *The China Journal*, No. 40 (Jul., 1998); Benedict J. Tria Kerkvliet and Mark Selden, "Agrarian Transformations in China and Vietnam," *The China Journal*, No. 40 (July 1998); Barrett L. McCormick, "Political Change in China and Vietnam: Coping with the Consequences of Economic Reform," *The China Journal*, No. 40 (July 1998); Edwin A. Winckler, *Transition from communism in China: Institutional and Comparative Analyses* (Boulder: Lynne Reinner Publishers, 1999); János Kornai and Yingyi Qian (eds.), *Market and Socialism: In the Light of the Experiences of China and Vietnam* (New York: Palgrave Macmillan, 2009).

정치혼란을 동반한 초라한 경제적 성과를 거둔 구소련이나 동유럽 국가들과는 달리 왜 중국은 경제적인 성공을 이룰 수 있었을까?[32] 특히 중국의 점진적인 시장경제화의 성공은 자본주의의 기본은 사유제이며 부분적인 개혁과 공유제를 가지고는 성공적인 시장경제로의 이행을 이룰 수 없다는 경제학적 상식과 어긋난다. 왜 중국은 급속한 구조개혁과 사유화를 추구한 구소련이나 동유럽 국가들과는 달리 사회주의적 요소를 유지하는 점진적인 속도의 개혁을 추진하였고, 그럼에도 불구하고 어떻게 또 시장경제로의 전환을 성공적으로 이루어왔을까?[33] 어떻게 중국은 정치와 경제영역 전반을 한꺼번에 개혁하는 '빅뱅전략(big-bang approach)'을 택한 구소련이나 동유럽 국가들과는 달리 정치개혁은 미룬 채 경제개혁에만 (그것도 성공적으로) 집중했는가? 어떻게 정치개혁 없이 중국은 공산당의 주도하에 자본주의적 경제개혁을 성공적으로 추진할 수 있었을까?[34] 이런 질문들을 제기하고 추적한, 각주에 소개된 연구들이 모두 엄격한 의미의 국가 간 비교방법을 쓰는 것은 아니다. 하지만 명시적으로 타 국가 사례들에 대한 관찰과 기존의 일반 이론들로부

---

32 Boone, et al., *Emerging from Communism: Lessons from Russia, China, and Eastern Europe* (Cambridge: MIT Press, 1998); Jan Svejnar, "China in Light of the Performance of the Transition Economies," in Loren Brandt and Thomas G. Rawski, *China's Great Economic Transformation* (New York: Cambridge University Press, 2008).

33 Andrew G. Walder (ed.), *China's Transitional Economy* (Oxford: Oxford University Press, 1996); Jean C. Oi and Andrew G. Walder (eds.), *Property Rights and Economic Reform in China* (Stanford: Stanford University Press, 1999).

34 Susan L. Shirk, *The Political Logic of Economic Reform in China* (Berkeley: University of California Press, 1993); Jean C. Oi, *Rural China Takes Off: Institutional Foundations of Economic Reform* (Berkeley; London: University of California Press, 1999); János Kornai and Yingyi Qian (eds.), *Market and Socialism: In the Light of the Experiences of China and Vietnam* (New York: Palgrave Macmillan, 2009).

터 비교정치적인 문제의식을 도출하며 국가 간 비교의 관점을 유지하면서 중국의 사례를 집중 연구함으로써 중국에 대한 이해뿐만이 아니라 일반적인 이론적 함의를 추구한다는 점에서 중국에 대한 비교정치적 연구의 지평을 넓힌 연구들이라 하겠다.

사회주의 국가로서의 중국의 '경제적 전환 또는 변환'이라는 새로운 현상에 집중되어 있던 학문적 관심은 점차 그 한정된 범위를 넘는 비교정치학적 질문으로 확대된다. 최근 10여년간 눈에 띄는 중요한 첫 번째 발전은 중국의 '정치적 전환'이라는 영역에 대한 질문들이다. '정치개혁 없는 경제개혁'은 과연 지속가능한 모델일까?[35] 다른 권위주의 국가들, 특히 동아시아의 사례에서처럼 중국의 경제성장은 궁극적으로 민주주의로의 이행을 낳을 것인가?[36] 아니면 중국에서는 다른 형태의 정치적 전환이 일어날 것인가? 이 같은 체제전환에 관련한 비교정치학적 질문들은 근본적으로 경제발전과 정치발전 및 민주주의와의 상관관계에 대한 기존의 이론적 가정들로부터 출발하며, 이 가설들을 중국과 구공산권 국가[37] 또는 대만을 포함한 동아시아 국가들[38]과의 비교연구를 통해 테스트하려는 시도가 진행되어왔다.

이와 관련하여 저자가 보기에 특히 흥미로운 비교정치학

35 이 질문을 비교정치학적 관점에서 접근한 예로 Minxin Pei, *China's Trapped Transition: The Limits of Developmental Autocracy* (Cambridge: Harvard University Press, 2006)를 참고하라.

36 이 질문을 비교정치학적 관점에서 접근한 예로 Cheng Li, *China's Changing Political Landscape: Prospects for Democracy* (Washington: Brookings Institution Press, 2008)를 참고하라.

37 Minxin Pei, *From Reform to Revolution: the Demise of Communism in China and the Soviet Union* (Cambridge: Harvard University Press, 1994).

적 주제는 '민주주의 없는 자본주의적 발전과 경제적 세계화의 가능성'이다. 정치개혁을 유보하면서 급속한 시장경제 발전과 경제개방을 이루어온 중국은 '민주주의, 자본주의, 그리고 세계화'가 함께 움직이는 패키지라는 일반적 가설에 도전하여, 이 세 가지 변수가 따로 또 서로 상이한 방향으로 발전할 수 있다는 것을 보여준다. 최근 신진학자들을 중심으로 민주주의 및 세계화에 대한 기존의 지배적 가설들(예를 들면 사유경제의 발전과 민주화의 인과관계[39], 민주주의와 정치적 책임성(accountability) 간의 배타적 관계[40], 세계화와 민주주의 간의 인과관계[41] 등)을 중국의 경험을 통해 반박하는 흥미로운 이론적 주장들이 등장하고 있다. 이들 연구는 중국을 포함한 복수의 국가사례를 비슷한 비중으로 비교분석하고 있지는 않다. 하지만 명시적으로 다른 국가들의 사례와 그에 기반하여 만들어진 기존의 일반이론들을 문제

---

38 Bruce J. Dickson, "China's Democratization and the Taiwan Experience," *Asian Survey*, Vol. 38, No. 4 (April 1998); Tianjian Shi, "Cultural Values and Political Trust: A Comparison of the People's Republic of China and Taiwan," *Comparative Politics*, Vol. 33, No. 4 (July 2001), pp. 401~419; Yanqi Tong, "Environmental Movements in Transitional Societies: A Comparative Study of Taiwan and China," *Comparative Politics*, Vol. 37, No. 2 (January 2005). 또한 Andrew J. Nathan, Tianjian Shi and Helena V. S. Ho, *China's Transition* (New York: Columbia University Press, 1997)에서도 대만의 사례를 다룬다. Daniel C. Lynch, *Rising China and Asian Democratization: Socialization to "Global Culture" in the Political Transformations of Thailand, China, and Taiwan* (Stanford: Stanford University Press, 2006)는 태국, 중국, 대만의 사례를 비교한다. 한국사례와의 비교로는 Jongpil Chung, "Comparing Online Activities in China and South Korea: The Internet and the Political Regime," *Asian Survey*, Vol. 48, No. 5 (September–October 2008).

39 Kellee S. Tsai, *Capitalism without Democracy: The Private Sector in Contemporary China* (Ithaca: Cornell University Press, 2007).

40 Lily L. Tsai, *Accountability without Democracy: Solidary Groups and Public Goods Provision in Rural China* (New York: Cambridge University Press, 2007).

41 Mary Gallagher, *Contagious Capitalism: Globalization and the Politics of Labor in China* (Princeton: Princeton University Press, 2005).

의식의 출발점으로 삼고, 중국이라는 사례를 통하여 그들을 시험하고 반박하며 양질의 일반 이론적 분석을 시도한다는 점에서 이들은 정치학 일반에 기여할 수 있는 의미 있는 비교정치학적 연구들이자 중국을 포함한 국가 간 연구의 새로운 가능성을 보여준다.

두 번째 중요한 발전은 중국의 '경제적 전환 또는 변환'에 관한 비교연구 또한 사회주의의 경험을 공유하지 않는 국가들로 확대되고, 점점 일반화 양상을 보이고 있다는 점이다. 가장 눈에 띄는 것은 동아시아 국가들과의 비교이다.[42] 일본과 한국의 사례를 중심으로 발전국가(developmental state) 모델[43] 또는 조합주의[44]와 같은 개념을 적용하여 중국을 동아시아 국가들과 유사한 유형으로 분류하는 작업을 타진하거나, 중국의 사례를 '경제발전에서의 국가의 역할'이라는 관점[45] 또는 '국가능력(state capacity)'의 차원[46]에서 동아시아 국가들과 비교하는 연

42 동아시아에 비하면 소수의 연구가 존재하기는 하지만 경제발전의 측면에서 종종 비교되는 사례는 인도다. 근래 인상적인 성장을 이루고 있는 후발경제주자이자 큰 영토와 많은 인구를 가진 사례이며 잠재적인 강대국이라는 점에서 비교가능한 한 쌍으로 분류, 주로 발전전략이나 성과의 차이를 분석하곤 한다. 예를 들면 A. S. Bhalla, "Recent Economic Reforms in China and India," *Asian Survey*, Vol. 35, No. 6 (Jun., 1995); Aseema Sinha, "Political Foundations of Market-Enhancing Federalism: Theoretical Lessons from India and China," *Comparative Politics*, Vol. 37, No. 3 (April 2005); 그리고 Shalendra D. Sharma, *China and India in the Age of Globalization* (New York: Cambridge University Press, 2009).

43 Shaun G. Breslin, "China: Developmental State or Dysfunctional Development?," *Third World Quarterly*, Vol. 17, No. 4 (1996); Jean C. Oi, *Rural China Takes Off: Institutional Foundations of Economic Reform* (Berkeley: University of California Press, 1999); Ming Xia, *The Dual Developmental State: Development Strategy and Institutional Arrangements for China's Transition* (Brookfield: Ashgate, 2000).

44 Jonathan Unger and Anita Chan, "China, Corporatism, and the East Asian Model," *The Australian Journal of Chinese Affairs*, No. 33 (January 1995).

구가 시도되었다. 특히 1998년 동아시아가 금융위기를 겪은 후 쏟아져 나온 경제 세계화와 동아시아 발전모델에 관한 분석들은 중국을 다른 동아시아의 국가주도형 경제발전 모델과 보다 적극적으로 비교하기 시작했다. 경제 세계화시대 동아시아 발전모델 혹은 동아시아 자본주의의 운명을 논하면서 본격적으로 등장하기 시작한 질문은 "중국을 '발전국가 모델' 또는 '동아시아 자본주의'의 하나의 변이로 보아야 하는가" 하는 것이다.[47] 이는 중국을 사회주의라는 전형적인 범주가 아닌 다른 개념이나 모델로 범주화하려는 시도라는 점에서 의미가 크다. 더불어 "경제 세계화나 경제적 전환이 국가의 역할을 어떻게 변화시키는가"라는 "국가의 변환"에 관한 정치학 일반의 질문을 중국의 사례에 적용하거나 시험하는 흥미 있는 연구들도 등장하기 시작했다.[48] 이는 사회주의가 아닌 새로운 일반화된 개념

---

45 Masahiko Aoki, Hyung-Ki Kim and Masahiro Okuno (eds.), *The Role of Government in East Asian Economic Development: Comparative Institutional Analysis* (New York: Oxford University Press, 1997). 특히 Lawrence Lau, "The Role of Government in Economic Development: Some Observations from the Experience of China, Hong Kong, and Taiwan" 과 Yingyi Qian and Barry Weingast, "Institutions, State Activism, and Economic Development: a Comparison of State-Owned and Township-village Enterprises in China"를 보라.

46 Kjeld Erik Brødsgaard and Susan Young (eds.), *State Capacity in East Asia: Japan, Taiwan, China, and Vietnam* (New York: Oxford University Press, 2000).

47 Lance Gore, "A Meltdown with 'Chinese Characteristics'?" in Richard Robison et al.(eds.), *Politics and Markets in the Wake of the Asian Crisis* (New York: Routledge, 2000); Iyanatul Islam and Anis Chowdhury, *The Political Economy of East Asia: Post-Crisis Debates* (Oxford: Oxford University Press, 2000).

48 Yongnian Zheng, *Globalization and State Transformation in China* (New York: Cambridge University Press, 2004); Minxin Pei, *China's Trapped Transition: The Limits of Developmental Autocracy* (Cambridge: Harvard University Press, 2006); Joo-Youn Jung, "Retreat of the State? Restructuring the Chinese Bureaucracies in the Era of Economic Globalization," *The China Review*, Vol. 8, No. 1 (Spring 2008), pp. 105~125.

으로 중국을 설명, 분류, 비교하려는 이론적 시도가 이루어지고 있음을 보여준다.[49)]

마지막으로 특기할 만한 것은 최근 들어 중국을 포함한 국가 간 비교분석도 과거의 전형성을 벗어난 다국가 사례의 하나로서 중국을 비교하는 형태로 발전하고 있다는 점이다. 예를 들면, 우(Y. Wu)는 '권위주의 레짐 하의 소유권 개혁'이라는 분석틀을 가지고 중국, 헝가리, 소련, 대만의 사례를 비교분석하며,[50)] 부(T. Vu)의 연구는 한국, 중국, 베트남, 인도네시아를 사례로 하여 '국가산업정책의 효율성'이라는 종속변수의 차이를 국가형성 과정의 상이성이라는 독립변수를 들어 설명한다.[51)] 린치(D. Lynch)는 자유주의적인 국제 문화가 개별국가의 정치적 민주화에 미치는 영향을 대만, 태국, 중국의 사례를 비교하여 분석하며,[52)] 스무스칼린(W. Smuthkalin)은 대만, 태국, 중국의 사회정책 확대를 비교함으로써 복지국가의 발전이라는 종속변수를 설명하는 변수가 무엇인가에 집중한다.[53)] 디미트로프(M. Dimitrov)는 지적재산권 보호라는 정책집행능력에 집중하여 중국, 러시아, 대만, 체코공화국, 프랑스의 국가능력(State Capacity)

---

49 국문서적으로 이러한 시도의 예는 전성흥 편, 『중국모델론: 개혁과 발전의 비교 역사적 연구』 (서울: 부키, 2008)에서 찾을 수 있다.

50 Yu-Shan Wu, *Comparative Economic Transformations: Mainland China, Hungary, the Soviet Union, and Taiwan* (Stanford: Stanford University Press, 1994).

51 Tuong Vu, *Paths to Development in Asia: South Korea, Vietnam, China, and Indonesia* (Cambridge: Cambirdge University Press, 2010).

52 Daniel C. Lynch, *Rising China and Asian Democratization: Socialization to "Global Culture" in the Political Transformations of Thailand, China, and Taiwan* (Stanford: Stanford University Press, 2006).

53 Worawut Smuthkalin, *Political Regimes and Welfare State Development in East Asia: How State Leaders Matter to Social Policy Expansion in Taiwan, Thailand, and China* (Ph.D. Dissertation, Stanford University, 2006).

차이를 비교분석한다.[54] 이는 주로 암묵적인 비교연구의 함의를 찾거나 또는 편집서의 한 장으로 등장하는 정도의 비교대상이던 중국이 특정변수의 변이를 보여주는 복수사례의 하나로 다루어지고, 또 중국연구에서도 주로 이론적 상상력의 기반으로서 또는 배경질문으로서 제한적으로 활용되던 국가 간 비교방법이 제한적이기는 하나 본격적으로, 또 체계적으로 도입되고 있다는 것을 뜻한다.

물론 이러한 변화는 아직 비교적 소수의 신진학자들의 연구에 머물러있는 경향이 강하다. 하지만 여기서 의미심장한 변화의 핵심은, 단순히 비교의 대상이 확대되고 있다거나 국가 간 비교연구의 수가 늘고 있다는 점이 아니다. 중국이라는 사례를 "특수사례"로 취급하기보다는 일반화하려는 시도, 그리고 새로운 범주나 모델로 분류하려는 이론적인 시도가 이루어지고 있고, 또 특히 새로운 세대의 중국정치학자들을 중심으로 확대되고 있다는 점이 주목할 만하다.

이러한 맥락에서 필자가 보기에 아직 시작단계에 있기는 하나 가장 흥미로운 주제는, '사회주의'라는 기존의 울타리를 넘어서고, 이미 그 문제점과 한계가 오랫동안 누적되어 온 발전국가론도 넘어서서, 중국의 경제체제를 본격적으로 타 시장경제체제들과 하나의 이론적 틀에서 분석하고 비교하는 것이다. 중국을 일본과 같은 "후(後)자유화(late-liberalization)"의 한 사례로 분류하거나[55] 한국, 일본과 같은 '비자유주의적 시장경제의 국

54 Martin K. Dimitrov, *Piracy and the State: The Politics of Intellectual Property Rights in China* (New York: Cambridge University Press, 2009).

55 Saadia M. Pekkanen and Kellee S. Tsai (eds.), *Japan and China in the World Political Economy* (New York: Routledge, 2005).

가주도형(state–led non–liberal market economy)' 사례로 분류하거나[56] 아예 자본주의의 한 다른 유형(type)으로 놓고 미국, 일본 독일, 한국 등의 자본주의 모델들과 비교하려는[57] 등의 다양한 시도들은 전환기에 있는 중국을 정치학 일반의 언어로 접근이 가능한 사례로 끌어들이고, 중국의 경험이 제공할 수 있는 학문적 영감을 통해 새로운 개념적 도구와 이론을 만들어 내려고 한다는 점에서 의미가 있다.

---

56 필자의 경우, '경제발전에서의 국가의 역할과 그 역할의 진화'라는 주제에 계속 관심을 가졌다. 그러나 개념의 외연확장에 문제가 있고, 변화를 설명하지 못하는 정체된 이론이라는 등의 많은 비판이 제기되어온 진부한 이론인 발전국가론에 한계를 느끼고, 최근에 활발해진 자본주의의 다양성(Varieties of Capitalism) 연구에 눈을 돌렸다. 이 연구에 따르면, 경제체제는 그 내부 '조정(coordination)'의 주체가 시장인가의 여부에 따라 비자유주의 경제체제와 자유주의 경제체제로 나눌 수 있다. 필자는 이러한 이분법으로는 국가조정이 결정적인 역할을 하는 사례들이 독일과 같은 비자유주의 경제체제와 가지는 차이점을 제대로 분석하지 못한다는 점에 주목하고, '국가주도형 비자유주의 경제체제'라는 하위 카테고리를 개념화 하였다. 국가에 의한 주요 경제섹터의 조정을 특징으로 하는 이 카테고리의 주요사례로는 한국, 중국, 일본을 선택하였다, 필자는 이들 경제체제가 자유주의적인 경제개방을 추진할 때 국가의 조정역할에 어떤 변화를 보이는지를 살펴봄으로써 자본주의 경제체제들 간의 수렴이 일어나고 있다는 가설을 테스트하고자 했다. Joo–Youn Jung, *When Nonliberal Economies Meet Globalization: the Transformation of Interventionist States in East Asia* (Ph. D. Dissertation, Stanford University, 2006); 이 분석틀을 중국과 한국의 기업개혁의 사례에 각각 적용한 논문으로는 Joo–Youn Jung, "Reinvented Intervention: the Chinese Central State and SOE Reform in the WTO Era,"forthcoming in Jean Oi (ed.), *System Restructuring in China* (Washington, D.C.: Brookings Press, 2010); 그리고 "The State Coordination in Transition and Implications for Corporate Restructuring in South Korea," forthcoming in Byung–Kook Kim, Eun–Mee Kim, and Jean Oi (eds.), *System Restructuring in Korea* (Washington, D.C.: Brookings Press, 2010).

57 S. G. Redding and Michael A. Witt, *The Future of Chinese Capitalism* (New York: Oxford University Press, 2007).

V. 맺음말

중국정치에 대한 연구 성과가 축적되고 학자층이 두터워질 수록 비교분석과 이론화에 대한 추구는 중국정치 연구의 중요한 한 축이 될 수밖에 없다. 설득력 있는 일반이론은 결국 개별사례에 대한 깊이 있는 관찰과 이해에 기반해서 상상력을 공급받고 약점을 보완해 나가며, 의미 있는 지역연구는 일반이론과 비교연구에 기반해서 보다 흥미로운 질문들을 제기할 수 있고 그 의미가 재조명된다. 결국 양자는 상보적인 관계에 있고, 건강한 학문적 발전은 양자 간의 건설적인 대화를 통해서 가능하다.

중국은 많은 새로운 정치·경제적 실험을 하고 있고, 그 실험들이 기존의 상식이나 이론들의 약점들을 보여주거나 뒤집을 수도 있다는 점에서 참으로 흥미로운 연구대상이다. 중국이 타 사례들과 다른 '예외'의 경우를 보여준다면, 그것은 중국의 특수성을 재확인하는 것일 수도 있지만 반대로 새로운 이론적 가설을 가능케 하는 결정적인 사례일 수도 있다. 중국의 사례를 기반으로 정치학 일반에 영향을 끼칠 수 있는 이론적 함의들을 적극적으로 찾으려는 노력은 아직은 부족하며, 중국정치 연구의 정치학 일반에 대한 공헌도를 놓고 보자면 이는 무척 아쉬운 부분이다.[58] 앞으로 중국정치연구가 지역연구로서의 깊이를 더하고 질을 높이는 동시에, 보다 활발한 국가 간 비교연구를 통해 비(非)중국전문가들과의 접점을 넓히고 중국이 얼마나 흥미로운 정치학적 사례이자 새로운 정치·경제적 실험의 보고인지를 보여준다면 그 학문적 중요성과 기여도는 지금에 비할 수 없이 커질 것이다.

58 1970~80년대 라틴아메리카연구가 비교정치연구의 이론적 보고였던 점과 비교해보라. 예를 들어 F. H. Cardoso and Enzo Faletto, *Dependency and Development in Latin America* (Berkeley: University of California Press, 1978); Juan J. Linz and Alfred C. Stepan, *The Breakdown of Democratic Regimes: Latin America* (Baltimore: Johns Hopkins University Press, 1978); Guillermo A. O'Donnell, *Modernization and Bureaucratic-Authoritarianism: Studies in South American Politics*; Peter B. Evans, *Dependent Development: the Alliance of Multinational, State, and Local Capital in Brazil* (Princeton: Princeton University Press, 1979); 그리고 Guillermo A. O'Donnell, Philippe C. Schmitter and Laurence Whitehead, *Transitions from Authoritarian Rule: Latin America* (Baltimore: Johns Hopkins University Press, 1986).

제4장
중국 내 지역 간 비교 연구

신상범

I. 서론

중국에는 왜 자전거가 많은가? 필자가 담당하는 수업 중 하나인 중국지역연구 첫 시간에 학부 학생들에게 던지는 질문 중 하나이다. 대부분의 경우 학생들의 즉각적인 반응은 중국이 가난한 나라이기 때문이라는 것이다. 그런데 "그러면 왜 인도나 베트남 같은 다른 가난한 나라에는 자전거가 중국에 비해 적은가?"라는 두 번째 질문을 하면 학생들은 재빨리 다른 답을 찾기에 분주하다. 어떤 학생은 언덕과 경사가 많은 충칭(重慶)시를 여행했던 경험을 바탕으로 하여, 같은 중국 내에서도 땅이 비교적 평평한 도시들에 자전거가 많다고 하면서, 중국인들이 자전거를 많이 타는 이유는 아마도 전반적으로 땅이 평평해서일 것이라고 대답한다.

학생들로 하여금 다른 답을 찾게 만든 이 두 번째 질문에는 "비교의 시각(comparative perspective)"이라는 키워드가 들어 있다. 비교의 시각에서 대상을 관찰할 경우 그 대상의 특징은 오직 다른 대상과의 비교를 통해서만 파악된다. 즉 중국이 어떤 나라인지 어떤 특색을 가지고 있는지를 알기 위해서는 반드시 중국을 다른 나라와 비교해야 한다. 더 나아가서 비교는 만약 그것이 체계적이라면 어떤 현상들을 원인과 결과의 관계로 연결시키는데 결정적인 역할을 한다. 따라서 지역연구를 굳이 왜 인과관계를 엄밀하게 탐구하는 방식으로 해야 하는지는 명백해진다. 위의 예에서도 알 수 있듯이 어떤 현상의 원인이 무엇인지를 과학적으로 탐구하지 않고서는 그 지역 혹은 나라의 진짜 특색이 무엇인지를 알 수 없다. 이러한 의미에서 중국전문가가 되기 위한 노력 중 가장 지키기 힘든 것은 항상 "한쪽 발은 중국내에, 다른 한 쪽 발은 중국 바깥에" 두고 있는 상태를 잘 유지해야 한다는 점이다.

그런데 위의 예에서도 알 수 있듯이 비교는 다양한 수준에서 이루어진다. 연구자들은 종종 중국을 다른 나라와 비교하기도 하고 중국 내에서 성(省)이나 시(市)등 지방행정단위를 분석수준으로 하여 비교연구를 수행하기도 한다. 그 중 이 장에서 초점을 맞추는 것은 후자이다. 이 장은 중국내 지역간 비교연구 방법론을 일반적인 수준에서 소개하고 이에 관련된 몇 가지 방법론적 쟁점들에 대해 토론하는 것을 목적으로 한다. 비교분석의 수준을 국가에서 지역으로 끌어내릴 경우 "두 발을 다 중국내에" 두고 있어도 되기 때문에 중국 혹은 중국 내에서 선택된 특정 지역에 대한 보다 전문적인 지식을 얻을 수 있다는 장점이 있다. 그리고 방법론적 측면에서 장점은 지역 수준에서의 연구가 만성적인 사례부족에 시달리는 비교사례연구(comparative case study)의 약점을 보완해 줄 수 있다는 것이다. 사실 위의 예에서 학생들이 말한 첫 번째의 답도 왜 중국인들이 자전거를 많이 타는지의 원인이 될 수 있다. 다만 두 번째 질문에서 나타났듯이 그것이 하나의 배경적 원인이 될 수는 있지만 중국의 특징을 설명하는 결정적인 원인은 아닌 것이다. 여기서 알 수 있는 것은 이 세상에 원인이 하나인 현상은 존재하지 않는다는 것과, 그렇지만 많은 원인들 중에서 어떤 것이 더 결정적인 원인인지를 찾아내는 것이 중요하다는 것이다. 그런데 이를 위한 비교사례연구가 주로 국가단위로 진행되다 보니 다루어야 하는 많은 변수들에 비해 사례의 수가 항상 부족하다는 문제를 발생시키게 되었는데,[1] 분석 수준을 지역으로 끌어내릴 경우 인과적 추론이라는 동일한 논리와 방법론적 틀을 유지하면서도 사례의 수를 늘릴 수 있다는 장점을 가지게 된다.[2] 이 장점은 특히 중국과 같이 규모가 크면서 지역적 편차를 많이 가지고 있는 나라를 대상으로 하는 연구에서 더욱 잘 나타난다.

이 장은 다음과 같이 구성되어 있다. 먼저 다음 절에서는 중국연구방법론을 간략히 개관하고 이 중 지역 간 비교 연구의 중요성과 분석단위의 문제를 살펴본다. 3절에서는 지역간 비교 연구 방법론의 쟁점 중 특별히 사례선택과 사례의 수의 문제에 대해 토론한다. 마지막으로 결론에서는 이 글을 요약하고 중국 연구 방법론과 관련된 몇 가지 제언을 추가한다.

II. 중국연구 방법론과 지역 간 비교 연구

지역연구에서 가장 중요한 것은 연구자가 '현지화(indiginization)'와 하나의 과학으로서의 정치학 사이의 적절한 균형을 갖추는 것이다. 현지화란 한마디로 연구자가 해당 지역에 익숙해지고

---

1 Arend Lijphart, "Comparative Politics and the Comparative Method," *American Political Science Review*, Vol. 65, No. 3 (September 1971), pp. 682~693.

2 Gary King, Robert O. Keohane, and Sidney Verba, *Designing Social Inquiry: Scientific Inference in Qualitative Research* (Princeton: Princeton University Press, 1994), pp. 219~223.

현지 사정에 밝아져서 연구에 있어서의 지역적 맥락과 특수성을 충분히 파악하는 것이다. 이는 또한 연구자가 해당지역에 대한 선행연구를 충분히 검토하고 이를 바탕으로 하여 적절한 연구질문(research question)이나 이슈를 제기할 수 있는 능력까지도 포함한다. 반면 정치학은 정성적 연구(qualitative research)이든 정량적 연구(quantitative research)이든 간에 근본적으로 과학적 추론(scientific inference), 그 중에서도 특히 인과적 추론(causal inference)의 논리에 근거하고 있기 때문에,[3] 지역연구 역시 인과관계를 최대한 엄밀하게 밝히는 방향으로 진행되어야 한다.[4] 지역연구자는 항상 이 두 핵심 요소들을 동시에 염두에 두면서 한편으로는 해당 지역에 대한 전문성을 제고하고 다른 한편으로는 일반화 가능성을 추구하여 자신의 연구가 해당지역에 관심이 없

---

3 King et al., *Designing Social Inquiry*, pp. 3~7. 물론 필자는 이들 킹, 코헨 그리고 버바가 주로 관심을 두고 있는 인과적 효과(causal effect) 뿐 아니라 구성적 효과(constitutive effect) 역시 탐구될 수 있으며 해석학 등 관념적 접근(ideational approaches)들이 정치학에서 담당하는 역할을 중요하게 생각한다. 하지만 방법론을 주로 염두에 둔다면, 예를 들어 만약 지역연구방법론을 배우고 익히고자 하는 대학원생이라면, 다른 사람의 연구를 이해하고자 하는 목적에서라도 일단 이들이 정리해 놓은 이러한 원형을 먼저 이해하고 난 후 다른 인식론과 존재론에 기반을 둔 접근들의 과학적 엄밀성과 중요성을 탐색해 보는 것을 권한다.

4 필자는 이러한 킹, 코헨 그리고 버바의 이른바 "두 개의 스타일, 하나의 추론의 논리(two styles of research, one logic of inference)"라는 주장에 동의하며 이들이 제기하는 방법론적 이슈들이 기본적으로 일반적인 정치학자들에게와 같이 지역연구자들에게도 똑같이 적용된다고 본다. 따라서 이 글은 전반적으로 킹, 코헨 그리고 버바의 위의 책에서 제시된 관점에 기반하고 있다. 이 책 이외에 정성적 연구와 정량적 연구의 혼합가능성에 관한 다음의 글들은 특히 지역연구자들에게 많은 도움이 된다. Julia Brannen, "Mixing Methods: The Entry of Qualitative and Quantitative Approaches into the Research Process," *International Journal of Social Research Methodology*, Vol. 8, No. 3 (July 2005), pp. 173~184; Jennifer Mason, "Mixing methods in a qualitatively driven way," *Qualitative Research*, Vol. 6, No. 1 (2006), pp. 9~25; Alan Bryman, "Integrating quantitative and qualitative research: how is it done?" *Qualitative Research*, Vol. 6, No. 1 (2006), pp. 97~113.

는 일반적인 정치학자들에게도 이론적 함의를 줄 수 있는지를 고민하여야 한다. 그러나 모든 지역연구가 이 두 요소 사이의 정확한 균형을 맞출 필요는 없다. 어떤 연구는 전자가 더 강조될 수 있고, 또 어떤 연구는 후자가 더 강조될 수 있다. 그 선택은 연구자 스스로 하는 것인데 다만 어떤 경우든 지역연구자는, 만약 그가 정치학자라면, 이 두 요소 중 하나를 완전히 포기하면 안 된다.[5)]

이러한 의미에서 현재 한국의 중국연구자들에게 있어서 과거 미국 정치학계에서 진행되어 왔던 지역연구의 위상과 관련된 방법론적 논쟁은 더 이상 그다지 의미 있어 보이지 않는다.[6)] 오히려 이보다 더 중요한 것은 연구자들이 다른 사람들의 선행

---

5 이 둘 중 어떤 것에 좀 더 비중을 두느냐는 연구의 성격과 방향, 선행연구들과의 관계, 데이터의 접근성, 연구자 개인의 선호 등 많은 우연적 요인에 의해 결정되는데, 이 결정은 또한 연구자가 나중에 자신의 연구결과를 어떤 저널에 보낼 것인가—예를 들어 중국 혹은 지역연구저널에 보내서 지역에 관심 있는 사람들에게 주로 읽히게 할 것인가 아니면 정치학 일반 저널에 보내서 다루고 있는 이론이나 이슈를 더 부각시킬 것인가—에 많은 영향을 미친다. 따라서 연구자가 자신의 연구를 처음 설계할 때 타깃으로 삼는 저널의 종류까지 고려하는 것이 바람직하다.

6 이 논쟁이 시작된 것은 오래전이지만 필자가 아는 가장 치열했던 기간은 1999년과 2000년이다. 이 시기에는 이른바 페레스트로이카 논쟁이라는 이름하에 미국의 거의 모든 주요 대학 정치학과의 교수 및 대학원생들이 각 학과별로 혹은 미국정치학회를 통해 이메일로 이 논쟁에 참여하였다. 정량적 연구 및 formal modelling을 선호하는 사람들은 정성적 연구가 방법론적 엄격함이라는 기준을 충족시켜야 한다는 점을 강조하였고, 반대로 후자는 전자가 정성적 연구 특히 지역연구가 정치학에서 매우 중요하며 이들도 나름대로의 방법론적 엄격함을 추구하고 있음을 인정하지 않는다고 주장하였다. 다음의 두 짧은 글은 정치학 내에서 특히 비교정치학의 맥락에서 이 논쟁의 핵심 쟁점들을 파악하는데 도움이 된다. Robert Bates, "Area Studies and the Discipline: A Useful Controversy?" *PS: Political Science & Politics*, Vol. 30, No. 2 (June 1997), pp. 166~169; Chalmers Johnson, "Preconception vs. Observation, or the Contributions of Rational Choice Theory and Area Studies to Contemporary Political Science," *PS: Political Science & Politics*, Vol. 30, No. 2 (June 1997), pp. 170~174.

연구들을 검토할 때 이들이 이 균형을 어떻게 맞추고 있는지를 분석하는 훈련을 하는 것이다. 이 때 연구자들은 이 두 요소 중 어느 특정한 요소에 치중하는 연구가 더 바람직하다는 식의 판단을 할 필요가 없다. 오히려 그들이 가려내야 할 점은 각 연구가 어디에 치중하든지 간에 그 결과 그 연구가 과연 얼마나 큰 학문적 가치를 가지느냐이다. 예를 들어 중국정치에서 여성의 역할에 대한 연구가 있다고 할 때, 만약 이 연구가 현지화 즉 해당 지역연구에 있어서의 전문성에 더 비중을 두고 진행된 것이라면, 우리는 과연 그것이 기존의 중국여성정치연구에 어떤 새로운 점을 추가시키는지, 그리고 더 나아가서 중국정치에서 여성 뿐 아니라 다른 이슈영역에 대한 연구에 어떠한 이론적, 경험적 함의를 제공해 주는지를 우선적인 기준으로 그 연구를 분석하고 평가하여야 한다. 반면, 이 연구가 후자 즉 과학으로서의 정치학에 더 비중을 둔 연구라면, 우리는 그 연구가 일반적인 여성정치의 영역에서 어떤 기여를 하는지, 즉 여성정치연구에서 중국의 사례가 어떤 의미가 있는지의 관점에서 그 연구의 가치를 우선적으로 평가해야 한다. 또한 그 연구가 중국을 넘어서서 다른 나라에 어떻게 적용될 수 있는지, 즉 일반화 가능성을 염두에 두고 그 연구의 의미를 파악해야 한다.[7] 그 다음 궁극적으로는 그 연구가 어디에 치중을 했든 간에 이 두 요소들 간의 균형을 어느 정도 가지고 있는지를 평가하여야 한다.

실제 연구에서 이 균형을 맞추려는 노력은 '비교'를 통해 이

7 이 점은 정재호, 안치영, 박만준, 장윤미, 차창훈, 박병광, "한국에서의 중국정치 연구의 재 고찰: 자료, 방법론 및 담론을 중심으로," 『國際政治論叢』, 제 45집 2호 (2005), p. 121을 참고할 것.

루어진다. 해당 지역에 대한 전문성도 있으면서 어떻게 과학적으로 엄밀한 연구를 생산해 내느냐는 비교를 얼마나 체계적으로 하느냐에 달려 있다. 중국지역연구에서 비교연구는 중국을 다른 나라와 비교하는 것(cross national analysis), 중국 내에서 지방행정 단위들을 비교하는 것(regional variation), 시간대별로 편차를 추적하여 비교하는 것(overtime variation), 산업별로 비교하는 것(industrial variation), 한 산업 내에서 기업 간의 편차를 비교하는 것(enterprise case studies) 등 여러 수준에서 여러 형태로 진행될 수 있다.[8)] 그 중 특히 지방을 단위로 하는 지역 간 비교연구는 중국과 같이 크면서 지역적 편차를 많이 보이는 나라의 연구에 있어서는 매우 중요하다.[9)]

지역 간 비교연구는 다시 어떤 지역단위를 분석수준으로 하느냐에 따라 다양하게 나누어질 수 있다. 크게는 22개의 성과 5개의 자치구, 4개의 직할시 및 2개의 특별행정구역으로 이루어진 33개의 성급(省級) 행정단위와 그 이하(sub-provincial) 단위들로 나뉠 수 있으며, 이들 각각도 더 세분화될 수 있다.[10)] 예를 들어 성의 경우에도 동부, 중부, 서부 등의 세 그룹으로 나눌 수 있으며, 네 개의 직할시만 따로 분석대상으로 할 수도 있다.

---

8 산업별 비교 연구의 예로서는 Scott Kennedy, *The Business of Lobbying in China* (Cambridge: Harvard University Press, 2005), 그리고 산업 내 기업별 비교 연구의 예로서는 Edward S. Steinfeld, *Forging Reform in China–The Fate of State–Owned Industry* (Cambridge: Cambridge University Press, 1998)이 있다.

9 이러한 의미에서 중국을 하나의 단일체로 인식하는 것(China as a monolith)은 중국을 체계적으로 관찰하는데 있어서 피해야 할 태도이다. Tony Saich, *Governance and Politics of China* (New York: Palgrave, 2001), p. 1. 따라서 항상 중국연구자들은 '중국은' '중국인은' 혹은 '중국정부는' 이라는 주어를 쓸 때 조심스러워야 한다. 즉 뒤따라오는 술어가 중국 전체에 해당되는지를 생각해봐야 하고 그렇지 않을 경우, '90년대의 중국은' '중국 서부는' '잘 사는 성의 정부들은' '중앙정부는' 등으로 바꾸어야 한다.

시의 경우에도 행정적으로 어떤 급의 시인가에 따라 전체 약 700여개의 시를 몇 개의 그룹으로 구분할 수도 있다.[11] 또한 기층의 경우에도 농촌 및 도시로 나눌 수 있고 농촌의 기층의 경우에도 동부 혹은 서부 등 특정 지역만을 대상으로 할 수도 있다.

이들 중 연구자가 어떤 단위를 선택할 것인가는 그의 연구문제가 무엇이며 그 문제가 어떤 수준에서 분석되었을 때 가장 적절히 다루어질 수 있느냐에 따라 결정되어야 한다. 중요한 것은 자신의 연구가 왜 그 수준에 있는지를 정당화하는 것이다. 어떤 경우는 예를 들면 '지방의 발전전략' 등과 같이 연구주제 자체가 자동적으로 지방을 분석수준으로 할 수 밖에 없는 경우도 있다. 그러나 이 경우에도 왜 성 단위 혹은 성 이하 단위를 선택하는지 즉 각 단위 연구의 중요성을 분명히 해야 한다.[12] 마찬가지로 어떤 주제를 지방 수준에서 다루는 기존 연구가 거의 없다는 것도 분석 수준 선택의 이유가 될 수 있지만 그 경우에도 그 중요성을 분명히 해야 한다. 반면 분석수준이나 단위가 연구자의 의도대로 항상 최적으로 선택되는 것은 아

10 이에 대한 보다 자세한 설명과 분석은 Jae Ho Chung and Tao–Chiu Lam (eds.), *China's Local Administration:Traditions and Changes in the Sub–National Hierarchy* (New York: Routledge, 2010)을 참조할 것.

11 이 점에 대해서는 Jae Ho Chung, "Recipes for Development in post–Mao Chinese Cities: Themes and Variations," in Jae Ho Chung (ed), *Cities in China–Recipes for Economic Development in the Reform Era* (New York: Routledge, 1999), p. 6을 참고할 것.

12 예를 들면 Jae Ho Chung, "Appendix: Study of Provincial Politics and Development in the Post–Mao Reform Era: Issues, Approaches, and Sources," in Peter T.Y. Cheung, Jae Ho Chung, and Zhimin Lin (eds.), *Provincial Strategies of Economic Reform in Post–Mao China–Leadership, Politics, and Implementation* (Armonk, New York: M. E. Sharpe, 1998), pp. 429~456; Jae Ho Chung, "Recipes for development in post–Mao Chinese Cities" 등을 참고할 것.

니다. 때에 따라서는 분석수준이 자료의 형식이나 활용 가능성에 의해 결정되는 경우도 있다. 예를 들면 필자 개인의 관심사인 중국 환경정책의 경우 대기오염이나 수질오염 데이터를 이용하여 중국 내 도시 간 편차를 관찰할 경우 환경부에서 정기적으로 모니터링 하는 도시들은 약 120여 개의 중점도시들로서 이 경우 이들이 자동적으로 분석단위가 된다.[13] 또한 분석수준이 결정되더라도 중국의 지방정부들이 점차로 수직 또는 수평적인 경제적, 비경제적 네트워크들을 수립함에 따라, 그리고 중국 경제가 점차로 글로벌 생산 네트워크로 편입되게 됨에 따라서 연구자들이 분석 수준 간의 관계나 중층성을 염두에 둘 필요 역시 증가하게 되었다.[14]

이렇게 분석 수준이 지역으로 - 예를 들면 성으로 - 결정되면 연구자는 어떤 성을 선택할 것인지 그리고 얼마나 많은 성을 연구에 포함시킬 것인지를 결정해야 한다. 여기서 가장 중요하게 고려되어야 할 점은 연구자가 성들을 비교함으로서 어떻게 가설로서 제기한 인과관계를 가장 설득력 있게 증명할 수 있느냐이다. 사실 이 점은 연구자가 연구 문제를 설정하고 가

---

13 특히 대기오염의 경우 세계은행(World Bank)나 대부분의 국제기구에서 국가별로 측정하거나 국가 내의 주(州) 혹은 성(省)별로 측정하는 것 보다는 도시별로 측정하는 것을 중요하게 생각한다. 따라서 중국환경연구에서도 연구자가 대기오염에 관심이 있다면 당연히 국가 전체 혹은 성별 데이터 보다는 도시별 데이터를 먼저 찾아야 한다.

14 이 점에 대한 직접적인 지적은 Jae Ho Chung, "Studies of Central–Provincial Relations in the People's Republic of China: A Mid–Term Appraisal," *The China Quarterly*, No. 142 (June 1995), pp. 506~507 을 볼 것. 이러한 중층성을 잘 보여주는 최근의 예로서는 지방의 정치경제적 특성들이 승용차 합작회사의 공급 네트워크의 발전에 미치는 영향을 분석한 Thun의 연구를 들 수 있다. Eric Thun, *Changing Lanes in China–Foreign Direct Investment, Local Governments, and Auto Sector Development* (Cambridge: Cambridge University Press, 2006).

설을 세우고 변수를 측정하는 등 연구 설계(research design)의 전 단계에서 항상 고려해야 할 사항이다. 연구자가 이 점에 주의하지 않을 경우, 사례 선택에서의 오류 즉 선택 편이(selection bias)에 빠지게 되고 결과적으로 연구자가 의도했던 인과관계를 밝히는데 제약을 받게 된다. 물론 연구자가 연구 설계를 할 때 흔히 범하게 되는 오류는 선택 편이만이 아니다. 다음 절에서 사례 선택과 사례의 수의 문제를 본격적으로 설명하기에 앞서서 우선 여기서 연구자가 연구 설계 과정에서 자주 경험하게 되는 전형적인 오류들을 대표적으로 몇 가지만 언급하고자 한다.

우선 첫째로 동어반복(tautology)을 들 수 있다. 동어반복이란 독립변수를 통해 독립변수를 설명하는 경우이다. 예를 들어 연구자가 '중국에서 잘 사는 성일수록 자동차 보유율이 높을 것 같다'라는 가설을 세운다면 여기서 설정된 독립변수와 종속변수는 둘 다 궁극적으로 소득을 의미하는 것이기 때문에 결국 아무것도 설명하지 못하게 되는 오류에 빠지게 된다.

두 번째로는 역 인과관계(reverse relations)를 들 수 있다. 이는 독립변수와 종속변수가 뒤바뀐 경우를 말하는 것이다. 예를 들어 연구자가 '중국에서 소득이 높은 성일수록 교육수준이 높을 것 같다'라는 가설을 설정하여 소득이 교육수준에 미치는 영향을 주장하려고 하는데 연구 결과 오히려 반대로 교육수준이 높기 때문에 그 성의 소득이 높아진 것이라는 결론이 나온다면 이는 역 인과관계의 오류를 범하게 되는 경우이다.

세 번째로 연구자가 설정한 독립변수들 사이에 인과관계가 존재하는 경우(multicollinearity)이다. 예를 들면 중국에서 여성의 정치적 지위의 성(省) 간 편차를 설명하기 위해 소득수준과 교육수준이라는 두 독립변수를 설정하여 연구를 진행하는 과정에서 이 두 독립변수들 사이에 인과관계가 존재한다면 이 역시 오류에 해당한다. 이 밖에 연구자가 중요한 독립변수를 누락시키는 경우(omitted variable bias) 그리고 변수들의 값을 측정할 때 올바른 지표를 사용하지 않는 경우(measurement error) 역시 자주 발생하는 오류이다.[15]

III. 사례의 선택과 사례의 수

1980년대 말부터 1990년에 이르기까지 중국의 지방 특히 농촌의 변화를 관찰하려 했던 미국의 중국연구자들에게 산둥(山東)성 쩌우핑(鄒平)현은 아주 특별한 의미를 가진다. 쩌우핑현은 중국과 미국의 국교정상화 협상에 참여했던 옥센버그(M. Oksenberg) 교수의 제안에 따라 중국연구자들을 위해 특별히 지정된 연구대상지로서, 1987년부터 1991년까지 약 80여 명 이상의 미국 학자들이 이곳에서 현지조사를 실시했다.[16] 이후 1991년에는 이 현이 공식적으로 외국 연구자들에게 완전히 개방되었으며 이들이 현지조사를 수행하는데 있어서의 제약들도 거의 사라졌다.[17] 이 현은 현장 접근이 여러 가지 이유로 해서 지

---

15 이러한 오류들에 대한 보다 자세한 설명은 King et al., *Designing Social Inquiry*를 참고할 것.

16 Wang Zhuoqiong, "Offering an outside view into reform," *China Daily* (January 9, 2009). 이 기사의 온라인 주소는 http://www.chinadaily.com.cn/cndy/2009-01/09/content_7380282.htm (검색일: 2009년 11월 5일).

금보다는 제한적일 수밖에 없었던 시기에 개혁·개방 이후 시간의 흐름에 따라 중국의 지방이 겪었던 사회경제적 변화를 추적하려 했던 학자들에게는 하나의 귀중한 연구대상지이자 기회였다. 오늘날 쩌우핑현은 당시 현장에서 연구했던 학자들이 예측했던 것 이상으로 훨씬 더 많이 발전했으며 중국 전체에서 가장 잘 사는 현 중 하나가 되었다.

그런데 방법론적 측면에서 볼 때 만약 연구자가 쩌우핑현에서의 현지조사를 바탕으로 하여 어떤 인과관계를 주장한다면 그것에는 많은 허점이 있을 수밖에 없다. 물론 당시에 현지조사에 참여했던 연구자들은 왜곡된 정보를 최대한 피하기 위해 매우 조심스럽게 연구를 설계하고 체계적인 면접을 실행했지만,[18] 기본적으로 쩌우핑현에서의 현지조사는 정부가 마련해 준 틀 내에서 시행되었으며, 연구자의 거주지도 제한되는 등 일정한 한계를 가질 수밖에 없었다. 또한 쩌우핑현의 놀라운 변화를 보고 당시에 참여했던 연구자 중 하나였던 왈더(A. Walder) 교수는 "우리가 우연히 선택한 현이 이렇게 발전할 줄은 몰랐다"고 했으나, 사실 쩌우핑현은 미국학자들에 의해 연구대상지로 선정되었기 때문에 중앙 및 지방정부로부터 특별한 관심을 받았고 따라서 이러한 이유로 인해 놀라운 발전을 이룩했을지도 모르는 일이다.[19] 만약 그렇다면 쩌우핑현은 다른 많은 현들과는 전혀 다른 이유로 해서 발전된 아주 특수한 사례로서 이 사례를 통해 일반적인 지방의 발전을 설명하는 것은 사례 선택

---

17 Andrew B. Kipnis, *Producing Guanxi–Sentiment, Self, and Subculture in a North China Village* (Durham: Duke University Press, 1997), p. 188.

18 Kipnis, *Producing Guanxi*, pp. 11~20.

19 Wang Zhuoqiong, "Offering an outside view into reform."

에서의 오류를 범하게 되는 것이다.[20]

오늘날 중국 연구자들에게 있어서 연구 대상이 되는 지역을 선택하는 것은 지역에의 접근 가능성 혹은 여타의 우연적 요인들 보다는 연구자의 연구 설계에 바탕을 두어야 한다. 연구자가 인과관계를 증명하기 위해 비교사례연구를 할 때 선택편이(selection bias)에 빠지지 않는 가장 좋은 방법은 독립변수의 편차를 바탕으로 하여 사례를 선택하는 것이다.[21] 이는 간단히 말하면 어떤 약의 효능을 검사하기 위해서는 약을 먹인 실험 대상 환자와 약을 안 먹인 실험 대상 환자가 각각 최소한 한 명씩은 있어야 하는 것과 같다. 우리가 엄밀한 기준을 통해 인과관계와 사례선택에 초점을 두고 기존연구들을 검토한다면 의외로 선택편이에 빠진 연구들을 쉽게 발견할 수 있다. 이러한 엄밀한 기준에 의하면 맥락적, 경로의존적 논리전개 방법에 바탕을 둔 연구라도 이 오류에서 자유로울 수 없다. 예를 들면 냉전이라는 특정한 시기에 동북아라는 특정한 지역에서만 가능했던 역사구조적 조건들로 인해 일본, 한국, 대만의 경제성장이 가능했다는 것을 주장한 커밍스(B. Cumings)의 연구는, 그러한 조건들이 없었던 다른 지역이나 다른 시기의 사례들과의 비교를 통해서만이 그 조건들이 그 나라들의 경제발전의 진정한 원인이었음을 증명할 수 있는 것이다.[22]

중국연구에서 지역 간 비교에 있어서 사례선택과 인과관계

20 쩌우핑현은 미국 학자들의 조언에 따라 중국에서 최초로 현급행정단위에서 환경보호국을 설립한 사례이기도 하다.

21 King et al., *Designing Social Inquiry*, pp. 128~139.

22 Bruce Cumings, "The Origins and development of the Northeast Asian political economy: Industrial sectors, product cycles, and political consequences," *International Organization*, Vol. 38, No. 1 (Winter 1984).

와의 관계를 보다 구체적으로 설명하면 다음과 같다. 예를 들면 내 연구문제가 "왜 중국의 어떤 성(省)에서는 여성의 정치적 지위가 높고 어떤 성에서는 낮을까?" 라고 가정하고, 이에 대해 "소득이 높은 성일수록 여성의 정치적 지위가 높을 것 같다"라는 가설을 설정한다면, 이 경우 사례로서 선택되는 성들은 소득이 높은 성(들)과 소득이 낮은 성(들)이어야 한다. 일단 사례가 선택되고 나면 이들의 종속변수 값을 측정하여 가설에서 설정된 인과관계 (혹은 단순한 상관관계)가 증명되는지를 판단하여야 한다(표 4-1). 만약 내 독립변수가 두 개라면 표 4-2와 같이 사례는 최소한 4개가 되어야 하며, 각각의 사례가 내 두 개의 독립변수의 편차를 바탕으로 선택되어야 한다. 만약 내 두 번째 독립변수가 성 여성인구의 평균 학력이라면 A에는 소득이 높고 평균학력수준도 높은 성, B에는 소득은 높으나 평균학력수준이 낮은 성, C에는 소득이 낮으나 평균학력수준이 높은 성, 그리고 D에는 둘 다 낮은 성 등을 채울 수 있어야 한다. 그 다음에는 종속변수 값이 B, C, D에 비해 A가 높게 나타나는지를 확인해야 한다. 표 4-3과 표 4-4는 각각 독립변수가 3개일 경우와 4개일 경우 사례가 어떻게 선택되어야 하며 최소한으로 요구되는 사례가 몇 개이어야 하는지를 보여준다. 표 4-3의 경우 그 성의 인구 대비 공산당원의 수를 독립변수로서 추가시켜 본 것이며, 표 4-4의 경우 성 정부의 복지예산 지출비율이라는 독립변수를 추가시켜 본 것이다. 표 4-3에서는 독립변수가 세 개일 경우 최소한 사례는 8개가 있어야 하고, 표 4-4에서는 독립변수가 4개일 경우 최소한 사례는 16개가 있어야 함을 볼 수 있다.

따라서 독립변수가 많을수록 연구자가 선택해야 할 사례는

표 4-1
독립변수가 하나일 경우

	여성의 정치참여가 높음	여성의 정치참여가 낮음
소득이 높음	A성	
소득이 낮음		B성

표 4-2
독립변수가 두 개일 경우

	여성 학력이 높음	여성 학력이 낮음
소득이 높음	A성	B성
소득이 낮음	C성	D성

표 4-3
독립변수가 세 개일 경우

	인구대비 공산당원수가 많음		인구대비 공산당원수가 적음	
	여성 학력이 높음	여성 학력이 낮음	여성 학력이 높음	여성 학력이 낮음
소득이 높음	A성	B성	C성	D성
소득이 낮음	E성	F성	G성	H성

표 4-4
독립변수가 네 개일 경우

		공산당원수가 많음		공산당원수가 적음	
		여성 학력이 높음	여성 학력이 낮음	여성 학력이 높음	여성 학력이 낮음
성정부 복지예산지출 비율이 높음	소득이 높음				
	소득이 낮음				
성정부 복지예산지출 비율이 낮음	소득이 높음				
	소득이 낮음				

그에 비례해서 많아져야 한다. 물론 현실의 지역 간 비교 연구에서 이 모든 상자를 다 채울 수 없을 경우가 많다. 그러나 연구자는 일단 이러한 비교 원형을 배워서 사례의 선택이 인과관계의 증명에 어떤 영향을 미치는지를 이해해야 한다. 마찬가지로 중요한 것은 이 때 앞서 지적한 것처럼 연구자가 설정한 독립변수들 간에 인과관계가 존재하면 안 된다는 점이다. 이 경우 원인이 되는 변수를 남겨두고 결과가 되는 변수를 삭제하면 된다. 예를 들어 소득이 높기 때문에 여성의 평균학력이 높다는 가설이 검증된다면 여성의 평균학력이라는 독립변수는 제거되어야 한다. 또한 더욱 중요한 것은 이렇게 사례를 잘 선택해서 모든 칸을 다 채우고 모든 독립변수와 종속변수의 값이 연구자가 원하는 대로 측정되었다고 할지라도, 이것이 인과관계(causation)가 아닌 단순한 상관관계(correlation)일지도 모른다는 사실이다. 따라서 연구자는 인과관계를 보다 엄밀하게 증명해 보이기 위해 대안가설들(alternative hypotheses)이 왜 내 가설보다 더 틀릴 가능성이 많은지를 보다 세심하게 분석해야 한다.

비교정치학에서 비교방법을 연구하는 학자들은 이렇게 인과관계를 최대한 엄밀하게 증명하기 위해 몇 가지 방법들을 발전시켰는데 대표적으로는 최대유사체계(most similar system design)와 최대상이체계(most different system design)를 들 수 있다. 전자는 최대한 유사한 두 사례를 의도적으로 선택하여 이 두 사례 사이의 유일한 상이점을 가지고 종속변수의 편차를 설명하는 방

23 이에 대한 설명은 Adam Przeworski and Henry Teune, *The Logic of Comparative Social Inquiry* (New York: Wiley–Interscience, 1970) 또는 임성호, "비교방법: 정치학의 희망과 한계," 한국정치학회 편, 『정치학이해의 길잡이–정치이론과 방법론: 정치학핸드북 Vol. 2』(파주: 법문사, 2008)를 참고할 것.

법이고, 반대로 후자는 최대한 다른 여러 사례를 선택하여 이 사례들이 공유하는 유일한 유사점을 통해 종속변수의 편차를 설명하는 방법이다.[23] 여기서 중요한 것은 현실에서는 완벽하게 같거나 완벽하게 다른 사례는 존재하지 않기 때문에 오로지 '최대한' 같거나 다른 사례를 선택할 수밖에 없다는 점이다. 중국정치연구에서 최대유사체계를 사용한 대표적인 연구의 하나로서는 정재호(J-H. Chung)의 연구를 들 수 있다.[24] 그는 이 연구에서 여러 가지 측면에서 매우 유사한 칭다오(青島)와 다롄(大連)을 선택하여 이 두 도시의 상이한 발전패턴 특히 상이한 경제발전 타이밍을 이 두 도시가 가진 몇 가지 핵심적인 차이들을 통해 설명한다. 이 장에서는 환경정책에 관련하여 선양(瀋陽)과 다롄(大連)을 비교한 필자 자신의 연구를 예를 들어 구체적으로 필자가 최대유사체계를 어떻게 사용했는지 그리고 그 과정에서 어떠한 문제에 부딪히게 되었으며 그것을 어떻게 극복하려고 노력하였는지를 서술하고자 한다.[25]

필자의 이 논문은 경제개방이 환경제도화의 수준에 미치는 영향에 관한 필자의 박사논문의 일부를 수정 보완한 것이다. 필자는 박사논문에서 세계화 논쟁에서 바닥으로의 경주(race to the bottom) 가설이 주장하는 것과는 반대로 경제적 세계화가 반드시 개발도상국의 환경보호에 부정적인 영향을 미치는 것만은 아니며 오히려 경제적 세계화가 개발도상국에게 새롭고 더

---

24 Jae Ho Chung, "Preferential Policies, Municipal Leadership, and Development Strategies," in Jae Ho Chung (ed), *Cities in China: Recipes for Economic Development in the Reform Era*, pp. 105~140.

25 Sangbum Shin, "Economic Globalization and the Environment in China: A Comparative Case Study of Shenyang and Dalian," *Journal of Environment & Development*, Vol. 13, No. 3 (September 2004), pp. 263~294.

발전된 환경제도들을 가져다주고 그 결과 실제 환경의 질이 개선되는데 긍정적인 영향을 미친다는 것을 주장하였다. 이를 위해 필자는 경제개방도가 매우 높은 개발도상국이면서도 그동안 이 주제에 관해 연구가 매우 미비했던 중국을 대상으로 하여 연구를 진행하였으며, 중국 내 시간대별 편차 비교, 중국의 지방 수준에서의 비교, 그리고 중국과 인도의 비교를 통해 가설 검증을 시도하였다.[26] 이 중 지방 수준에서의 비교에서 최대 유사체계 방법을 사용하였다.

필자가 선양과 다롄을 사례로서 선정하게 된 계기는 우연히 중국주재 미국대사관 홈페이지에 게재된 두 도시의 환경오염에 관한 짧은 글을 읽게 된 것이었다. 이 글에서는 이 두 도시가 같은 라오닝(遼寧)성 안에 있으면서 소득 수준도 비슷한데 한 도시 즉 선양은 환경오염이 매우 심한 반면 다른 한 도시인 다롄은 환경모범도시로 선정될 만큼 깨끗하다는 점을 지적하였으나 그 이유에 대해서는 정확히 분석하지 않았다. 필자가 이 두 도시의 경제개방도를 무역 및 해외직접투자를 중심으로 측정해보니 선양에 비해 다롄이 월등히 높았다. 따라서 필자는 이 두 도시의 환경의 질의 차이를 결정하는 요인은 상이한 경제개방도일 것으로 추측하고 이에 따른 연구계획을 수립하고 현지 조사를 위한 계획서를 작성하였다.

계획서는 주로 연구 설계를 중심으로 작성하였는데 설계를 하는 과정에서 이 두 도시가 최대유사체계에 해당하는 사례일 수 있다고 판단하였다. 우선 기존 연구에서 필자의 가설

26 Sangbum Shin, *From Red to Green: Economic Globalization and Environmental Protection in China,* Unpublished Ph. D. Dissertation, Indiana University, 2004.

을 검증하기 위해 가장 쟁점이 되는 대안 가설이 바로 소득수준이다. 즉 일반적으로 소득이 높아질수록 환경제도화의 수준이 높아질 것이라는 생각이 지배적이다. 그런데 이 두 사례에서는 이 소득 변수가 통제되면서도 환경제도화의 수준에서 많은 차이를 보이고 있다. 또한 필자는 소득 이외에 필자의 종속변수에 영향을 미칠 만한 중요한 변수들을 최대한 많이 선정하고 이들의 값을 측정하였는데 그 결과 두 도시의 산업 구성, 주요 산업, 국영기업의 비율, 중화학 공업의 비율 등 대부분의 지표들의 값이 거의 비슷하여 이들이 종속변수 값의 현저한 차이를 설명할 수는 없음을 알게 되었다. 따라서 필자는 이 연구에서 최대유사체계 방법을 사용하기로 결정하였다. 즉 종속변수에 영향을 미칠 만한 거의 모든 변수들의 값이 유사한 반면 결정적으로 경제개방도가 매우 크게 차이가 나기 때문에 이를 독립변수로 설정하는 설계를 하였다.

이후 이 계획서를 제출하고 지도교수들의 승인을 받는 과정에서 이 연구 설계의 허점이 될 수도 있는 문제점들이 발견되었는데 이들은 종속변수의 편차를 설명할 가능성이 있는 대안가설이 되는 몇 가지 변수들이었다. 이 문제들은 주로 나중에 현지 조사를 통해서 해결되었고 결국 논문에서 최대유사체계 방법을 계속해서 사용할 수 있게 되었다. 첫째는 지리적인 차이이다. 선양과 달리 다롄은 해안가에 위치하고 있어서 특정한 계절풍의 영향으로 대기오염이 덜 심하다는 주장이 제기될 수 있다. 그런데 이에 대한 현지 환경과학자들의 설명에 의하면 이러한 계절풍이 대기오염 감소에 별다른 역할을 하지 못하는 것이 연구결과로서 이미 밝혀졌으며, 따라서 같은 연안도시이며 같은 계절풍의 영향아래 있는 도시들의 대기오염 정도가 차이가 나는 것을 설명할 수 있었다는 것이다. 더군다나 이러한 계절풍의 영향이 있다고 하더라도 필자는 3대 주요 산업공해-대기, 수질, 고체쓰레기-를 모두 측정했으며 이 모든 항목에서 두 도시가 많은 차이를 보였기 때문에 지리적 차이가 종속변수의 편차를 설명하지 못함을 주장할 수 있었다.

두 번째 문제는 역사적으로 다롄은 일본 제국주의에 의해 주로 자신들의 거주지로 설계되었기 때문에 선양에 비해 쾌적한 환경을 가질 수 있었다는 점이다. 그러나 이 도시들은 둘 다 1949년 이후 중국정부에 의해 중화학공업의 주요 거점으로 선정되어 이후 1980년대에 이르기까지 많은 산업공해를 배출했던 전형적인 공해 도시였다. 세 번째 문제는 혹시 다롄의 경우 환경 비정부단체(NGO) 등 시민사회의 역할이 선양에 비해 두드러지게 작용하지 않았는가 하는 점이었는데 현지 조사 결과 이러한 차이는 발견되지 않았다. 마지막으로는 다롄의 환경보호에 있어서 1993년부터 2000년까지 시장을 역임했던 보시라이(薄熙来)의 역할이 문제가 되었다. 그는 시장으로 재임하는 기간에 일명 '잔디시장'이라고 불릴 만큼 환경보호에 큰 중점을 두었으며 그의 개인적인 정치적 배경 역시 이러한 그의 환경보호에의 헌신을 실제 정책으로 추진하는데 큰 역할을 했다. 그러나 현지에서 필자가 조사한 바로는 그의 헌신이 다롄시의 환경개선에 매우 중요한 역할을 한 것은 사실이나 그가 주로 사용한 환경정책들은 중앙으로부터의 정치적 혹은 경제적 지원이 아니라 외자기업들과의 연계를 통한 특히 일본의 환경산업들과의 무역 및 투자연계를 통한 방식이었다. 따라서 그의 헌신도 다롄시의 높은 경제개방도가 아니었다면 불가능했을 것이다.

이처럼 최대유사체계 방법을 사용할 경우 앞서서 언급한 대로 일단 현실에서 최대한 유사한 사례를 발견하기가 매우 힘들고 또한 발견한 경우에도 종속변수의 편차에 영향을 줄 수 있는 대안 가설들을 미리 최대한 생각해 내고 효과적으로 통제하는 것이 가장 중요한 관건이 된다.[27] 이 작업은 현지조사단계 그리고 현지조사 이전에 연구 설계를 하는 단계 둘 다에서 수행되어야 한다. 그러나 이 설계를 최종적으로 완성하는 가장 중요한 단계는 연구자가 최대유사체계를 설계했다고 할지라도 실제로 왜 그리고 어떻게 연구자의 독립변수가 종속변수 값의 편차를 도출했는지, 즉 필자의 경우에는 왜 경제개방이 환경제도화의 수준의 향상을 가져왔는지를 구체적으로 증명해 보여야 하는 것이다. 이 역시 현지조사 이전 단계와 현지조사 단계 양자에서 모두 수행되어야 할 작업이다. 즉 연구자가 한편으로는 자신이 주장하는 인과관계의 구체적인 증거를 찾아야 하고 이와 동시에 다른 한편으로는 대안 가설들이 왜 내 가설보다 틀릴 가능성이 더 많은지 역시 효과적으로 입증해야 한다.

이상에서 살펴본 바와 같이 사례의 선택은 독립변수의 편차에 바탕을 두어야 하며 사례의 수는 기본적으로 연구자의 독립변수가 몇 개인지에 의해 결정되어야 한다. 이러한 의미에서 사례의 수가 적은(small-N) 비교사례연구라고 해서 사례의

27 한 가지 언급되어야 할 점은, 최대상이체계와는 달리 최대유사체계 방법은 국가 대 국가 비교에 적용할 경우보다 국가 내 지방행정단위들의 비교에 적용될 때 상대적으로 더 실행가능성이 높다는 점이다. 왜냐하면 현실에서 이 설계에 해당하는 사례를 발견하기가 국가 수준에서 보다는 지방행정단위 수준에서 더 쉽기 때문이다. 특히 중국의 경우 연해지역의 소득 수준이 높은 성들이나 도시들을 세밀히 비교해 보면 지리적 조건이나 소득 등의 변수를 쉽게 통제한 상태에서 연구자의 연구 문제의 해답에 해당하는 숨은 변수들을 발견할 가능성이 높다.

수가 많은(large-N) 연구에 비해 일반화 될 수 있는 가설이나 이론을 생산하는데 반드시 불리한 것은 아니다. 심지어는 하나의 사례를 가지고서도 일반화가 가능할 수도 있다.[28] 그러나 어떤 연구이든 일반적으로 사례의 수는 가능하면 많으면 많을수록 좋다. 왜냐하면 연구자가 설정한 가설이 더 많은 사례들을 통해 검증되기 때문이다. 지역 간 비교 연구에서 사례를 늘리는 방법 중 하나는 앞 절에서 제시한 몇 가지 편차들을 섞어보는 것이다. 예를 들어 아래의 표 4-5에서 보는 바와 같이 1978년부터 2008년까지 30년 기간 동안 중국의 31개 성급 행정단위의 소득수준의 변화를 관찰하는 패널 데이터를 만든다면 사례의 수는 무려 930여개가 된다. 이 경우는 지역 간 편차와 시간대별 편차를 섞어본 것이다. 이처럼 한정된 수의 사례를 활용할 수밖에 없는 지역 간 비교 연구라 할지라도 사례의 수를 늘리는 것은 얼마든지 가능하다. 그러나 다시 한 번 강조하자면 중요한 것은 사례의 수는 위에서 말한 대로 그 연구의 설계에 의

28 대표적으로는 엑스타인(H. Eckstein)이 말하는 결정적 사례 연구(critical case study)가 이에 해당한다. 결정적 사례란 한마디로 사례 하나를 가지고 한방에 기존 연구를 뒤집어엎거나 아니면 반대로 기존에 도저히 용납되지 못하던 가설이 한 사례를 통해 테스트를 통과하게 되는 경우를 말한다. Harry Eckstein, "Case Study and Theory in Political Science," in Fred I. Greenstein and Nelson W. Polsby (eds.), *Handbook of Political Science, Vol. 1. Political Science: Scope and Theory* (Mass.: Addison–Wesley, 1975)를 볼 것. 그리고 반사실적 전제(counterfactual)를 통해 인과관계를 증명하려고 시도하는 경우 사실 가상의 사례를 하나 더 만든다는 의미에서 사례는 두 개가 된다. 반사실적 전제에 대해서는 King et al., *Designing Social Inquiry*, pp. 77~78를 참고할 것. 이 글에서는 또한 사례의 수(number of cases)와 관찰의 수(number of observations)를 구분하고 있는데 이 점 또한 부족한 사례를 어떻게 늘릴 것인가의 논의에서 반드시 고려되어야 한다. 엑스타인의 설명에 의하면 영국에서 있었던 6번의 총선에 대한 연구가 있다고 할 때 이 연구의 사례의 수는 연구의 주제가 선거제도인지, 선거인지 혹은 유권자인지에 따라 하나일수도, 6개일 수도, 그보다 더 많을 수도 있다. 이 점에 대한 킹, 코헨 그리고 버바의 설명은 King et al., *Designing Social Inquiry*, p. 52에 있다.

표 4-5
중국 각 성의 연간 소득 변화 추이 (1978년 2008년)

	1978	1980	1981	1982	...	2008
베이징 (北京)						
톈진 (天津)						
허베이 (河北)						
샨시 (山西)						
...						
신쟝 (新疆)						

해 결정되어야 한다는 점이다.[29]

모든 연구자들은 일반적으로 자신의 가설을 좀 더 많은 수의 사례를 통해 검증하여 그것이 다른 가설들에 비해 덜 틀렸음을 최대한 체계적으로 증명하려고 노력한다. 그러나 앞서 언급했듯이 전통적으로 비교정치학은 항상 변수에 비해 사례가 부족한 문제에 시달려 왔다. 연구자가 자신의 나라가 아닌 외국을 대상으로 그것도 지역 수준에서 비교 연구를 수행하려고 할 때 사례가 하나 늘어날 때마다 연구자가 쏟아야 할 시간과 에너지 그리고 자금은 엄청나게 증가할 것이다. 따라서 비교 방법을 익히는 단계에 있는 대학원생이라면 무리하게 사례를 늘리려고 시도하지 말고 비록 사례가 적을지라도 자신이 가설의 일반화 가능성만 보여줄 수 있다면 인과관계의 엄격성을 최대

29 이 점과 관련하여 그리고 일반적인 사례연구와 관련된 몇 가지 중요한 논점을 제기하는 글로서 Bent Flyvbjerg, "Five Misunderstandings About Case-Study Research," *Qualitative Inquiry*, Vol. 12, No. 2 (April 2006), pp. 219~245를 참고할 것.

한 높이는 방향으로 연구 설계를 시도해 보는 것도 바람직할 것이다.

오히려 선불리 사례의 수를 늘리려고 시도하다가 연구 설계를 망치는 경우도 종종 발생한다. 위에서 예를 든 패널 데이터의 경우 왜 각 성의 소득을 굳이 1년 단위로 측정해야 하는지가 자신의 연구 설계에서 정당화되어야 한다. 만약 내가 중국의 세계무역기구(World Trade Organization) 가입이 각 성의 소득에 미치는 영향에 관심이 있다면 시기를 크게 중국의 세계무역기구 가입 전 10년과 가입 후 10년으로 나누고 이에 맞추어 아래의 표 4-6에서 보는 바와 같이 사례를 총 62개로 선정하는 것이 적합하다. 왜냐하면 일반적으로 세계무역기구 가입이 각 성의 소득에 미친 영향은 1년 단위의 단기적 영향보다는 적어도 10년 정도의 장기적 영향이 더 연구 가치가 있다고 판단되기

표 4-6

중국의 세계무역기구 가입 이전과 이후의 각 성의 소득수준 비교

	1991 2000, 평균	2001 2010, 평균
베이징 (北京)		
텐진 (天津)		
허베이 (河北)		
샨시 (山西)		
…		
신장 (新疆)		

30 그러나 반대로 연구자가 어떤 특정한 이유로 인해 세계무역기구 가입의 영향을 1년 단위로 관찰하는 것이 더 적합하다고 판단할 경우 그러한 자신의 판단을 정당화하면 된다. 중요한 것은 사례의 수를 무조건 늘리는 것이 좋은 것이 아니라 사례의 수는 자신의 연구 목적과 설계에 맞추어 정해야 한다는 점이다.

때문이다.[30)]

IV. 결론 및 제언

중국과 같이 규모가 크면서 지역별로 많은 면에서 많은 편차를 보이는 나라를 연구할 때 지역 수준에서의 비교 연구는 거의 필수적이라고 할 수 있다. 또한 분석수준을 지역으로 끌어내릴 경우 사례의 수를 늘리고 따라서 보다 엄격한 가설의 검증을 가능하게 할 수 있다는 장점도 있다. 그러나 국가 수준의 연구에서와 마찬가지로 지역 간 비교 연구에 있어서도 일반적인 지역 연구의 방법들은 그대로 적용되며, 연구 설계의 각 단계에서 인과관계를 엄밀히 추구해야 하는 것 역시 동일하다. 이 과정에서 특히 연구자는 사례를 어떻게 그리고 얼마나 많이 선택할 것인가에 주의해야 한다. 사례의 선택은 독립변수의 편차에 바탕을 두어야 하며 사례의 수는 기본적으로 연구자의 독립변수가 몇 개인지에 의해 결정되지만 많으면 많을수록 좋다. 그러나 이와 동시에 무리하게 사례의 수를 늘리려는 시도는 자칫 연구 목적과 설계에 맞지 않는 사례들을 선택하는 오류로 이어지게 될 수도 있다. 연구자가 현실의 연구에서 이 모든 엄격한 조건들을 만족시키는 적절한 사례를 찾는 것은 많은 경우 매우 힘들다. 그러나 우리가 알아야 할 것은 방법론적 엄격성을 갖춘 중국연구자들이 적절한 사례를 찾아내는 것은 결코 우연의 결과가 아니라 최대한 과학적인 연구를 생산해 내기 위한 부단한 노력과 열정, 그리고 치밀한 계획의 결과라는

점이다.[31)]

연구자가 성이나 도시를 분석단위로 하여 사례 선정을 마치고 연구를 진행하다보면 현지조사를 위해 선택된 도시나 성을 자주 방문하게 되고 또 그러다 보면 현지 사람들과의 네트워크를 발전시키게 되고, 그 도시나 성을 좀 더 자세히 이해하게 된다. 이렇게 해당 지역에 익숙해지다 보면 연구자는 그 지역을 바탕으로 한 연구를 계속 진행시키기 쉽고 결과적으로 그 지역의 전문가가 될 가능성이 높다. 그러나 이 경우에도 연구자는 늘 비교의 시각을 가져야 하며 자신이 선택한 성이나 시를 다른 성이나 시와 비교해 보려는 노력을 해야 한다. 서론에서 언급한 바와 같이 지역 특색을 알려면 늘 한 발은 그 지역 바깥에 두고 있어야 한다.

지역연구방법 뿐 아니라 정치학 전반에서 연구 방법(research method)은 그것이 연구를 더 과학적으로 하기 위해 연구자가 사용하는 도구라는 의미에서 마치 언어와 같다. 우리가 외국어를 배우지 않으면 외국인과 대화할 수 없듯이, 방법을 익히지 않으면 그 방법을 사용한 논문을 이해할 수 없고 그 저자와 효과적으로 대화할 수 없다. 앞에서 잠깐 언급한 미국 정치학계에서의 페레스트로이카 논쟁 역시 결국 어떤 긍정적인 결과물을 산출해 내지 못한 것은 서로가 서로의 언어를 이해하려고 노력하지 않았기 때문에 의사소통이 제대로 이루어지지 못했기 때문이다. 또한 외국어가 자꾸 배우고 익히고 써 볼수록 늘 듯이 연구방법도 체계적으로 배우고 또 다양한 조건에서 다양한 방

31 모든 연구가 다 방법론적 엄격성을 갖출 필요는 없다. 그러나 박사과정의 대학원생이라면, 적어도 일생에 하나뿐일 확률이 많은 박사논문만큼은 최대한 방법론적 엄격성을 갖출 것을 권한다.

식으로 사용해 볼수록 그 엄격성이 증가한다.

방법을 익힐 때 연구자는 우선 정치학에서 방법론(methodology)이라는 하위영역(sub-field)에서 필수적으로 배워야 할 최소한의 아이템들을 – 예를 들면 과학철학의 제 문제들, 연구 설계, 통계학의 기본 원리 등 – 단계적으로 학습해야 하고 이 바탕 위에서 지역연구(area studies) 일반 혹은 중국지역연구를 위한 방법들, 기술들, 방법론상의 쟁점들 등을 배워야 한다. 아직까지 미국에 비해 한국 정치학계 전반은 이러한 공부를 하는데 있어서 불리한 여건이지만, 연구자들은 대학원 수업, 워크숍이나 세미나 혹은 단순한 공부 모임 등의 다양한 형식을 통해 지역연구방법을 배우고 공유해야 하며 그러한 기회를 만들어야 한다.[32] 여기서 강조되어야 할 것은 중국지역연구를 위한 방

---

32 미국 대학들의 정치학과는 대체로 일종의 표준화된 방법론 커리큘럼을 가지고 있다. 그러나 지역 연구 방법론 과목의 경우 미국에서도 사실 모든 정치학과들이 다 대학원 수준에서 그러한 교과목을 개설하는 것은 아니다. 특히 중국연구 방법론만을 따로 개설하는 경우는 프로그램의 전문성이 높고 따라서 그러한 과목에 대한 수요가 있을 경우에만 가능하다. 정재호 교수에 의하면 미시간대학에서 리버설(Kenneth G. Lieberthal) 교수가 1989년에 중국연구와 방법론이라는 과목을 한시적으로 개설했다. 정재호, "중국정치 연구의 영역, 쟁점 방법 및 교류에 관하여," 정재호(편) 『중국정치연구론: 영역, 쟁점, 방법 및 교류』(서울: 나남, 2000), pp. 6~8. 필자가 아는 범위 내에서 미국에서의 중국지역연구 방법론 관련 강의들의 예는 다음과 같다. 인디애나 대학교 정치학과의 케네디(Scott Kennedy) 교수가 2005년 봄 쿼터에 캘리포니아 주립대학 샌디애고(UCSD)에서 중국 전문가 되기(Being a China Hand)라는 이름으로 중국연구에 있어서 방법론적 주제들과 쟁점들을 다루는 세미나를 개설했다. 이 강의의 강의계획서는 케네디 교수에게 혹은 필자에게 요청할 수 있다. 또한 캔사스대학 정치학과의 또 다른 케네디(John James Kennedy) 교수는 2009년 봄 학기에 개발도상국에서 현지조사 실행 및 분석(Conducting and Analyzing Fieldwork in Developing Countries) 이라는 이름으로 현지조사에 바탕을 둔 사례연구의 전 과정에서 나타나는 방법론적 문제들 및 쟁점들, 이론적 논의들, 경험들 등을 논의하는 수업을 개설했다. 이 과목의 강의계획서는 그의 홈페이지에서 찾을 수 있다. http://people.ku.edu/~kennedy1/ (검색일: 2009년 11월 5일).

법을 배우기 전에 먼저 정치학 일반의 방법들에 대한 최소한의 훈련이 필요하다는 점, 그리고 중국정치를 공부하는 사람 이외의 연구자들과도 이러한 방법론적 고민들을 공유하고자 노력해야 한다는 점이다.

세계화가 급속히 진행되는 현재의 시점에서 중국의 지방을 연구한다는 것은 불가피하게 어떤 방식으로든 그 지방을 넘어서는 그리고 중국을 넘어서는 함의를 가지지 않을 수 없다. 중국의 지방은 이미 단순히 중국의 지방이 아니라 서로 직간접적으로 얽혀 있는 세계 경제 네트워크 내의 다양한 부분들 중 하나이며 어쩌면 그들 중 가장 중요한 부분일지도 모른다. 필자 개인의 관심사인 환경정책에서도 중국의 성들이나 도시들은 세계은행(World Bank), 유엔환경계획(United Nations Environmental Program), 유럽연합(European Union), 그리고 미국 및 일본의 중앙 및 지방정부들 등 많은 외국행위자들의 일종의 실험무대가 되어 왔다. 이들이 환경정책과 관련된 다양한 프로젝트들을 실행함으로서 그들의 중국에서의 그리고 다른 개발도상국에서의 성공여부를 탐색하는 과정에서 중국의 지방은 전 세계 환경학자들의 학문적 관심 대상으로 더욱 더 부각되었고 그 결과 중국의 지방과 다른 개발도상국의 지방을 비교하는 연구도 최근 활성화되기 시작하였다. 따라서 연구자가 중국의 지방을 단위로 연구를 수행할 때 연구자의 몸은 중국의 어느 지방을 해매고 있을 지라도 그의 머릿속에는 항상 다른 지방과 다른 나라에 관한 관심과 그들과의 연관성에 대한 고민이 들어 있어야 한다. 이렇게 연구자가 자기 연구의 중심을 잘 잡으면서도 연구의 다양한 수준과 영역을 자유자재로 넘나들 수 있게 해 주는 것이 바로 방법론적 훈련이다.

제5장
중국 산업단위에서의 현지연구와 자료의 분석

여유경

I. 서론

현지연구는 질적, 양적 방법론적 접근 모두에 있어 자료수집과 이론적 통찰을 위한 매우 가치있는 연구전략이 될 수 있다. 현지연구를 통해 연구자는, 첫째, 구체적인 가설을 검토·평가 하기 위해 필요한 데이터를 수집하고 관찰[1]할 수 있으며, 둘째, 특정 사회 정치체(polity)를 가까이서 학습함으로써 이론의 적실성, 즉 현실 설명력을 확인할 수 있으며, 셋째, 귀납적으로 새로운 가설을 도출하거나 기존의 개념을 재정의할 수 있는 경험적 근거를 마련할 수 있다.[2] 이러한 현지연구의 가치와 중요성은 중국정치 연구에서 더욱 두드러진다고 할 수 있는데,[3] 그 이유로는 무엇보다도 정책결정과 집행과정에서의 정치적 통제의 중요성과 기존의 서구 중심의 이론적 분석틀이 가지는 설명력의 한계 등을 지적할 수 있다.[4] 더욱이 이전과는 비교할 수 없을

1 Henry E. Brady, David Collier, and Jason Seawright, "Refocusing the Discussion of Methodology," in Henry E. Brady and David Collier (eds.), *Rethinking Social Inquiry: Diverse Tools, Shared Standards* (Lanham,: Rowan & Littlefield Publishers, 2004), p. 9.

2 Evans S. Lieberman, "Introduction: The Promise and Pitfalls of Field Research" in a symposium titled "Field Research," *Qualitative Methods*, Vol. 2, No. 1 (Spring 2004), p. 2. 현지조사의 일반론에 관해서는 Stephen Devereux and John Hoddinott (eds.), *Fieldwork in Developing Countries* (Boulder: Lynne Rienner Publishers, 1993)을 참조할 것.

3 중국에서의 현지조사와 관련된 최근 문헌으로는 Maria Heimer and Stig Thøgersen (eds.), *Doing Field Research in China* (Honolulu: University of Hawai's Press, 2006)와 초기 문헌으로는 Anne F. Thurston and Burton Pasternak (eds.), *The Social Sciences and Field Work in China: Views from the Field* (Boulder: Westview Press, 1983)이 있다.

정도로 중국의 현지조사에 대한 접근성이 높아짐에 따라 중국 연구에서 현지조사는 필수불가결한 자료수집 방법과 전략으로 인식되고 있는 것이 사실이다. 본 논문은 현지연구 방법론에 관한 일반 이론적 논의보다는, 중국의 (전략)산업[5]을 사례로 현지연구를 하는 경우 우리가 배운 이론적 매뉴얼을 어떻게 적용할 것인지를, 필자의 구체적 경험에 기반하여 연구의 설계, 자료의 수집, 저장, 분석에서의 "실천적인(nuts-and-bolts)" 문제를 논의하는 것을 목적으로 한다.

본 논문은 다음과 같이 구성되어 있다. 2절에서는 통계자료의 객관성과 증대되는 접근의 용이성에도 불구하고, 중국의 정치경제를 산업 단위에서 연구하는 경우 현지조사의 유용성과 가치를 논의한다. 3절에서는 현지조사를 어떻게 설계할 것인가의 방법론적 문제를 연구방법과 사례의 선택, 가설의 (재)설정, 초기조사(pilot research)와 소속기관의 유용성을 논의하며, 4절을 통해 보다 구체적으로 현지조사를 실행하는데 있어 인터뷰와 참여관찰, 문헌조사를 통한 자료의 수집과 기록 및 저장의

4 Kevin O'Brien, "Discovery, Research (Re)design, and Theory Building," in Maria Heimer and Stig Thøgersen (eds.), *Doing Field Research in China* (Honolulu: University of Hawaii Press, 2006); Scott Kennedy, *The Business of Lobbying in China* (Cambridge, London: Harvard University Press, 2005); Edward S. Steinfeld, *Forging Reform in China: The Fate of State-owned Industry* (Cambridge: Cambridge University Press, 1998).

5 이 글에서 "전략산업"이란 국가자산에 의해 지배되며 국가경제에 재정적/발전적으로 매우 중요한 기여를 하는 산업으로 정의한다. 중국은 기간산업(예를 들면, 석유, 통신, 금융)을 "경제의 동맥(經濟動脈)"으로 분류하며, 제조업(예를 들면, 자동차, 철강) 중 경제발전의 근간을 이루는 산업을 "지주산업(支柱産業)"으로 명명하며 전략산업으로 분류하고 있다. 자세한 논의는 Yukyung Yeo, *Regulating China's Industrial Economy: Comparative Case Study of Automobile and Telecommunications Sectors* (Ph. D. Dissertation, University of Maryland at College Park, 2007)을 참조할 것.

방법들을 필자의 현지조사 경험을 토대로 소개한다. 그리고 5절에서는 현지조사 이후의 자료의 분석과 글쓰기에 있어 현지 보고서(field report)와 추적 인터뷰(follow-up interview)의 유용성을 지적하고, 결론에서는 현지조사를 통한 경험적 지식을 향후 연구 성과로 거두기 위한 몇 가지 제언을 제시한다.

II. 현지조사의 중요성: 통계자료를 넘어서

지역연구에 있어 현지조사는 일차자료를 수집할 수 있는 귀중한 '기회'인 동시에, 다양한 정치사회적 과정에 관한 새로운 가설을 도출함으로써 기존의 이론을 검증하고 발전시킬 수 있는 중요한 방법론적 도구임에 틀림없다.[6] 말하자면, 유의미한 현지조사는 특정 영역과 연구대상에 관한 깊이 있는 이해와 지식뿐만 아니라, 이론적 질문에 관한 새롭고 신선한 통찰을 가능하게 한다.[7] 그러므로 현지조사를 진행 혹은 계획하는 연구자는 현지에서 '실제로' 중심을 이루는 이슈들과 새로운 아이디어에 대하여 언제나 개방적인 자세를 가지도록 노력해야 한다.[8]

중국의 산업단위에서 현지조사를 하는 경우, 국가통계국(國

6 Liberman, "Introduction," p. 2.

7 John Gerring, *Social Science Methodology: A Critical Framework* (New York: Cambridge University Press, 2001), pp. 22~23; Abraham Kaplan, *Conduct of Inquiry: Methodology for Behavioral Science* (San Francisco: Chandler, 1964), pp. 77~78.

家統計局)의 온라인[9] 혹은 매년 발간되는 통계연감을 통해 개별 산업에 대한 다양한 통계자료에 접근이 가능하다. 그러나 이러한 쏟아지는 통계자료에도 불구하고, 중국의 산업을 사례로 국가의 시장에서의 역할, 국가의 시장규제 제도화, 특정 산업에서 정부-기업의 관계와 같은 정치경제적 이슈를 연구하는 경우, 현지조사는 다음과 같은 중요성을 갖는다. 첫째, 현지조사는 연구자로 하여금 공식적으로 발간되는 통계자료에서는 얻을 수 없는 각 산업에서의 정부-기업 간의 "미묘하고 숨겨진(subtle and hidden)"[10] 정치적 역학관계에 관한 이해와 자료 수집을 가능하게 한다.[11] 이는 물론 연구자의 방법론적 전략과 접근법에 따라 다소 차이가 있겠지만, 연구 대상이 되는 산업에서 당/정부(party-state)의 시장에 대한 정치적 통제 양식, 정부의 산업/규제정책의 역할과 영향, 관료정치, 대규모 국유 기업에서의 당/정부의 권력 관계 (예를 들면, 중조부(中組部)의 영향력이나 정치적 통제 행사방식 또는 이사회(董事 , Board of Directors)와 당위원회(黨委, Party Committee)의 권력관계) 등은 통계자료를 포함한 문서자료를 통해서는 밝혀내기 어렵기 때문이다.

둘째, 현지조사는 중국 산업단위에서 경제관련 정책과 규

8 O' Brien, "Discovery, Research (Re)design, and Theory Building," p. 29.

9 자세한 정보는 www.stats.gov.cn을 참조할 것.

10 Benjamin L. Read, "More than an Interview, Less than Sedaka: Studying Subtle and Hidden Politics with Site-Intensive Methods," in Allen Carlson, Mary Gallagher, Kenneth Lieberthal, and Melanie Manion (eds.), *Chinese Politics: New Sources, Methods, and Field Strategies* (forthcoming); "Site-Intensive Methods: Fenno and Scott in Search of a Coalition," in a symposium titled "Field Research: How Rich? How Thick? How Participatory?" *Qualitative Methods*, Vol. 4, No. 2 (Fall 2006), pp. 9~13.

11 Read는 이러한 접근을 "장소-집중적(site-intensive)" 방법론으로 부르며, 장소-집중적 방법은 특히 정치적 현실 분석에 유용하다고 지적한다. "More than an Interview, Less than Sedaka," pp. 11~12.

제, 그 실제 집행에 있어서의 괴리를 찾아내고 설명하는데 적지 않은 역할을 한다고 볼 수 있다.[12] 예를 들면, 통신서비스 시장과 같은 기간산업에서의 가격정책의 경우 이론적으로는 시장에서 통신서비스 기업들 간의 가격설정과 경쟁을 감독하는 규제기관(監官, regulator)은 정보산업부(信息产业部, Ministry of Information Industry, MII)[13]라고 알려져 있었다. 하지만 실제 통신시장에서의 가격경쟁을 규제 감독할 뿐만 아니라 시장의 구조조정에 강력한 권한을 행사하는 규제자의 역할은 국가자산 감독관리위원회(國有資産監督管理委員會, State-owned Assets Supervision and Administration Commission, SASAC)가 담당하고 있다.[14] 다시 말해, 이러한 정책과 그 실제 집행에서의 괴리가 왜 발생하고 어떻게 실천되고 있는지는 현지조사 없이는 알기 어려운 정치적 역학관계라고 볼 수 있다.

또한 산업 단위에서 중국의 정치경제를 연구하는 경우, 새로운 개념화나 이론적 함의를 도출해내는 흥미로운 연구들이 많은 경우 현지조사를 통해 나왔다는 사실은 주목할 만하다.

---

12 Jae Ho Chung, "The Political Economy of Industrial Restructuring in China: The Case of Civil Aviation," *The China Journal*, No. 50 (July 2003); Margaret M. Pearson, "The Business of Governing Business in China: Institutions and Norms of the Emerging Regulatory State," *World Politics*, No. 57 (January 2005); Edward S. Steinfeld, "Market Visions: The Interplay of Ideas and Institutions in Chinese Financial Restructuring," *Political Studies*, Vol. 52, No. 4 (December 2004); Sebastian Heilmann, "Regulatory Innovation by Leninist Means: Communist Party Supervision in China's Financial Industry," *The China Quarterly*, No. 181 (2005).

13 2008년 대정부개혁(大部制改革)이후, 산업정보부는 산업정보기술부(産業情報技術部, Ministry of Industry and Information Technology)로 재 조직화 되었다.

14 자세한 논의는 Yukyung Yeo, "Between Owner and Regulator: Governing the Business of China's Telecommunications Basic Service," *The China Quarterly*, No. 200 (December 2009)를 참조할 것.

예를 들면, 스텐펠드(E. Steinfeld)는 철강 산업의 국유기업에서의 현장조사를 바탕으로 기존의 "소유권 중심 접근법(property-right approach)"이 중국 국유기업의 개혁을 설명하는데 어떠한 한계점/문제점을 가지는지를 논의하면서, "통제 기반 접근법(constraint-based approach)"을 대안적 분석틀로 제시한다.[15] 또한, 케네디(S. Kennedy)는 세 개의 산업(철강, 전자, 정보산업)을 분석 단위로, 각각의 산업 내에서의 기업 연합회(business associations)가 정부의 정책결정 형성과 과정에 어떠한 방식으로 영향을 미치는지, 그리고 이러한 정부-기업연합회간의 "관계"가 산업에 따라 어떻게/왜 다양하게 나타나는지를 심층 인터뷰와 참여 관찰을 통해 연구했다. 이러한 경험적 자료를 바탕으로 케네디는 다원주의, 조합주의, 후견주의 등과 같은 기존의 지배적 국가-사회관계 이론적 분석틀이 중국의 국가-사회 (구체적으로 정부-기업 관계) 설명하는데 있어 갖는 한계를 구체적으로 논의한다.[16]

이러한 여러 장점에도 불구하고, 현지조사는 시간과 경비에 있어서의 제한이라는 한계를 갖는다. 그렇다면 연구 설계는 어떻게 해야 하며, 자료의 수집과 저장은 어떻게 효율적이고 생산적으로 할 수 있을까? 현지조사를 통해 수집된 많은 자료들이 "비규격화된 자료(non-standardized data)"[17]임을 고려할 때,

---

15 Steinfeld, *Forging Reform in China.*

16 자세한 이론적 논의는 Kennedy, *The Business of Lobbying in China*, pp. 25~56 을 참조할 것.

17 John P. Dean, Robert L. Eichhorn, and Lois R. Dean, "Limitations and Advantages of Unstructured Methods," in George J. McCall and J. L. Simmons (eds.), *Issues in Participant Observation: A Text and Reader* (Reading, Massachusetts: Addison Wesley, 1969), p. 20.

중국에서의 현지연구는 어떻게 이론의 발전 및 평가에 기여할 수 있을 것인가? 이러한 실천적 문제들을 다음에서 논의하고자 한다.

III. 현지조사의 연구 (재)설계

연구 설계는 어떻게 연구 질문을 풀어나갈 것인지에 대한 계획이다. 그러므로 효과적인 연구 설계를 위해서는 연구 질문을 명확히 하는 일이 무엇보다도 중요한데, 이는 질문에 따라 방법론적 전략과 접근법이 달라질 뿐만 아니라, 연구사례를 선택하는 중요한 길잡이가 되기 때문이다.[18]

구체적 연구방법론과 사례의 선택

그렇다면 현지에서 어떤 사례를 어떠한 방법으로 접근할 것인가? 사례선택은 사례분석과 긴밀히 연관되어 있기에 사례연구를 하는 연구자에게 있어 가장 근본적인 직무라고 할 수 있다.[19] 더욱이 매우 작은 규모의 사례연구(small-N case study)에

18 Robert K. Yin, *Case Study Research: Theory and Methods* (London: Sage, 2005), p. 7; Colin Robson, *Real World Research: A Resources for Social Scientists and Practitioner-Researchers* (Oxford, Cambridge: Blackwell, 1993), p. 167.

19 Jason Seawright and John Gerring, "Case Selection Techniques in Case Study Research: A Menu of Qualitative and Quantitative Options," *Political Research Quarterly* Vol. 61, No. 2 (June 2008), p. 294.

서 좋은 사례를 선택하는 것은 상당한 도전을 요하는 쉽지 않은 과정인데, 이는 선택된 사례가 연구주제의 보다 넓은 표본을 반영할 수 있는 대표성과 관련 범위에서 변이(variation)를 만족시켜야 하기 때문이다. 자료의 접근성이나 전문성, 시간, 재정적 요인과 같은 실용적 고려가 연구사례 선택의 기준이 될 수 있다는 주장도 있다.[20] 물론 이러한 실용적 고려가 사례선택의 정당한 요인이 될 수 있으나, 왜 특정 사례가 선호되는지 '방법론적' 정당화를 제공하지는 못한다.[21] 따라서 연구의 목적/질문에 가장 부합하면서, 제한된 사례와 경험적 연구로 연구 결과를 극대화할 수 있는 사례를 선택하는 것이 가장 바람직하다.[22] 이러한 의도적 방법론(purposive methods)이 규모가 작은 사례연구로 도출된 결론을 일반화시키기에는 사례연구의 내재적 한계를 극복하기는 여전히 어려우나, 연구자가 (질적 혹은 계량적) 연구전략을 위한 가장 적합한 사례를 선택함으로써 추론적 사고를 하는데 중요한 기여를 할 수 있다.[23]

예를 들면, 필자의 경우, 중국 전략산업의 국가 규제/감독양식을 비교 연구하기 위해 여러 전략산업들 중에서 자동차와 통신서비스 산업을 연구사례로 선택하여 분석하였다. 이는 사례를 선택하는 여러 방법론적 기술들 중에서[24], 가장 다른 사례(the most different cases)선택 논리를 이용하여 정치/경제적 면에서

20 Stephen Van Evera, *Guide to Methods for Students of Political Science* (Ithaca: Cornell University Press, 1996), p. 29.

21 Seawright and Gerring, "Case Selection Techniques in Case Study Research," p. 295.

22 Alexander L. George and Andrew Bennett은 사례의 흥미로움과 자료의 풍부함은 사례선택의 기준으로 충분하지 않다고 지적한다. "The Method of Structured, focused Comparison," in *Case Studies and Theory Development in the Social Sciences* (Cambridge: MIT Press, 2005), p. 69.

23 Seawright and Gerring "Case Selection Techniques in Case Study Research," p. 295.

전략산업이라는 핵심 독립변수(X1)와 중앙 집권적으로 제도화된 경제규제(종속변수)를 제외한 '다른 모든 변수들'에 있어 다른 사례를 선택함으로써 핵심 독립변수와 종속변수간의 인과적 관계를 설명하려는 노력이었다.[25] 여기서 '다른 모든 변수들'이란 산업 내재적 특성 (제조업/기간산업), 중앙-지방정부 관계나 소유권 형태와 같은 통치구조(governing structure), 그리고 해외자본의 역할을 포함한다. 정치/경제적 전략산업이라 함은 경제적으로 다른 산업 발전에 파급적 효과가 있고 대규모 국유기업의 설립을 목표로 한다는 점, 정치적으로는 고위 당/정부 관료의 기득권보호와 정부 핵심에 강력하고 포괄적인 권력기관 형성이라는 점을 공유함을 의미한다.

구체적 연구 방법론으로 질적 연구방법을 사용하는 경우, 연구 질문이 '무엇'에 초점이 맞춰진 경우 - 예를 들면, 중국의 사회주의적 시장경제의 주요 특징은 무엇인가? - 에는 문헌조사나 서베이를 주로 사용하는 탐색적(exploratory) 접근법이 적절할 것이고, 정치학자들의 주된 연구 목적인 '왜' 그리고 '어떻게'라는 질문에 중점을 둘 경우에는 사례연구(case studies)가 선호된다.[26] 사례연구의 가장 큰 장점은 인터뷰, 문헌조사 자료,

---

24 전형적 사례, 극단적 사례, 영향력 있는 사례, 변질적(deviant) 사례, 가장 유사한 사례 등 사례선택에 관한 자세한 '기술적' 논의는 Seawright and Gerring, "Case Selection Techniques in Case Study Research"을 참조할 것.

25 산업별 기업의 선택은, 자동차 산업의 경우 소유권이 국가 경제규제 패턴에 미치는 영향을 고려하기 위해 중앙 국유기업(제일자동차), 지방 국유기업(상해자동차), 사유기업(지리자동차)을 중심으로 조사하였다. 통신서비스 산업의 경우에는 모든 기업이 중앙정부 기업이므로 필자가 현지연구를 하던 2005-2006년 당시의 여섯 개 기업을 대상으로 삼았으나, 실제로 네 개의 기업이 시장을 움직이고 있었기 때문에 조사의 대상이 된 기업은 네 개의 기업으로 볼 수 있다.

26 Yin, *Case Study Research*, p. 7.

참여관찰 등 여러 종류의 방법론적 도구들이 함께 이용될 수 있다는 데 있다.[27] 최근에는 중국연구를 포함, 비교정치 분야에서 질적 연구와 양적연구 방법을 같이 사용하는 '혼합 방법론(mixed method)'을 사용하는 연구가 증가하고 있는데, 이는 한 가지 방법론에 의존할 경우 확인할 수 없는 변수들을 포함시킴으로써 연구 주장의 타당성(validity)을 높일 수 있는 장점이 있다.[28]

특히 현지조사를 통해서 (재)개념화나 기존 이론의 발전을 목표로 한다면 심층 인터뷰가 유용한 방법론적 도구가 될 수 있다.[29] 특정 산업에 종사하는 기업가들과의 심층 인터뷰를 통해 연구자는 실제 비즈니스 현장에서 국가의 여러 경제정책과 규제가 어떻게 집행되고 있는지 구체적인 자료를 수집함으로써, 기존의 이론에서 설명해내지 못했으나 중요한 변수들을 찾아내고, 이러한 과정을 통해 이론의 발전과 보완을 도모할 수 있다.[30] 그러나 이러한 심층 인터뷰는 주관적이고 표준화되지 않은 자료라는 점, 또한 종종 삽화적(anecdotal) 이야기들의 집합이 되기도 한다는 점에서 자료의 객관성에 문제가 제기되기도 한다. 따라서 현지에서 수집한 이차적 문헌자료는 인터뷰를 통한 자료의 이러한 약점을 보완하고 자료를 해석하는데 있어 연구자에 좀 더 확신을 가져다 줄 수 있다. 필자의 경우에도, 심

27 Yin, *Case Study Research*, p. 8.

28 Melvyn Read and David Marsh, "Combining Quantitative and Qualitative Methods," in David Marsh and Gerry Stoker (eds.), *Theory and Methods in Political Science* (New York: St. Martin' Press, 2002), p. 237; Sidney Tarrow, "Bridging the Quantitative–Qualitative Divide," in Brady and Colier (eds.), *Rethinking Social Inquiry*.

29 O'Brien, "Discovery, Research (Re)design, and Theory Building," p. 32.

30 O'Brien, "Discovery, Research (Re)design, and Theory Building," pp. 27~28.

층 인터뷰를 통해 수집한 자료를 재확인하고 자료의 신뢰성을 높이기 위해 우수한 이차문헌 자료를 적극 활용하였다.[31] 여기에는 국무원 발전연구중심(国务院发展研究中心)에서 주기적으로 발행하는 내부보고서(内部资料)[32]와 사회과학원에서 발행되는 과제조 보고서가 포함된다.

가설은 가설이다: 유연성의 중요성

가설은 현지에서 길을 잃지 않고 중요한 독립변수들을 찾아내며 이러한 독립변수들과 종속변수와의 인과적 관계를 연구하는 것을 일차적 목적으로 한다. 따라서 연구자는 현지에서 발견한 새로운 아이디어와 정보에 대해 언제나 '민감하고 개방적'인 자세를 가지는 것이 중요한데, 이를 통해 연구자의 연구 주제와 이를 설명하기 위해 사용되는 이론적 분석틀이 현지조사를 통해 더욱 흥미로운 새로운 연구 결과를 도출해낼 수 있기 때문이다.[33] 초기 가설은 많은 경우 기존의 연구에 기반하여 세워지기 때문에 빠르게 변화하는 중국사회를 설명하는데 분명 한계가 있다. 따라서 '실제' 현지에서 무엇이 중요한 변수인

---

31 O'Brien, "Discovery, Research (Re)design, and Theory Building," p. 33.

32 국무원 발전연구중심의 내부보고서는 외부에서 접근이 어렵기 때문에 개인적 친분을 통한 네트워크를 활용해야 한다. 필자의 경우, 국무원 발전연구중심의 공식 웹페이지를 통해 매달 발간하는 내부보고서 중 관심 있는 보고서의 제목과 저자를 기록해 두었다가 발전연구중심에 있는 학자를 면접할 기회가 있을 때마다 문건을 요청했다.

33 Lianjiang Li and Kevin O' Brien, "Villagers and Popular Resistance in Contemporary China," *Modern China*, Vol. 22, No. 1 (January 1996); Yukyung Yeo and Margaret Pearson, "Regulating Decentralized Industries: China's Auto Industry," *China Review*, Vol. 8, No. 2 (Fall 2008).

지, 그러한 변수들이 구체적으로 어떻게 상호 작용하여 어떠한 결과를 도출해내는지를 보다 잘 설명하기 위해서는 연구자의 초기 가설은 말 그대로 '가설'이라는 점을 잊지 말아야 한다. 그러므로 현지에서 심층 인터뷰를 주된 방법론적 도구로 사용하는 연구자는 설정된 가설에 갇혀 면접대상자들을 준비된 질문의 범위에 한정시키기 보다는, 연구주제의 경계 안에서 면접대상자들이 실제 논의의 중심을 이루고 있는 이슈들에 관해서 자유롭게 논의할 수 있도록 함으로써 가설의 수정에 대한 유연성을 가지고 준비하는 것이 좋다. 이러한 중간 과정의 수정을 "연속적 정의(successive definitions)"[34] 혹은 "상호적 조정(mutual adjustments)"[35]이라고 하며, 이는 이론과 개념들은 연구의 말미에 수정될 수 있다는 점을 강조한다.[36] 존스(C. Jones)는 일찍이 정치학에서 현지조사의 중요성을 강조하며, "실행(doing)"이 많은 경우 "알기(knowing)"에 우선한다고 지적했는데[37], 이는 정부의 적극적인 시장제도화 노력에도 불구하고 공식 혹은 비공식적 경로를 통한 정부의 전략 산업에 대한 정치/경제적 규제와 감독이 여전한 중국 산업의 현지조사에서 의미하는 바가 크다고 할 수 있다.

예를 들면, 중국 정부의 자동차 산업 규제는 공식적으로는,

---

34 Abraham Kaplan, *Conduct of Inquiry: Methodology for Behavioral Science* (San Francisco: Chandler, 1964), p. 77.

35 John Gerring, *Social Science Methodology: A Critical Framework* (Cambridge, New York: Cambridge University Press, 2001), p. 231.

36 Gerring, *Social Science Methodology*, p. 231; John P. Dean, Robert L. Eichhorn, and Lois R. Dean, "Limitations and Advantages of Unstructured Methods," pp. 22~23.

37 Charles O. Jones, "Doing before Knowing: Concept Development in Political Research," *American Journal of Political Science*, Vol. 18, No. 1 (February 1974), pp. 215~228.

소유권 귀속에 따라 중앙 국유기업은 중앙 정부가, 지방 국유기업은 지방정부가 규제하고 감독하도록 되어 있다. 다시 말해 지방정부 소유의 국유 자동차회사의 경영 관리에 관해 중앙정부가 공식적으로 어떠한 규제적 권위도 행사할 수 없다. 그러나 필자의 현지조사 결과, 국가자산, 세수입, 고용 문제 등 경제/사회적으로 중요한 위치를 차지하는 산업의 지방 국유기업의 경우, 실제로는 중앙으로부터 조직되어 파견되었으나 비공식적으로 제도화된 규제기관에 의해 경영과 자산관리가 규제/감독되고 있었다.[38] 또한, 앞서 지적되었듯이, 통신 서비스 산업의 경우 (2008 정부개편 이전), 공식적으로는 정보산업부가 규제자이지만 정보산업부의 규제권위는 초규제적(supra-regulatory) 정부기관인 국가발전계획위원회(国家发展改革委员会)와 국가자산 감독관리위원회(国有资产监督管理委员会), 그리고 당에 의해서 실제로 많이 제한된다는 점을 알 수 있었다. 무엇보다도, 중국 통신서비스 산업에 대한 국가규제를 설명하기 위해서는, 초기가설과는 달리, 정보산업부가 아닌 국가자산 감독관리위원회와 통신기업들과의 정치경제적 관계를 이해하는 것이 핵심이라는 점을 현지조사를 통해 알아낼 수 있었다.[39]

이러한 예상치 못한 정보는 현지에서 연구가설을 수정해야 하는 상황을 만들지만 중국 전략산업 경제규제 패턴을 유형화하고, 산업 내에서의 정부부처 간의 또한 정부-기업 간의 상호작용을 이해하는데 많은 도움을 주었다. 물론 이러한 자유 해답식의 연구 설계는 연구자가 본래 제기한 질문들에 관한 자

38 자세한 논의는 Yeo and Pearson, "Regulating Decentralized Industries: China's Auto Industry"를 참조할 것.

39 자세한 논의는 Yeo, "Between Owner and Regulator"를 참조할 것.

료가 효율적으로 수집되기 어렵다는 문제점이 지적되기도 한다.[40] 그럼에도 불구하고, 개방형의 가설설정이 중국 현지조사에서 유용한 이유는 정부의 정책집행과 규제가 '실제' 산업 현장에서 어떻게 행사되는지를 보다 잘 설명할 수 있기 때문이다. 요컨대, 현지조사를 설계하는 데 있어 초기 가설은 분명 연구자가 길을 잃지 않도록 방향을 제시하는 나침반의 역할을 한다. 그러나 연구자는 현장에서 이러한 가설에 매여 새로운 개념과 이론 설립으로 나아갈 수 있는 기회를 놓쳐서는 안 될 것이다.

파일럿 리서치와 소속기관의 유용성

파일럿 리서치(초기조사 또는 사전조사)는 연구자가 현지에서의 시간을 최대한 효율적으로 이용하고 심층 인터뷰나 서베이를 보다 잘 준비할 수 있도록 돕는 것을 목적으로 한다는 점에서, 본격적인 현지조사 이전에 파일럿 리서치를 수행할 수 있다면 이상적일 것이다. 파일럿 리서치를 통해 연구자는 선택한 연구 사례, 방법론적 수단이 적절한지를 사전에 점검함으로써 잠재적 장애물과 문제점을 개선하여 보다 효율적인 현지조사를 설계할 수 있다. 이러한 파일럿 리서치는 질적/양적 연구방법 모두에 사용될 수 있으며 규모가 큰(large-N) 연구의 경우 본 연구 이전에 여러 번의 파일럿 리서치가 수행되기도 한다.[41] 또한 파일럿 리서치를 통해 연구자는 상대적으로 연구가 많이 이루

40 Garry King, Robert O. Keohane, and Sidney Verba, *Designing Social Inquiry: Scientific Inference in Qualitative Research* (Princeton: Princeton University Press, 1994), p. 141.

어지지 않은 소재에 관한 질적 자료를 수집하고 분석할 수 있을 뿐만 아니라, 여기서의 결과를 바탕으로 이후 양적 연구를 설계할 수도 있다.[42] 이러한 파일럿 리서치의 중요성을 구체적으로 정리하자면 다음과 같다.[43]

가. 본 연구의 실행 가능성을 일차적으로 평가해 볼 수 있으며,

나. 표본 집단과 연구방법의 기술적 문제의 효율성을 사전에 검토할 수 있으며,

다. 구체적 연구주제에 관한 역사적 배경, 쟁점 사항의 논의 흐름, 정책형성 과정 등에 관한 이해를 높일 수 있으며,

라. 수집된 예비 자료를 바탕으로 연구 질문, 가설, 현지조사 계획을 구체화시키고 발전시킬 수 있으며,

마. 본격적인 현지조사 이전에 연구과정의 다양한 경우의 수에 노출시킴으로서 연구자를 훈련시키는 기회가 되기도 하며,

바. 연구자금(funding)을 지원하는 경우, 파일럿 리서치가 수행된 연구계획서는 연구자가 충분한 준비를 바탕으로 필요한 지식과 현지 정보, 그리고 열

---

41 Edwin R. van Teijlingen and Vanora Hundley, "The Importance of Pilot Studies," *Social Research Update*, Issue 35 (Winter 2001), p. 2; *Social Research Update*는 University of Surrey (England)의 사회학과에 발행되는 온라인 저널로서 질적/양적 방법론에서 사용되는 구체적 접근법과 이슈들에 대한 논의를 소개하고 있다. http://sru.soc.surrey.ac.uk/를 참조할 것.

42 Abbas Tashakori and Charles Teddlie, *Mixed Methodology: Combining Qualitative and Quantitative Approaches* (California: Sage, 1998), p. 47.

43 Teijlingen and Hundley, "The Importance of Pilot Studies," p. 2.

의를 가졌다는 점을 보여줌으로써 실행 가능하며 연구재정을 지원할 가치가 있다는 점을 위원회에 확신시키는데 많은 도움을 제공할 수 있다.

기회가 된다면 연구하고자 하는 특정 지역을 학회나 워크샵 등의 기회를 이용하여 짧게라도 방문하는 것이 가장 좋겠지만, 그렇지 못할 경우 차선책을 고려할 수 있다. 중국연구의 경우, 이러한 파일럿 리서치를 수행하기에 가장 이상적인 곳이 홍콩중문대학의 'Universities Service Centre for China Studies(USC, 中国研究服务中心)'라고 할 수 있다. 산업을 사례연구로 선택하는 경우, 여러 가지 종류(이를테면, 종합적, 지역별, 주제별, 기관별)의 통계자료[44]를 참조해야 되는 경우가 많은데, USC는 홍콩의 다른 대학에서 소장하고 있지 않은 여러 통계자료가 일목요연하게 정리되어 있다. 북경과 상해의 국립도서관에서 통계자료를 찾아 본 경험과 비교했을 때, USC에서 필요한 문서자료를 정리하는 것이 현지에서의 시간을 절약하는데 많은 도움이 될 뿐만 아니라 더 체계적으로 자료를 정리할 수 있다.[45] 또 다른 장점으로 USC는 대륙에서 전문화되어 발행되는 산업별 신문들

---

44 中國國家統計局,『中國統計年鑑』(北京: 中國統計出版社, 每年);『中國國有資産年鑑』(北京: 中國經濟出版社, 1998~2004);『中國國有資産監督管理年鑑』(北京: 中國經濟出版社, 2005~2008); 中國氣差技術研究中心等編,『中國氣差工業年鑑』(北京: 机械工業出版社, 1984~2009); 張受國 主編,『中國信息报告 2000』(安徽: 安徽人民出版社, 2001); 中國电子信息産業發展研究院 編,『中國信息産業發展報告 2006~2007; 2007~2008』(北京: 國際數字全媒, 2007, 2008).

45 북경과 상해의 국립도서관에서의 통계자료의 열람은 자료를 신청한 이후, 사서가 전달하는 제한된 권수의 자료를 열람할 수 있다. 따라서 연구자는 매번 필요한 목록을 신청하고 기다리고 하는 과정을 반복해야 하는데, 이후의 자료의 복사를 위한 대기 시간까지 포함하면 상당한 시간의 소모가 아닐 수 없다.

(예를 들면, 『中国汽车报』, 『中国民航报』)과 정부 내부자료로 발행되는 저널들(예를 들면, 『内部参考』, 『经济研究参考』)[46]을 소장하고 있다. USC에서 파일럿조사를 통해 정책 혹은 관련 법규의 주요변화, 쟁점사항, 중국현지 전문가들의 분석과 전망 등을 주의 깊게 살펴봄으로써, 현지 인터뷰에서 보다 적절하고 심도 있는 질문들을 준비할 수 있을 뿐만 아니라, 집중적으로 조사할 사항들을 분명하게 함으로써 보다 효율적이고 생산적인 현지조사를 설계할 수 있다.

중국현지조사 연구자를 고민하게 만드는 또 다른 이슈로서 소속기관 여부 문제가 있다. 이에 대해 학자들마다 서로 다른 견해를 보일 수 있는데, 필자는 기본적으로 특정한 연구기관에 소속되어 있는 것이 현지조사에 있어 상당한 도움이 된다고 생각한다. 반드시는 아니지만 관련 연구소에 소속됨으로써 현지 학자들과 주기적 소통을 할 수 있고, 이를 통해 인터뷰, 서베이, 참여관찰 등을 위한 소중한 인적 네트워크를 만들어 나갈 수 있기 때문이다. 특히, 중국에서의 관계(关系)의 중요성을 고려할 때 이는 성공적인 현지조사를 위한 중요한 "자산(assets)"을 제공함에 틀림없다. 산업단위에서 현지조사를 하는 경우, 사회과학원의 공업경제연구소(工业经济研究所)나 세계경제정치연구소(世界经济與政治研究所)에 기반을 둘 수 있으며[47], 여기서 인연을 맺

46 최근에는 홍콩의 대학 도서관 온라인상으로 다운로드가 가능한데, City University of Hong Kong의 경우, "중국정기간행물 전문데이터베이스(中國期刊數据库)"를 통해 이러한 내부보고서 뿐만 아니라 대륙에서 발간되는 주간/월간 저널의 검색이 가능하다. 이 데이터베이스는 1994년부터 현재까지 발간된 중국 국내 8200 여개의 종합정기간행물과 전문영역별 정기간행물의 전문을 제공하고 있다. 다만, 데이터베이스 접근을 위해서는 도서관 아이디가 필요하기 때문에 대륙에서의 현지조사 이전 혹은 이후, 홍콩을 방문하는 경우 방문자 열람증을 신청하여 서비스의 이용이 가능하다.

은 학자들의 소개로 중국사회과학원의 다른 관련 연구소(예를 들면, 정치학연구소(政治学研究所)나 법학연구소(法学研究所)), 국무원 발전연구중심, 북경/청화/인민대학, 그리고 산업내의 개별 기업들과 인터뷰할 수 있는 기회를 얻을 수 있다.[48] 외국 연구자의 경우, 중국의 국유기업에 접근할 수 있는 통로가 상당히 제한되어 있는 것이 사실이다. 그렇기 때문에 '중간 매개체(stepping stone)'로써 국책 연구소와의 연계가 더욱 절실하다. 중국의 많은 국유기업(심지어 사유기업도) 국무원 발전연구중심의 학자들에게 정책조언을 부탁하거나 사회과학원의 연구소들과 공동 프로젝트를 진행하는 경우가 많기 때문에 기업들과 긴밀한 관계를 유지하고 있다. 이러한 점을 고려할 때, 산업단위에서 기업을 방문조사하는 경우 국책연구소의 관료/학자들의 소개를 통해 적지 않은 도움을 받을 수 있다.[49]

47 필자의 경우, 학위논문을 준비하며 처음 현지조사를 준비하던 시기에는 당시 학과에 방문학자로 오시는 중국학자들과의 교류를 통해 이후 소속기관을 구하는 과정에서 도움을 받을 수 있었다. 현지조사를 수행하며 형성한 인적네트워크는 지속적인 현지연구를 요하는 중국연구의 경우 매우 소중한 자산임에 틀림없다.

48 대다수의 면접대상자들이 '소개'가 없었다면 면접에 응하지 않았을 것이라고 말했다는 점을 고려하면, 이러한 인적자원(네트워크)은 중국 현지조사에서 인터뷰나 참여관찰이 중요한 방법론적 접근이 되는 경우 매우 중요한 부분을 차지하고 있다고 볼 수 있다. 보다 자세한 인적네트워크 형성과정은 4장의 현지연구실행에서 설명하였다. 또한 최근 미국의 브루킹스연구소 산하의 중국센터(John L. Thornton China Centre)와 공동으로 브루킹스-청화 공공정책 연구소를 북경 청화대에 설립하였는데, 현지조사를 할 때 방문을 고려해 볼만하다.

49 필자의 현지조사에서 제일자동차, 상해자동차, 북경/현대 자동차, 질리(吉利)자동차, 차이나유니콤 등에 대한 대부분의 접근은 이들 학자/관료들의 '소개'로 가능했으며, 그렇지 않았으면 외국연구자가 중국의 핵심 국유기업을 접근하기에는 사실 많은 제한이 있다고 할 것이다.

IV. 현지조사의 실행: 자료의 수집과 기록/저장

구체적이고 현실적인 계획목록(to-get list) 작성

계획은 언제나 수정되기 마련이다. 필요한 자료에 접근하기 위해 상대방/방문지역의 일정이 가장 우선시되는 현지조사에서 이는 더 말할 나위가 없다. 그럼에도 불구하고, 현지조사가 항상 새롭고 흥미로운 일들로 자칫하면 관심이 분산될 수 있다는 점을 고려할 때, 조사의 초기 단계부터 구체적으로 세분화되어 정리된 자신만의 현지조사 계획목록을 만들어, 이를 지속적으로 확인하고 발전시켜 나가는 것이 바람직하다.[50] 이를 통해 대략적이더라도 현지조사의 거시적인 밑그림을 그릴 수 있을 뿐만 아니라, 최소한 다음 단계에 어떤 일을 해야 하는지를 상기시킴으로써 보다 생산적이고 집중된 연구를 할 수 있다.[51] 이러한 "계획목록"은 개인적 취향과 스타일에 따라 하루, 일주일, 혹은 한 달 단위로 작성할 수 있지만, 핵심은 하루 혹은 주 단위로 진행할 비교적 작은 단위의 구체적인 작업으로 나누는 것이 좋다.

50 Evan S, Lieberman, "Preparing for Field Research" in a symposium titled "Field Research," *Qualitative Methods*, Vol. 2, No. 1 (Spring 2004), pp. 3~7; Marc Morje Howard, "Obtaining and Recording Data" in a symposium titled "Field Research," *Qualitative Methods*, Vol. 2, No. 1 (Spring 2004), pp. 7~10.

51 Howard, "Obtaining and Recording Data," pp. 7~8.

예를 들면, 둘 이상의 산업을 사례로 선택하였다면 연구자는 어떤 특정 산업을 먼저 조사할 것인지 아니면 동시에 조사할 것인지, 국책 연구기관/정부기관과 기업 중에서 어떤 순서로 방문할 것인지, 각 산업 내의 어떤 기업을 먼저 방문할 것인지, 누구의 소개로 어떻게 약속을 정할 것인지 등 대략적인 동시에 세부적인 계획 목록을 작성할 수 있다. 필자의 경우, 처음 4개월은 자동차산업에, 이후 3개월은 통신 서비스산업에 집중하기로 대강의 계획을 세운 이후 세부적으로 어떤 기업을 언제 방문할지를 구체화시켰다. 북경에 현지조사 기반을 둔 관계로 북경-현대(北京-现代) 자동차 회사를 시작으로, 장춘의 제일자동차(第一汽车集团)와 제일자동차-폭스바겐(一汽-大众), 상해자동차(上海汽车集团)와 상해-폭스바겐(上汽-大众)과 상해-제너럴모토(上汽-通用), 항저우(杭州)/타이저우(台州)의 지리자동차(吉利汽

그림 5-1
정치학에 대한 접근법의 스펙트럼

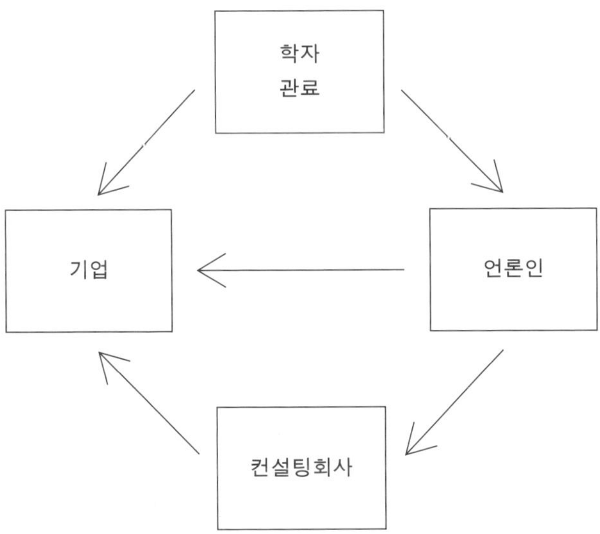

车公司), 광저우자동차(廣州汽车集团)와 광저우-혼다(廣汽-本田) 순으로 방문조사를 진행하였다. 기업방문에 앞서 국책연구소 소속 관료와 학자들을 먼저 조사하였는데, 이를 통해 국가수준(state-level)에서 정부의 전략산업 규제의 목적과 정책형성 과정, 관련 정부기관 사이의 권력관계(power relations)를 알아본 후 기업을 방문조사 함으로써 실제 산업현장에서 정책이 어떻게 집행되고 있는지 이론과 실행을 비교할 수 있었다.

인터뷰, 참여관찰, 그리고 자신만의 전략 개발

현지에서 데이터를 수집하는 과정은 종종 "조업면허증(fishing license)"으로 비유되기도 한다. 말하자면, 연구자가 어떠한 종류의 물고기를 낚을지, 그 물고기가 얼마나 커다란지는 현지조사를 하는 동안은 알기 어렵다는 이야기다.[52] 따라서 원하는 자료를 수집하기 위해서는 상당한 인내심과 끊임없는 노력이 필요하며, 동시에 연구자마다 개인의 특성과 스타일이 다르기 때문에 자신만의 전략을 발전시켜나가는 것이 필요하다. 특히, 사영기업이나 산업에 비해 국가의 정치적 규제가 상대적으로 강한 중국의 전략산업을 연구하는 경우에는 더욱 그러하다. 위의 그림 5-1은 필자가 중국의 산업단위에서 현지조사를 하면서 인터뷰를 진행했던 과정을 보여주는 것으로, 일종의 네트워크를 구성해 나가는 과정과 유사하다. 초기 면접조사는 관련 분야의 학자 또는 관료들과 시작하는 것이 좋다. 이는, 첫째, 특정 (산업/규제)정책에 관한 정부의 기본적인 방향과 목적을 우

52 O'Brien, "Discovery, Research (Re)design, and Theory Building."

선 (산업현장을 조사하기 전에) 점검할 수 있고, 둘째, 정책조언 등을 통해 국유기업의 간부들과 친밀한 관계를 유지하고 있는 주요 국책연구소의 관료/학자들이 연구자가 방문하고자 하는 기업의 비교적 연륜이 쌓인 고위 기업간부들을 소개해 줄 수 있으며, 셋째, 신문 혹은 관련 전문 잡지(예를 들면, 『汽车工业研究』, 『能源』 등)의 언론인을 소개받을 수도 있으며, 마지막으로, 매년 정기적으로 개최되는 산업별 회의에 참석하여 참여관찰의 기회를 얻을 수 있기 때문이다.[53] 이러한 회의에 참석함으로써 학자/관료들과 기업인들의 관심의 초점이 무엇인지, 이에 대한 기업의 반응들은 어떠한지 관찰할 수 있다. 특히, 이러한 연례 회의에는 업계의 대부분의 기업이 참석하기 때문에 이는 기업인들과 네트워크를 구축하기에 더할 수 없이 좋은 기회다.[54]

또한, 중앙 정부기관(예를 들면 국가자산관리위원회)이나 상대적으로 민감한 기간산업의 대규모 중앙 국유기업(예를 들면, Sinopec, China Mobile)의 경우, 중국 연구자나 언론인들도 인터뷰를 하기가 쉽지 않다고 한다. 이럴 경우에는 국무원 발전연구중심의 관련 학자들과 정부기관/기업들의 출입기자들을 인터

53 이러한 내부회의는 초대장 없이는 입장이 불가능하기 때문에, 이러한 경우가 아니면 참여관찰을 할 수 있는 경로가 상당히 제한되어 있다고 볼 수 있다.

54 예를 들어 자동차산업의 경우, 필자는 사회과학원의 산업경제연구소를 통해 장춘에 위치한 제일자동차(第一汽车) 제일자동차-폭스바겐과 북경-현대회사를 방문할 수 있었고, 국무원 발전연구소중심의 산업경제연구소를 통해 상해자동차의 상해자동차-폭스바겐을, 북경청년보(『北京青年报』)의 기자를 통해 상해자동차-제너럴모터스의 기업인들을 만날 수 있었다. 또한 국무원 발전연구소중심 산업경제연구소의 도움으로 선양에서의 자동차산업 연례회의와 북경에서 『中国汽车报』 주관으로 개최되는 연례회의에 참여하여 관찰할 수 있는 기회를 얻을 수 있었다. 더욱이, 이들 회의를 통해 광주자동차의 광주-혼다, 사유기업인 지리자동차를 이후에 방문할 수 있는 네트워크를 형성하는 데에도 많은 도움이 되었다.

뷰함으로써 간접적이지만 상당히 신뢰할 만한 자료를 수집할 수 있다. 예를 들어, 국무원 발전연구중심의 기업연구소 학자들은 정기적으로 중앙 국유기업들의 이사회 회의를 참관하고 정책보고서를 작성하기 때문에,[55] 이들 기업들의 내부 의사결정 과정과 이사회와 당위원회 간의 권력관계 이해에 관해 중요한 정보를 제공할 수 있다.

이와 함께, 중국 산업현장에는 적지 않은 외국기자들이 특파원 또는 프리랜서의 신분으로 활발한 활동을 하고 있으며, 이들은 또한 국외 컨설팅 회사와 취재원으로서 긴밀한 관계를 유지하고 있다.[56] 컨설팅 회사의 경우, 업계의 다양한 기업들과 일을 한 경험이 있기 때문에 산업에 대한 전반적인 밑그림을 그릴 수 있을 뿐만 아니라, 개별 기업에 관해서도 구체적인 정보를 가지고 있다는 장점이 있다. 따라서 컨설팅회사의 경우 이러한 폭 넓은 교류를 통해 연구자가 기업들의 중앙/지방 정부와의 다양한 상호작용을 이해하는 데 많은 도움을 제공할 수 있다.

인터뷰는 자유 해답식(open-ended)의 반구조화된(semi-structured) 방식으로 진행되었는데, 이러한 방식은 면접대상자로 하여금 주어진 질문에 대해 비교적 자유롭게 이야기를 끌어나갈 수 있도록 함으로써,[57] 연구 설계 당시 생각해내지 못했지만 중요한 독립변수를 발견하고, 더욱 흥미로운 결론을 도출

---

55 필자의 발전연구중심 기업연구소 학자와의 인터뷰, 북경(2009년 7월).

56 필자의 경우, 외국 기자의 소개로 상해에서 AT Kerney Consulting 회사의 상해 지점 부회장을 인터뷰할 수 있는 기회를 얻을 수 있었다.

57 이러한 "Guided monologues" 접근법에 관한 자세한 설명은 Aaron Wildavsky, *Craftways: On the Organization of Scholarly Work* (New Brunswick, New Jersey: Transaction Publishers, 1989), pp. 77~78을 참조할 것.

해 내는데 도움이 된다.[58] 물론, 대화의 방향이 지나치게 다른 방향으로 흐를 경우에는 적절한 질문을 던짐으로써 일정한 범위 안에서 그러나 틀에 얽매이지 않은 심층 인터뷰(bounded but open-ended in-depth interview)를 하는 것이 중요하다. 이러한 심층 인터뷰 방식은 특히 상대적으로 민감한 전략산업에서의 국가의 정책/역할이라든지, 이들 대규모 국유기업에서의 당의 공식/비공식적 영향을 조사하는데 있어서 유용한 접근 방법이라고 볼 수 있다.[59]

자료의 기록과 저장: 지속적인 타협과 교환(trade offs)

인터뷰의 기록 방식은 인터뷰 대상과 주제에 따라 결정하는 것이 바람직하다. 예를 들면, 주된 인터뷰 대상자가 숨길 정보가 별로 없는 일반 시민들이거나 정치적으로 덜 민감한 주제를 다루는 경우에는 녹음을 하는 것이 자료의 정확성을 위해 적절할 수 있다. 그러나 고위관료/학자와 같은 엘리트를 대상으로 '정치적인 질문'(예를 들면, 당의 국유기업 인사에서의 영향력 혹은 당과 국가발전계획위원회의 관계)을 하는 경우 녹음은 인터뷰 대상자를 불편하게 하거나 지나치게 조심하게 만들 수 있으며, 결국 인터뷰 없이도 수집할 수 있는 프로파간다와 같은 내용만

---

58 O'Brien, "Discovery, Research (Re)design, and Theory Building."

59 예를 들면, 필자가 상해자동차-폭스바겐의 선임 매니저와의 심층 인터뷰를 통해, 기존의 연구결과와 달리 지방정부 소유의 국유기업이라 할지라도 전략적으로 국가 경제발전에 중요한 역할을 하는 (혹은 지표가 되는) 경우 중앙으로부터 규제/감독이 비공식으로 제도화된(소위 "순시조(巡視組)") 경로를 통해 직접적으로 관리/감독되고 있다는 흥미로운 사실을 발견할 수 있었다. 자세한 논의는 Yeo and Pearson (2008)을 참조 할 것.

을 녹음하는 일이 발생하기 쉽다.[60] 필자의 경우에도 초기에는 자료의 정확성과 완전성을 위해 인터뷰 대상자의 동의하에 인터뷰 내용을 녹음하였다. 그러나 인터뷰 대상자들이 형식적인 대답을 제공하는 데 그치는 경우가 많았을 뿐 아니라, 녹음하지 않은 경우와 비교했을 때 질문의 폭이 상당히 제한된다는 것을 인식한 이후부터는 녹음 없이 인터뷰를 진행했다. 요컨대, 인터뷰를 녹음하는 경우에는 놓치는 부분 없이 인터뷰 내용을 완전하고 정확하게 기록할 수 있다는 데 장점이 있지만, 그 내용이 핵심을 파고들지 못하고 주변을 맴도는 비생산적 자료가 될 수 있는 위험이 있다. 이와 더불어, 인터뷰를 녹음하는 경우 녹음된 내용을 다시 듣고 정리하는 녹취(transcription)의 과정이 예상보다 상당한 시간과 비용을 요구한다는 점도 제한된 시간 내에 최대한 생산적인 현지조사를 해야 하는 연구자로서는 고려해 보아야 할 점일 것이다. 인터뷰 당시에는 주요 키워드를 위주로 기록한 후에, 인터뷰 이후 곧바로 휴대용 컴퓨터에 정리하는 방식을 택했다. 참여관찰을 하는 경우에도 같은 방식으로, 회의 중에는 핵심어 위주로 노트필기를 한 이후 회의가 끝나면 곧바로 컴퓨터에 기록하여 저장했다.

현지조사는 이와 같이 끊임없는 '타협'의 과정이라고 할 수 있다. 가능한 한 현지조사 초기 단계에, 인터뷰를 녹음할 것인가의 문제부터, 문헌조사의 경우 대규모의 문서자료를 복사할 것인지, 스캔할 것인지, 아니면 노트필기를 할 것인지 등을 연구자의 스타일과 연구주제의 성격을 고려하여 결정하는 것이 좋다. 문서자료의 수집방식에 관계없이 가장 중요한 점은 수집

60 Howard, "Obtaining and Recording Data," p. 8.

당시의 정보에 대한 초기 반응(initial reaction) 혹은 생각을 간략하게라도 기록하는 것이다.[61] 이는 과중한 문서자료의 수집을 예방할 수 있을 뿐만 아니라, 현지에서 혹은 이후 현지조사를 마무리하고 돌아온 이후에도 연구자가 왜 자료를 수집했는지, 이 자료를 통해서 얻고자하는 바가 무엇이었는지를 상기시킴으로써 그 자체로서 가치 있는 자료가 될 수 있다.

V. 자료의 분석과 글쓰기: 현지보고서와 추적 인터뷰의 유용성

현지에서 수집한 자료의 분석을 언제, 어떻게 시작할 것인가? 수집된 자료의 분석과 글쓰기는 아마도 연구자가 현지조사를 통해 발견한 새로운 지식을 확인할 수 있는 가장 좋은 방법일 것이다. 연구자는 조사가 마무리될 때까지 수집한 자료의 분석을 유예하기보다는, 현지조사를 진행하는 동안에도 주기적으로 하는 것이 바람직하다. 혹자는 학습과정을 뒤돌아볼 수 있다는 점에서 개인적 느낌과 경험을 기록한 현지조사 일기(field work diary)의 중요성을 제안하지만[62], 여기서는 수집된 자료를

---

61 Julia Lynch, "Tracking Progress While in the Field," in a symposium titled "Field Research," *Qualitative Methods*, Vol. 2, No. 1 (Spring 2004), pp. 10~11.

62 Elin Soether, "Fieldwork as Coping and Learning," in Maria Heimer and Stig Thøgersen (eds.), *Doing Field Research in China* (Honolulu: University of Hawaii Press, 2006).

보다 '분석적'으로 정리하여 설계 당시 세웠던 가설과 질문들을 (중간)평가하는 현지조사 리포트(field research report)의 작성이 보다 유용하다는 점을 이야기하고자 한다.

분석적인 현지조사 리포트는 첫째, 자료의 분석과 이후 본격적인 글쓰기의 시작이 될 뿐만 아니라, 둘째, 현지조사 진행 과정과 수집된 자료를 주기적으로 점검 평가함으로써 연구 질문과 주요 개념의 정의를 '현지에서' 더욱 구체화할 수 있으며, 셋째, 다음 단계에서 집중 또는 보강해야 할 자료가 무엇인지 결정하는데 참고할 근거 자료가 될 수 있기 때문이다. 사실, 데이터의 수집이 완료될 때까지, 이를테면 현지조사가 끝날 때까지, 연구 질문에 대한 최종결론을 알 수는 없지만, 연구가 제대로 궤도에 있는지를 지속적으로 점검하기 위해서 연구 진행상황을 주기적으로 평가하는 것은 중요하다.[63] 즉, 현지조사가 완료되기 전에 진행상황을 점검할 어떠한 평가의 기준(yardstick)이 없는 경우, 현재 가지고 있는 정보에만 의지하게 되어 비효율적이고 생산적이지 못한 정보수집이 될 수 있다. 현지조사 보고서의 중요성은 바로 여기에 있다.[64] 다음의 표 5-1은 필자가 첫 번째 현지조사 보고서를 작성하면서 만든 것으로서, 두 전략산업에서의 정부-기업 관계와 국가규제 패턴을 비교분석한 것이다. 이렇게 현지에서 스스로 질문하고 대답하는 표를 작성함으로써, 수집한 자료를 보다 입체적으로 분석하고, 남은 기간의 현지조사를 보다 효율적으로 계획할 수 있다.

두 번째 보고서를 작성하면서 특히 각 산업별 당/정부-기업 간의 관계를 그림으로 도식화하는 연습을 했는데, 이는 우

---

63 Lynch, "Tracking Progress While in the Field," p. 12.

표 5-1
현지에서의 자료의 초기 분석

정부 기업 관계의 유형/차원	자동차	통신서비스
해당 산업부문(sector)은 기업 정책을 작성해 왔는가?	그렇다. (NDRC작성)	그렇다. (NDRC작성)
중앙 정부의 규제 유형	비공식적 규제기관인 순시조(巡视组)와 국가개발계획위원회의 여러 승인 권한.	공식적으로는 MII, 그러나 실제적으로는 규제자로서의 권위가 약함.
지방 정부의 규제 유형	* 지방 SASAC/NDRC 지방소유의 자동차회사에 대한 정책결정과 자산관리를 하게 됨으로써 중앙정부로부터 상당한 자율성을 행사. 그러나, 이러한 지방정부들이 중앙 SASAC와 NDRC로부터 파견되었으며 중앙 정부에 보고 할 의무를 가짐. * 대부분의 지방정부 소유의 국유기업에 종사하는 경영인들(심지어 상해 폭스바겐 회사)도 중앙정부의 정책이 지방정부보다 중요하다고 답함. 이는 자동차 산업에서 행정/ 재산권이 상당히 분권화되어 발전했음에도 불구하고, 중앙정부의 지방정부 소유의 국유자동차에 대해 여전히 상당한 규제를 행사하고 있음을 의미함.	지방정부는 권한이 없다. 대신, 각 성(provincial)단위의 지방정부 산하의 통신관리국(Telecom Management Bureau)이 중앙의 MII로부터의 정책을 집행.

* NDRC: 국가발전계획위원회 (国家发展改革委员会, National Development and Reform Commission); SASAC: 국가자산 감독관리위원회 (国有资产监督管理委员会, State–owned Assets Supervision and Administration Commission); MII: 정보산업부 (信息产业部, Ministry of Information Industry)

이러한 규제 유형들은 산업부문내의 회사들에서 일관되는가?	동일한 규제/감독 구조를 통해 대부분의 지방정부의 시장규제 양식은 유사. (이것이 아마도 이 산업부문의 분권화된 권위 관계에도 불구하고 중앙규제가 이뤄지고 있다는 신호 중의 하나라고 여겨짐.)	지방단위의 통신관리국은 유사하게 행위함.
핵심 정부기관은 어디?	NDRC	MII
중앙 정부기관의 규제 목적	해외합작 투자(Joint Venture)에 참여/국내 자동차 회사들의 경쟁력을 증대.	반독점, 과도 경쟁을 규제, 국가안보 보호.
기업의 소유권은 어디에?	중앙정부: 두 개의 자동차 회사를 소유 이는 중앙 SASAC가 이들 중앙소유 국유자동차회사의 자산을 관리함을 의미; 지방정부: 질리(吉利) 자동차기업 유일한 사유자동차기업 을 제외한 나머지를 소유.	6개의 통신회사 모두 중앙정부가 소유권을 가진 중앙국유기업이기 때문에 (2005~06년 기준) 중앙 SASAC가 통신기업들의 자산을 관리.
정부에 의해 이용된 특정한 도구들은 무엇인가?	중앙정부: 해외합작투자를 격려하기 위한 세금 정책; 지방정부: 생산기반 설립을 돕기 위해 저렴한 땅, 인적자원 등을 제공.	없음.
정부, 중심체(body), 회사(firms)의 관계	* NDRC 회사: NDRC가 초대한 주요 자동차 회사들은 NDRC 산하 산업부에 의해 형성된 정책 초안에 대한 토론에 참여, 정책형성에 의견을 제시할 수 있는 기회를 가짐. * SASAC 국유기업: 중앙소유 자동차회사 (제일자동차와 동팡자동차)의 자산을 직접 관리; 지방SASAC를 통해 지방소유의 자동차회사의 자산을 간접적으로 관리.	SASAC 통신기업: SASAC은 모든 통신기업들의 자산을 관리할 뿐만 아니라, 그들의 "코치" 역할도 함.

선 연구자로 하여금 현지조사를 통해 발견한 결과를 분석적으로 정리하는 데 도움이 될 뿐만 아니라, 독자로 하여금 개별 산업을 지배하는 제도적 구조와 정부-기업-당 간의 권력관계를 입체적으로 들여다보고 이해할 수 있게 하는 데 유용했다. 실제로, 현지조사 보고서에서 만들었던 도식들은 필자가 이후 논문을 쓰는 과정에서 각 장의 내용을 조직하는 데 도움이 되었으며 출판된 연구논문에도 사용되었다.[65)]

마지막으로, 현지조사 이후의 글쓰기 단계에서 추적 인터뷰의 유용성을 지적하고자 한다. 많은 경우, 현지를 떠나 자료를 정리하고 본격적으로 글을 쓰는 과정에서 더욱 구체적이고 때로는 결정적으로 중요한 (문서자료로는 알기 어려운) 질문이 생기는 경우를 경험해 보았을 것이다. 필자의 경우, 학위논문을 쓰는 과정에서 뿐만 아니라 이후에도 국무원 발전연구중심, 사회과학원, 컨설팅회사의 사람들과 지속적으로 서신으로 질의-응답을 교환하였는데, 어떤 경우에는 현지에서의 인터뷰보다 더 구체적이고 생산적인 정보를 수집할 수 있었다. 상대방의 반응

---

64 필자의 경우, 학위논문을 위한 현지조사를 하던 당시 두 번의 현지조사 보고서를 작성하였다. 첫 번째 보고서는, 일종의 중간평가(mid-term) 보고서의 성격으로, 계획했던 현지조사의 중간 시점에 그동안 조사를 진행했던 산업, 기업, 단체(institutions), 도시, 인터뷰 대상자 규모, 참석했던 회의/이벤트 등을 정리하고, 연구 질문과 가설에 관해서 그동안 수집된 자료를 바탕으로 개괄(mapping)하고, 분석하고, 비교 정리할 수 있는 좋은 기회였다. 특히, 학위논문의 경우 이러한 보고서를 통해 지도교수와 현지조사 진행상황을 중간점검하고, 초기 연구 설계/가설과 다른 결과에 직면했을 때 이를 어떻게 해석할 것인지, 연구 질문(혹은 가설)을 어떻게 재정의할 것인지와 같은 문제를 '현지(field)에 있는 동안' 상의할 수 있다는 점에서 매우 중요하다. 이러한 생산적인 조언은 관련 분야의 현지연구의 경험이 많은 학자 혹은 동료들과의 지적인 교류를 통해 지속시켜 나가는 것이 유익하다.

65 Yeo and Pearson, "Regulating Decentralized Industries: China's Auto Industry"; Yeo, "Between Owner and Regulator"를 참조할 것.

을 미리 고민하고 주저하기 보다는 적극적인 자세를 가지는 것이 바람직하지만, 이러한 추적 인터뷰에도 몇 가지 기억하면 좋은 점들이 있다. 첫째, 연구자가 현재 진행하는 연구를 매우 간략하게 설명하는 것이 좋다. 둘째, 질문이 명료해야 하며, 상대방의 답변이 왜 중요한지에 대해 설득력 있게 쓰는 것이 필요하다.[66] 셋째, 기술적인 문제로, 상대가 중국인인 경우 보다 상세한 답변을 듣기 위해서는 중국어로 의사소통 하는 것이 중요하다. 필자는 이러한 집중적인 추적 인터뷰를 통해 현지조사에서 불충분했던 자료를 보완하고 불분명했던 개념, 정치적 관계 등을 명확히 함으로써 연구수준을 향상시키는 데 언제나 많은 도움을 받을 수 있었다.

VI. 맺음말

산업단위에서 엄밀한 현지조사를 바탕으로 중국의 국가-사회관계에 관한 인상적인 연구 성과를 발표한 케네디(S. Kennedy)는 "중국에서의 현지연구가 전문가로서의 삶에서 가장 좌절스러운 경험중의 하나가 될 수 있다"고 고백하고 있다.[67] 중국에서 현지조사를 처음으로 진행하던 나에게 당시 이 짧은 한 문장이 가져다주었던 용기와 일종의 동질감은 현지조사 기간 동

66 Wildavsky, *Craftways*, p. 69.

67 Kennedy, *The Business of Lobbying China*, p. xi.

안 많은 힘을 주었던 것으로 기억한다. 이러한 개인적인 경험을 연유로, 필자는 중국에서의 현지조사 과정에서 부딪히는 고민과 좌절들을 이후에 동학들과 공유하는 것이 중요하다고 생각하는데 그 이유로는 첫째, 현지조사 과정에서 발생하는 예기치 않은 난관과 좌절들이 실패를 말하기보다는 '배움'의 과정이라는 점과 둘째, 이러한 지혜를 서로 공유함으로써 보다 생산적인 연구를 설계하고 실행하는데 상호 도움을 줄 수 있다는 점을 들 수 있다. 이처럼 현지조사는 많은 경우, 예기치 않은 상황을 언제나 예상함과 동시에 이에 대한 유연성 있는 대처를 필요로 한다. 이와 더불어, 이 글에서 논의한 것처럼 방법론적 기술들과 쟁점들을 숙지하며 세우는 '전략적 연구계획'과 이에 따른 '통찰력'은 성공적인 현지조사를 위한 유용한 밑거름이 된다는 점을 기억해야 할 것이다.

또한, 현지조사를 하는 과정에서 연구자를 끊임없이 고민스럽게 만드는 점은 아마도 과연 얼마나 많은 사람을 만나야 하며, 어느 정도의 현지조사 기간이 필요한가의 문제일 것이다. 처음 현지조사를 하던 당시, 중국 산업을 연구한 다른 학자들의 인터뷰 숫자를 보면서 불안해 했던 기억이 생생하다. 물론 연구문제의 성격과 개인적 특성에 따라 다를 수 있기 때문에 이에 대한 이상적인 가이드라인을 제시하기는 어렵다. 주장의 근거가 되는 자료의 타당성을 높이기 위해서는 많은 인터뷰 숫자와 오랜 기간의 현지조사를 통한 방대한 자료의 수집이 중요한 것도 사실이나, 많은 시간과 노력을 투자한 현지조사가 특히 산업단위에서 — 실제 연구 성과로 이어지기 위해 중요한 몇 가지 점을 지적하며 글을 맺고자 한다. 우선, 자료의 수집보다 더 중요한 것이 바로 수집한 자료를 어떻게 '활용'할 것인가의 문제라고 할 수 있다. 산업단위의 경우, 수집한 자료를 분석적으로 정리하는 데 있어, 국가(정부/당)-산업-기업 단위로 나누어 개별 이슈영역(예를 들어, 가격정책이나 해외투자정책)별로 정책결정과정과 권력관계 등을 지속적으로 '개괄(mapping)'해 보는 것도 하나의 방법이 될 수 있다. 이러한 연습을 통해 수집한 자료를 좀 더 입체적으로 볼 수 있는 시각을 늘릴 수 있다. 이와 더불어, 이미 수집한 자료를 바탕으로 큰 이론적 질문을 던지는 것이 중요하다. 중국 현지조사에서 발견한 경험적 근거와 신선한 통찰들이 기존의 중국정치 연구뿐만 아니라 비교정치 이론과 개념의 발전에 어떠한 새로운 이론적인 기여를 할 수 있는지를 지속적으로 고민하며 스스로에게 질문을 던짐으로써, 경험적 자료에 근거한 이론적으로 유익한 연구 성과를 현지조사를 통해 거둘 수 있을 것이다.

제6장
중국 도시 기층 단위에서의 현지조사 방법

정유선

I. 서론

논문 작성을 위한 현지조사는 기나긴 박사과정 중에서 가장 흥미진진한 부분이면서 동시에 가장 힘든 부분이기도 했다. 필자의 경험에 비추어 보면 현지조사가 주는 도전은 크게 두 가지로 요약된다: (1) 현지에 나가기 전 나름대로 준비를 한다고 하지만 얼마만큼 준비를 해야 충분할지 알 수 없다는 것. (2) 막상 현지에 도착해 조사를 진행하면서 예상치 못한 여러 가지 돌발 상황을 만나 연구의 틀을 수정해야 한다는 것. 설레임 반 걱정 반으로 현지에 도착해 조사를 진행하면서, 과연 연구가 계획대로 진행 가능한 것인지 얼마만큼의 성과를 거두고 돌아갈 수 있을지 머리 싸매고 고민했던 필자의 경험을 되돌아 보면서 본 장에서는 예비조사, 인터뷰, 서베이의 연구 방법을 다루기로 한다.

본 장은 다음과 같이 구성되어 있다. 2절에서는 필자의 논문 프로젝트에 대해 간략하게 소개한다. 어떠한 문제의식을 가지고 '무엇을' 조사하려고 하였는가에 관한 기술이다. 3절과 4절에서는 본격적인 연구방법으로서 예비조사, 인터뷰, 서베이를 '어떻게' 계획하고 실행했는가 필자의 현지조사 경험을 나눈다. 5절에서는 현지조사를 글쓰기에 유효한 경험으로 만들기 위해 현지조사 후 이루어져야 할 후속조치는 무엇인가와 관련된 몇 가지 제언을 추가한다.

II. 논문 프로젝트 소개

현지조사 경험을 기술하기에 앞서 필자의 논문 프로젝트에 대해 잠시 소개하기로 하자. 필자의 박사논문[1]은 주택개혁 이후 사적 재산 및 소유권의 출현으로 인해 중국 대도시에서 전통적인 국가-사회관계가 어떻게 변화하고 있는가를 살펴보는 프로젝트이다. 사회주의 국가인 중국에 "주택개혁"이 가져온 파장은 비단 경제적인 영역에 그치지 않는다. 주택개혁, 다른 표현으로 주택 상품화는 단위제가 뒷받침하던 국가 주도형의 복지국가를 대폭 축소하고 오랫동안 복지재였던 주택의 공급과 분배를 시장을 통해 해결하겠다는 중국 지도부의 결정이다.

이에 동반되는 변화는 주택을 구매한 개인이 사적 재산에 대한 소유권을 인식하게 되는 것으로, 2007년에 통과된 물권법은 사회주의 체제 하에서 개인의 사적 재산 인정을 뒷받침하는 일견 부조리한 역할을 담당하게 된다. 단위제를 통한 광범위한 복지재의 제공이 권위주의적 통치를 가능케 하는 기반이었음을 생각한다면 국가의 통치 방식이나 시민이 국가권력을 인식하고 대응하는 방식도 대폭 변화를 겪을 수밖에 없다. 그렇다면 국가는 도시 기층 사회와 어떠한 방식으로 새로운 관계를 맺어가며 또한 새로운 사회세력이 국가권력의 통제범위로부터 벗어나지 않도록 할 수 있을까? 예를 들면, 국가권력은 도시

1 Yousun Chung, *Property–Owning Socialism in a New State–Society Relationship: Housing Reform in Urban China*, (Ph. D. Dissertation, University of Wisconsin, 2009)

업주(業主)[2]의 다양한 형태의 권리 표출—소송, 신방, 집단 행동—을 어떻게 흡수하고 통제할 것인가?

그림 6-1

도시정부의 구조

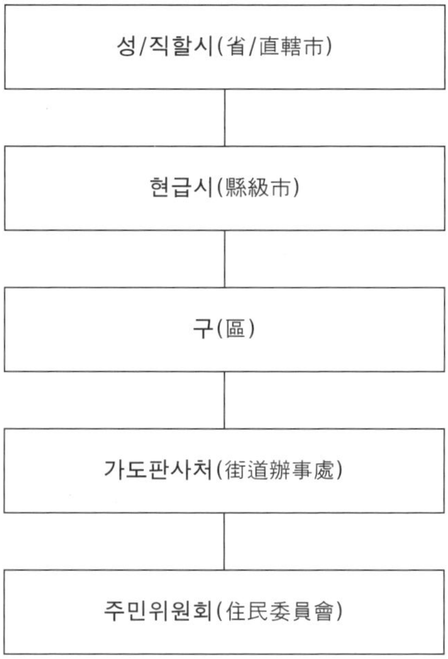

이러한 질문들에 대답하기 위해 나는 도시 기층의 세 가지 이익집단 — 주택 소유자들(업주, 소위 중산층으로 지칭되는 사회 세력), 주택 사업자들(개발업 및 물업 종사자), 기층유사정부조직(가도판사처(街道辦事處) 및 주민위원회(住民委員會))[3] — 사이의 역학 관

2 주택 소유자를 지칭한다.

3 "기층유사정부조직"라고 지칭한 이들 기관은 도시 행정체계의 근저에 있는 기관들이다. 구정부 아래가 가도판사처(街道辦事處), 그 아래가 주민위원회(住民委員會)이다. 이들 기관은 공식적으로는 종종 주민자치조직이라고 하지만 실제적으로는 정부조직의 연장이다. 이하에서는 이들을 "기층정부조직"으로 칭한다. 그림 6-1 참조.

계를 살펴보기로 했다. 여기서 간단히 짚고 넘어갈 것은 왜 "도시 기층"을 분석의 초점으로 삼느냐는 것인데 그 이유는 다음과 같이 요약된다. 첫째, 주택개혁이란 상당히 도시적인 현상이다. 이것은 농촌 토지와 도시 토지가 구분되어 관리되어 온 중국의 토지 제도의 특수성에 기인하는데, 농촌 토지는 집체가, 도시토지는 국가가 소유권을 가져왔다. 토지 개혁[4)] 및 주택 개혁은 집체 토지가 아닌 국가 소유의 도시 토지를 대상으로 한 것이다. 둘째, 단위제가 대표하는 국가주도형의 복지국가 해체가 일어나는 공간 역시 도시이다. 단위제의 해체로 인해 도시 주민들은 국가권력으로부터 예전보다 독립적인 위치를 가진 데다가 경제력·구매력을 지닌 개개인으로 재등장한다. 독립적으로 의사 결정을 하고 구매하는 개개인으로서의 도시민이 국가-사회 관계의 중요한 행위자로 등장함에 따라 이와 관련된 문제를 탐구하기 위해서는 분석 수준을 '도시 기층'으로 놓는 것이 타당하다.

우선, 업주들(주택 소유자들)은 여러 가지 측면에서 자신의 재산권이 침해당하고 있다고 인지한다. 예를 들면, 계약서상의 면적과 실제 구입한 주택의 면적이 다르다든지, 공용 면적(회의실이나 주차장)의 소유권에 대해 계약서 혹은 권리증서에 모호하게 기술해 놓아 실제로는 업주의 재산이어야 할 공간이 개발상이나 물업공사의 수중에 들어가 있다거나, 물업 공사의 관리비가 제공되는 서비스의 질에 비해 터무니 없이 비싸다든지 등

4 토지와 주택은 불가분의 관계이다. 주택개혁의 공식적인 시작은 1998년, 토지개혁은 그보다 앞선 1980년대 말로 알려져 있다. 토지 제도에 있어서 개혁적인 변화란, 예전에는 행정적인 채널을 통해 신청하고 분배 받던 토지가 정부 관할 하에 매매되는 것이다.

의 경우이다. 자신들의 권익이 침해당하고 있다는 것을 깨달은 업주들은, 개별적으로나 혹은 자신들의 조직인 업주위원회(業主委員會)를 통해 공동 행동을 통해, 침해된 재산권 및 이익을 되찾기 위한 활동들을 전개한다. 앞서 언급한 바와 같이 소송을 하기도 하고 상급 기관에 항의 서한을 보내기도 하고 집단행동을 하기도 하는데, 이러한 소위 중산층들의 의사표현이 상품화된 주택의 출현 이후 나타난 새로운 사회현상이다.

반면, 업주들의 권익 증가는 모호하게 정의된 재산권을 통해 이익을 챙겨왔던 주택 사업자들에게는 이익의 손실을 의미한다. 지방정부의 입장은 조금 더 복잡하다. 주택 개발 사업은 지방 정부의 재정에 지대하게 이바지하는 효자 사업으로 지방 정부와 주택 사업자들은 종종 긴밀한 공생 관계를 형성하는 것으로 알려져 있다. 한편, 가속화된 지방 분권화로 인해 경제적 자율권 확장 이면에 정치적인 면에서 지방 기층 사회를 보다 효과적으로 통치해야 할 책임도 커졌다. 따라서 기층에서 실질적으로 개개인의 도시 주민들과 접촉하는 기층정부조직(가도판사처 및 주민위원회)의 역할이 더더욱 중요해진다.

논문의 보다 심층적인 분석은 도시 기층의 이러한 세 종류의 이익 집단 사이의 역학 관계에 있어서 왜 베이징(北京)과 상하이(上海) 간에 차이가 발견되는가를 탐구하는 것으로 두 도시를 비교 연구했다. 베이징과 상하이 두 도시는 성급시(省級市)이며 15, 16만 정도의 인구 규모, 주택 시장 발달 정도에서 유사성을 가지지만, 업주들의 권리 표출 방식, 규모에 있어서는 현저한 차이를 보였다. 그래서 두 도시 기층의 이익 집단 사이의 역학 관계의 비교를 통해 필자가 주목하는 종속변수(업주들의 권리 표출 방식 및 규모)에 차이가 나타나는 원인을 규명하는 것을 연구의 목적으로 설정했다. 박사논문 작성을 위한 필자의 현지조사 기간은 2007년 1월부터 12월까지 1년여의 기간이었다. 홍콩에서 1달 간의 문헌 자료 조사 후에 본격적인 연구지인 상하이와 베이징으로 이동, 체제했으며 2007년말 베이징에서의 현지조사를 마감할 즈음에 1달여의 기간을 쪼개어 상하이와 홍콩을 각각 다시 짧게 들러 보충 조사를 하는 것으로 마무리 지었다. 요약하자면 홍콩-상하이-베이징-상하이-홍콩의 여정이었다. 이 중 2007년 1월의 홍콩 체재는 예비 조사의 성격이 강했고 그보다 앞선 2006년 여름에 난징(南京)과 상하이에서 1주일 간 단기 예비 조사를 한 바 있다. 인터뷰와 서베이에 대해 본격적으로 논하기에 앞서 다음 단락에서는 예비조사의 경험에 대해 소개하기로 한다.

III. 예비조사

자신의 현지조사에 대해 어느 정도 계획이 분명해질 무렵 중국이나 홍콩에서 열리는 - 참가 및 체제를 지원해주는 - 학회를 전략적으로 잘 이용하기를 조언한다. 대학원생의 입장에서는 연구비를 어떻게 확보하는가가 무시할 수 없는 고민거리이므로 시기를 잘 맞추어 학회를 참가한다면 여행 경비의 부담을 줄일 수 있다. 필자의 경우 2006년 여름의 예비 조사는 난징대학에서 열린 학회에 참가한 직후 1주일 간 난징과 상하이를 둘러보는 것으로 했으며, 2007년 1월의 문헌 조사는 홍콩

중문대학에서 열린 학회에 참가한 직후 몇 주간을 연장 체류하면서 대학 내 중국연구서비스센터(中國硏究服務中心, Universities Service Center for China Studies)의 자료실을 뒤지는 것으로 했다.[5)]

논문 계획서를 작성, 제출한 직후였던 만큼 이론과 실제적인 증거를 접합시키기 위해 혹은 그것이 가능할 지 타진해 보기 위해 씨름하던 시기라 어떤 면에서는 완벽한 아이디어와 연구 성과를 발표할 수는 없는 때였다. 하지만 스스로에게 생각을 정리할 기회를 제공하는 것이 필요한 때였고, 학회에서 만난 학자들 및 동료 학생들과의 대화를 통해 앞으로 연구의 방향에 대해 비판적으로 생각을 가다듬을 수 있었다. 틀을 다듬어야 한다면 빨리 다듬어야 하는 때가 이 때이므로 어떤 식으로든 스스로와 혹은 다른 연구자들과 대화할 수 있는 기회를 찾는 것이 중요한데, 그런 면에서 이 시기의 학회 참가는 유익한 면이 있었다.

둘째, 예비 조사는 말 그대로 탐색전이므로 예비 조사를 통해 자신이 얻고자 하는 바에 대해 최소한의 목표를 간략하고 분명히 하는 것이 필요하다. 본격적인 현지조사의 경우에도 마찬가지인데 최소한의 목표와 최대한의 목표를 분리해서 세워두는 것이 좋다. 현지에 와서 계획했던 대로 일이 진행되지 않으면 심리적으로 위축되기 쉬운데, '최소한 이 정도는 하고 나간다'라는 선을 정해놓으면 목표의식도 생기고 심리적 공황 상태에 빠지는 것을 방지할 수 있다. 2006년 여름 예비조사의 경우 '최소한 학자 한두 명, 정부 관련부처 공무원 한두 명, 주택 개

5 2007년 당시, 학회 신청과정에서 심사를 통해 항공권 및 중문대학 내 숙소에서의 2주간의 숙박권을 제공했다. 최근에 업데이트된 규정은 중국연구서비스센터 웹사이트(http://www.usc.cuhk.edu.hk)를 살펴볼 것.

발업 종사자 한두 명을 만난다. 도시 성장 과정에서 분출되는 사회 문제를 직접 보고 감을 익힌다'라는 목표를 가지고 갔다.

핵심적으로는 최소한의 목표를 달성했고, 그 때 만난 사람들은 1년 후에 돌아와 본격적인 현지 조사를 할 때 핵심적인 인맥이 되기도 했다. 목표 설정의 필요성은 문헌 조사의 경우에도 마찬가지로 적용된다. 홍콩 중문대학 중국연구서비스센터의 자료실은 다양한 통계연감과 지방지를 갖추고 있는데, 최소한의 목표를 분명히 하지 않고 가면 어디서부터 시작해야 할지 모르는 상태에서 여기저기를 헤매다가 시간을 보내버릴 수도 있다. 중국연구서비스센터의 웹사이트에 소장 자료 목록이 나와 있으니 미리 검색하고 무엇을 찾아야 할 지 대충이라도 정해놓고 가면 시간과 노력을 줄일 수 있다.

많은 연구자들이 공통적으로 얘기하겠지만 홍콩 중문대학 중국연구서비스센터는 문헌자료조사에 있어서 이상적인 곳이다. 베이징과 상하이의 몇몇 대학 도서관이나 국가도서관에도 가보았지만, 중국연구서비스센터만큼 각종 통계연감 및 문서자료를 집약적으로 모아놓거나 사용자에게 편리한 환경을 조성해 놓지는 않았다. 예를 들면 베이징대학 도서관의 경우, 외국인의 경우 베이징대학에 적이 있는 경우가 아니라면 매번 여권을 맡겨놓고 소정의 사용료를 지불하고 들어가서 통계연감을 열람할 수 있다. 베이징의 국가도서관에서는 본인이 자료 복사를 할 수 없고 복사실에 가서 사서에게 자료 복사를 맡기고 기다려야 한다. 중국연구서비스센터의 경우 자료실 출입과 이용에 대해서는 사용료 부과가 없으며 자료실 내에서 자유로운 열람과 복사가 가능하다. 예전에는 복사를 해서 무겁게 지고 오거나 우편으로 부치거나 했지만 요즘은 스캔이 가능해서 자료 저장 면에서 더욱 용이하다.

여건이 된다면 예비조사의 또 다른 개념인 마무리 조사를 계획하는 것도 좋다고 생각한다. 본격적인 현지조사를 다 마친 후 2007년 말에 다시 중국연구서비스센터를 며칠 간이라도 들른 것은 사용자가 필요로 하는 자료를 '효과적으로' 제공하는 그 곳의 환경 때문이었다. 현지조사를 마무리하면서 홍콩을 다시 들렀을 때는 어떤 자료를 보충해야 하는지 어떤 서가에 어떤 자료가 있는지 잘 알고 있기 때문에 짧은 기간을 체재한다 하더라도 보다 '집중적으로' 시간을 쓸 수 있기도 했다. 홍콩의 지리적 위치 때문에 실제로 많은 서구 학자들은 중국으로의 현지조사 직전이나 직후에 홍콩에 들러 중국연구서비스센터에 단 며칠이라도 머무르면서 자료를 챙겨서 가곤 한다. 현지조사를 마무리할 때 즈음이 되면 어떠한 자료를 보충하면 좋겠다는 생각이 명확해지기 때문에 그 즈음에 마무리 조사를 하는 것이 효과적이다.

IV. 현지조사방법: 인터뷰와 서베이

인터뷰

중국 현지에서의 조사가 불가능하던 시기에는 문헌에만 의존한 중국 연구가 이루어졌지만, 외국 학자의 현지 접근에 대한 제한이 완화된 요즈음에는 인터뷰의 중요성과 유용성이 더욱 커지고 있다. 문헌 조사만으로는 알 수 없는 부분을 채워주는 질적 연구의 대표적인 방법이 인터뷰이기 때문이다. 인터뷰라는 연구방식을 채택하고 실행하기에 앞서 연구자는 인터뷰를 통해 무엇을 얻어내고자 하는가를 생각해 볼 필요가 있다. 예를 들면 자신의 연구의 목적이 개념을 정립하기 위한 것인지, 이론을 구체화하고 싶은 것인지, 인류학적인 기술을 목적으로 한 것인지.[6] 왜냐하면 연구 목적에 따라서 구체적으로 인터뷰를 어떻게 설계하고 실행해야 할지도 결정되기 때문이다. 인류학적인 기술을 목적으로 한 인터뷰라면 인터뷰 대상자가 아무런 제한 없이 이야기를 풀어나갈 수 있도록 열린 질문을 던져야 할 것이고, 그 반대의 경우라면 좀 더 짜임새 있는 질문을 던질 필요가 있을 것이다.[7] 인터뷰라는 연구방식을 채택하기로 결정했다면 구체적인 방법론적인 측면에서 다음의 세 가지 사항에 대해 살펴볼 필요가 있다고 본다: (1) 인터뷰 대상자를 어떻게 선정하고 확보할 것인가 (2) 나의 인터뷰 대상자들이 연구의 퍼즐 규명에 있어서 얼마나 대표성을 지닌 집단이라고 할 수 있는가 (3) 인터뷰를 실제로 진행할 때 있어서 기술적인 측면에서 주의해야 할 점은 무엇인가.

자신의 연구 질문 및 실증적 퍼즐을 확실히 하고 그에 따른 인터뷰 대상자들을 상정하는 것이 필요하다. 앞서 간단히 언급했듯이 필자의 논문 연구의 경우 실증적인 퍼즐은 "도시 업주들의 재산권 보호를 위한 권리 표출에 있어서 왜 베이징과 상

6 Herbert J. Rubin and Irene S. Rubin, *Qualitative Interviewing: The Art of Hearing Data* (Thousand Oaks: Sage, 2005), pp. 5~11 참조.

7 Beth L. Leech, "Asking Questions: Techniques for Semistructured Interviews," *PS: Political Science and Politics*, Vol. 35, No. 4 (Dec. 2002), pp. 665~668 참조.

하이 사이에 차이가 있는가? 왜 베이징 업주들의 재산권 보호를 위한 권리 표출이 보다 규모가 크고 조직화되어 있으며 정치화되어 있는가?"라는 것이었고 이 퍼즐에 답하기 위해 기층에서 업주-주택 사업자-기층정부조직 간의 관계에 있어서 두 도시 간에 어떠한 차이가 있는가를 살펴보기로 했다. 따라서 나의 인터뷰 대상자들은 세 그룹에 속하는 사람들이었다: 재산권 보호에 관심이 많고 적극적인 주택 소유자들(업주, 소위 중산층으로 지칭되는 사회 세력), 최근에 지어진 상품화된 아파트 단지들의 주택 사업자들(개발업 및 물업 종사자), 업주들과 주택 사업자들 사이를 조정하는 역할을 담당하는 기층정부조직(가도판사처 및 주민위원회). 이들 세 그룹은 필자가 현지에 들어갔을 때 반드시 인터뷰해야 하는 우선 대상자들로 상정했다.[8)]

우선 대상자 외에 부가적으로 기회가 닿는 대로 더 확보해야 했던 인터뷰 대상자에 대해서도 생각을 해 보았는데 다음과 같았다. 재산권 보호에 무관심하거나 업주위원회의 활동에 비판적인 업주, 혹은 기층(기층이라 할 때 필자의 초점은 구정부 이하를 의미)이 주된 분석의 초점이긴 하지만 접근이 가능할 경우 구, 시, 중앙 정부 관련 부처 공무원들이었다. 필자가 우선적으로 관심을 지닌 이들은 재산권 보호에 관심이 많은 업주들이었지만 그렇지 않는 업주들도 만나 그들의 의견을 들어볼 필요가 있었다. 또한 기층(구정부 이하)을 초점으로 한다고 해서 꼭 기층에 국한된 인터뷰를 해야 하는 것은 아니다. 구, 시, 혹은 중앙 정부 공무원들과 얘기하다 보면 보다 큰 그림을 수월

---

8 인터뷰 대상자를 고르는 구체적인 기준에 대해서는 앞서 언급한 Rubin and Rubin, *Qualitative Interviewing: The Art of Hearing Data*의 Chapter 4. "Continuing the Design"을 참조할 것.

하게 그릴 수 있게 되기도 한다.[9] 그것이 소위 '엘리트 인터뷰'의 장점인데, 따라서 기회가 있다면 '엘리트 인터뷰'는 시도하는 것이 좋다고 생각한다.[10] 물론 다른 직업군에 비해 공무원들이 접근하기가 쉽지는 않고 처음부터 솔직한 얘기를 듣기가 쉽지 않을 수도 있다. 나의 경험을 반추해 보면 빈번하게 접촉하다 보면 친밀감이 형성되기도 했고, 시간 간격을 두고 되돌아와 동일인을 여러 번 인터뷰를 하거나,[11] 비슷한 질문을 여러 명에게 던져보아 교차 비교를 통해 사실에 접근하기도 했다.[12]

실제적으로 인터뷰 대상자의 확보는 이런저런 인맥을 통한 소개를 통해서였다. 현지에 나가보면 알겠지만 특히 중국 같은 곳에서 누군가의 도움이나 소개 없이 사람을 만난다는 것은 매우 힘들다고 할 수 있다. 누군가에게 의존하지 않고 완전히 '독립적으로' 연구를 수행할 수 없다는 것이 현지조사의 난점이기도 한데,[13] 이것은 비단 중국에서의 현지조사만 그러한

9 또한 위에서 아래로의 인맥 소개는 반대 방향보다 수월한 점이 있다.

10 엘리트 인터뷰에 대해선 Joel D. Aberbach and Bert A. Rockman, "Conducting and Coding Elite Interviews," *PS: Political Science and Politics*, Vol. 35, No. 4 (Dec. 2002), pp. 673~676; Jeffrey M. Berry, "Validity and Reliability Issues in Elite Interviewing," *PS. Political Science and Politics*, Vol. 35, No. 4 (Dec. 2002), pp. 679~682; Sharon Werning Rivera, Polina M. Kozyreva, Eduard G. Sarovskii, "Interviewing Political Elites: Lessons from Russia," *PS: Political Science and Politics*, Vol. 35, No. 4 (Dec. 2002), pp. 683~688 참조.

11 현지조사기간 동안 동일인을 최대 3번까지 반복 인터뷰했다. 반복 인터뷰 회수가 두 번이 넘어가면 인터뷰 대상자도 진지하게 대해주는 것을 느낄 수 있었다.

12 예를 들어 기층정부조직에 관한 질문으로서 특정구(區)의 상황에 관한 질문이라면 구(區)내 공무원 서너명에게 같은 질문을 던져보면 어느 정도 정답이 나온다.

13 누군가에게 의존해서 연구를 해야 한다는 것, 혹은 상대방의 반응에 따라 내 스케줄이 왔다 갔다 한다는 것, 포괄적으로 말하면 불확실성을 가지고 연구를 해야 한다는 면에서 힘들 수 있다.

것은 아니다. 예를 들어 미국 의회에 대한 연구를 진행하면서 골드슈틴(K. Goldstein)은 친척, 친구, 친구의 친구, 친구의 친구의 친구를 동원하는 것은 기본이고 소프트볼 팀 같은 친선 스포츠팀에 가입하라고 조언한다.[14] 현지에서 조사를 하는 동안 아무런 사전 소개 없이 그냥 들이닥쳐 인터뷰를 한 적도 한두 번 있기는 하지만, 실패 확률이 높은 방법이라고 하겠다. 그리고 인터뷰 대상자와 나름대로 공감대가 형성되었다고 판단된다면 다른 인터뷰 대상자를 소개시켜 달라고 요청해 볼 만 하다. 같은 직업군에 종사하는 사람들은 그들만의 네트워크가 있으므로 동종 업계의 사람을 소개시켜 주는 것이 크게 어렵지 않다. 몇 번의 소개를 거친 후에는 특정 그룹 사람들의 관계도가 한눈에 파악되기도 한다.

한 지역에 들어가 현지 조사를 시작하기 전 자신이 어떤 채널을 통해 이 지역에 진입할 수 있을 것인가 전략적으로 그리고 다각도로 생각해 볼 필요가 있다. 예를 들어 최소한 학계, 정부, 비즈니스, 언론사 등의 복수 채널을 통한 접근을 상정해 볼 수 있겠다. 한국인으로서 활용 가능한 조건 및 네트워크에 대해 적극적으로 고려할 필요도 있다. 최근 한류의 영향 때문에 한국 드라마나 영화에 대한 잡담이 인터뷰 초반의 썰렁한 분위기를 해소하는 데 도움이 되는 경우도 있었고 외국인이기 때문에 더 호의적으로 대하는 인터뷰 대상자들도 있었다.[15] 한국 상사, 정부 기관, 언론사 및 연구소의 중국 사무소 및 지사

14 Kenneth Goldstein, "Getting in the Door: Sampling and Completing Elite Interviews," *PS: Political Science and Politics*, Vol. 35, No. 4 (Dec. 2002), p. 669~672 참조.

15 물론 외국인이기 때문에 불리한 점도 많다.

등을 적극적으로 활용할 필요도 있다. 예를 들어 나는 삼성경제연구소, 대외경제정책연구원, 한국토지관리공단, 몇몇 국내 건설사들의 현지 사무소, 지사 및 법인을 통해 정보를 얻고 현지 상황을 파악하는 데 도움을 얻었다. 또한, 인터뷰 대상자를 확보하는 데 있어서 한 번에 쉽게 되는 경우도 있지만 두세 명을 거치거나 혹은 여러 번 연락한 후에야 인터뷰가 성사되는 경우가 꽤 있으므로 연구자가 끈기를 가지고 적극적인 노력을 펼칠 필요가 있다. 예를 들면 동일인에게 시간 간격을 두고 7번 정도 전화한 끝에 인터뷰를 따내기도 했다.

둘째, 인터뷰 대상자를 확보하는 것이 간단하지 않다면 그렇다면 자신의 연구가 얼마나 대표적이라고 할 수 있는가? 다시 말해서 자신이 만난 인터뷰 대상자들이 얼마만큼 자신이 접근하고 조사해야 할 모집단을 대표한다고 할 수 있는가? 특히 중국에서의 현지 조사에서는 엄밀한 의미에서 무작위 추출은 불가능하다. 그리고 무작위 추출이 반드시 좋은 것만도 아니다.[16] 현지 조사를 하다 보면 인터뷰 수가 얼마인가에 집착하게 되기도 하는데 결과적으로 보면 인터뷰의 양이 중요한 게 아니라 질이 중요하다는 것을 느끼게 된다.[17] 따라서 무작위로 추출된 많은 수의 인터뷰 대상자를 만나는 것보다는 핵심 정

16 무작위 추출이 인터뷰의 질을 상쇄시킬 수 있다는 지적은 Truman F. Bewley, *Why Wages Don't Fall During a Recession* (Cambridge: Harvard University Press, 1999), pp. 1~37 참조.

17 그럼 도대체 인터뷰는 몇 개나 해야 하는가란 고민에 대해선 Greg Guest, Arwen Bunce, and Laura Johnson, "How Many Interviews are Enough? An Experiment with Data Saturation and Variability," *Field Methods*, Vol. 18, No. 1 (2006), pp. 59~82 참조. 인터뷰는 많이 하면 할수록 좋다. 그럼으로 해서 대표성을 높일 수 있다는 게 일반적인 인식이지만 적은 수의 인터뷰를 하더라도 제대로 된 인터뷰라면 의미 있는 결과를 뽑아낼 수 있다는 의견을 제시한다.

보를 제대로 얻어낼 수 있는 인터뷰 대상자를 만나는 것이 중요하다고 할 수 있다. 또한 연구자가 모든 조건을 완벽하게 통제할 수 있는 상황은 아니지만 보다 구조적으로 인터뷰 대상자들을 상정하고 접근하는 노력은 필요하다고 보겠다.

필자의 경험을 소개하자면 다음과 같다. 현지조사를 시작하는 초기 단계에서 베이징의 세 구(區), 상하이의 두 구(區)를 염두에 두었다. 어떤 식으로든 인맥을 가동해 접근할 수 있는 구를 꼽아보고 그 중에서 추린 것이므로 접근성에 의한 결정임을 완전히 배제할 수 없지만, '구'라는 행정구역을 기준으로 했을 때 그들 간에 편차가 있을 가능성을 상정해 인구 구성이나 지리적 위치상 '다른' 구를 뽑으려고 노력했다. 베이징의 경우를 소개하자면, 필자가 뽑은 세 구는 (1) 하이디엔(海淀) (서쪽, 지식인 집중적 거주) (2) 차오양(朝陽) (동쪽, 회사원 및 비지니스 종사자 주로 거주) (3) 창핑(昌平) (북서쪽, 외지 출신 전문직종 종사자들이 많이 정착한 신도시)였다. 그런데 실제 심층 인터뷰를 통해서나 계속된 문서 자료 수집(신문이나 잡지 열람)을 통해 살펴보았을 때 필자가 관심을 가지고 있는 종속변수에 대해 '구'를 경계로 나타나는 편차는 뚜렷이 없었다. 개별적인 케이스들을 비교했을 때 업주 입장에서 그들이 목표로 하는 바를 획득했느냐 아니냐는 점에서 좀 더 성공적이거나 그렇지 않은 케이스들은 있었지만, 이것은 특정 '구'이기 때문에 나타나는 현상이라기보다는 좀 더 큰 구조적 조건 하에서 형성되는 것이었다. 말하자면 포괄적으로 베이징시의 특성, 혹은 상하이시의 특성이라고 부를 만한 것들에 기인한 것이었다. 부연설명을 하자면 이는 분권화의 실행 상에서의 질적 차이 때문이었다. 필자의 연구에서 말하는 분권화는 한 도시 내 행정조직 속에서의 권리 하방을 의미하는데, 기층정부조직의 역량(재정적 자립도나 인사의 자율성)은 거슬러 올라가면 상부에서 얼마나 하부 정부조직으로(시에서 구, 구에서 가도판사처, 가도판사처에서 주민위원회) 재량권을 주었는가의 문제로 귀결되었다. 따라서 필자가 애초에 주목한 것은 (구 이하) 도시 기층이었지만 도시 기층에서 일어나는 변화 — 기층정부조직과 도시민들과의 관계가 그 핵심적인 축 중의 하나이다 — 는 거슬러 올라갔을 때 도시 전체의 행정 조직 운영상의 구조적 특성을 통해 파악하게 되었다.

하지만 초기 인터뷰 대상자 확보시 구별 편차를 상정해 구조적으로 접근해 보고자 한 노력은 유의미했다고 본다. 구별 편차를 상정했지만 나타나지 않을 경우 왜라는 질문을 스스로에게 던져보아, 주된 분석수준은 기층이지만 이를 통해 결론적으로는 두 도시의 비교를 가능케 하는 논리의 틀을 세울 수 있었기 때문이다. 또한 '구'를 경계로 나타나는 편차가 특정하게 발견되지 않았기 때문에 필자의 인터뷰 대상자들이 베이징의 전 구로부터 고르게 일정비율로 추출된 것은 아니지만 그렇다고 해서 특별히 편중된 샘플들도 아니었다고 할 수 있겠다. 한편 인터뷰는 심층적으로 하는 데 주안점을 두고, 다른 연구조사방법인 서베이를 통해 대표성을 보완하고자 노력했다.

셋째, 실제 인터뷰를 진행할 때 기술적인 측면에서 주의할 점을 몇 가지 정리하기로 하자. 인터뷰 대상자들의 긴장이나 의구심을 해소하고 그들로 하여금 편안한 마음으로 인터뷰에 임할 수 있도록 몇 가지 장치를 만드는 것이 좋다. 인터뷰 경험이 전혀 없는 초보 연구자라면 연구자도 인터뷰 전에 긴장하는 것이 당연하지만, 반대로 인터뷰 대상자들도 긴장하게 마련이고 연구의 목적에 대해 의구심을 가질 수도 있기 때문이다. 따라서 다음에 기술하는 몇 가지들은 인터뷰 진행시의 기본적인 에티켓이라고 할 것들이다.

A) 자신의 연구에 대해 평이하고 간략하게 설명할 것[18)]

자신의 연구 프로젝트에 대해 장황하게 설명할 필요는 없으며 "나의 가설은 무엇이고…"라는 식의 학술적인 설명은 피한다. 물론 현지 학자를 만나 대화할 때에는 학술적인 토론이 주가 되므로 자세히 설명해야 하겠지만 인터뷰 대상자가 일반인일 경우에는 가능하면 정치학적인 용어를 사용하지 않으면서 알기 쉽게 설명할 필요가 있다. 어떤 면에서는 정치학적인 연구 프로젝트일 경우 너무 정치학적으로 보이지 않는 것이 나을 수도 있다. 필자의 경우에는 연구 주제가 대부분의 사람들이 관심을 가지고 있는 주택 문제이다 보니 자연스럽게 대화를 시작하기가 쉽기도 했다. 특히나 전화상으로 인터뷰 대상자를 접촉할 때에는 1분 안에 자신의 연구 프로젝트를 명료하게 소개할 수 있도록 준비하고 연습해 놓는 것이 필요하다.

B) 연구자의 신분을 명확히 밝힐 것

필자의 경우에는 박사과정 지도교수에게 부탁해 소개서를 받았으며 소개서 안에는 연구의 간략한 목적 및 신원을 보증하는 내용이 들어있었다. 필자의 인터뷰 대상자들에게 직접 확인

---

18 Dorothy Solinger, "Interviewing Chinese People: From High-level Officials to the Unemployed" in Maria Heimer and Stig Thøgersen (eds.), *Doing Fieldwork in China* (Honolulu: University of Hawaii Press, 2006), pp. 153~167.

해 보지 않아서 실제 이러한 소개서가 얼마만큼의 효과가 있었는지는 모르겠으나 적어도 필자의 신분이나 연구 목적에 대해 의구심을 가지는 것은 해소할 수 있었으리라고 본다. 인터뷰 섭외 단계에서 소개서를 이메일로 보내기도 했고 직접 만났을 때는 연락처가 담긴 명함을 건네었다. 인터뷰 시에 명함을 건네는 것은 꼭 나 자신을 소개하기 위해서 뿐만이 아니라 나의 신원을 확실히 밝히고 유사시에 피연구자가 나에게 연락을 취할 수 있도록 하는 데에도 의미가 있다.

C) 피연구자의 안전을 보장할 것

연구자는 피연구자의 안전을 보장하고 보호할 마음의 준비와 장치를 하고 있어야 한다.[19] 소개서를 통해 사전에 그리고 현장에서 인터뷰를 시작하기 전에도 필요하다고 생각되는 경우에, 인터뷰의 결과물은 학술적인 목적으로만 사용될 것이며 인터뷰 대상자는 실명으로 거론되지 않을 것임을 얘기했다. 또한 대답하기 곤란한 정치적으로 민감한 질문이라면 대답을 거부하는 것도 인터뷰 대상자의 권리임을 얘기했다. 그리고 실제로 그렇게 해야 함은 물론이다. 유사시를 대비해 노트북 컴퓨터에 인터뷰 리스트를 정리할 때에는 모든 인터뷰 대상자들의 이름은 이니셜이나 나만이 알아볼 수 있는 방식으로 표기해서 정

19 대부분의 미국 대학에서는 현지조사를 계획하는 연구자에게 필수적으로 요구하는 심사가 있다. 연구계획서, 인터뷰 질문 리스트, 서베이 설문지 등을 대학 내 심사 기구에 제출하고, 해당 연구가 피연구자의 안전을 침해할 가능성이 없는지를 꼼꼼하게 심사, 승인을 받은 후에 현지조사를 시작할 수 있다. 길게는 몇 달씩 걸리는 이 심사를 통해 연구자의 윤리에 대해 지겹도록 학습한다.

리해 두었다.[20] 일반적인 학계의 관행은 이후 출판물들을 통해 인터뷰 리스트를 공개할 경우에도 인명(실명)은 생략한다.

실제 인터뷰 진행시에는 다양한 상황을 만날 수 있고 다양한 전략이 필요하므로 '어떻게' 질문을 던져야 할 것인가에 대해 간략히 기술하기로 한다.[21] 질문은 구체적인 대답이 나올 수 있도록 던져야 한다. 개개인에 따라 말하는 스타일이 다르니까 일반화시켜 말하기 힘들지만, 필자의 경우 일반적으로 인터뷰 시간은 1시간에서 2시간 사이로 잡았다. 그런데 아직 경험이 많이 쌓이지 않은 현지 조사 초반기에는 1시간 정도를 예상했던 인터뷰가 30, 40분 만에 끝나버리는 경우가 있었다. 인터뷰 대상자가 별로 수다스럽지 않았으며 대답이 거의 예, 아니오로 끝나버린 데 있었다. 질문이 단답형으로 나오지 않도록 질문을 바꾸어 던져야 한다는 교훈을 얻은 경험이었다. 경험이 쌓이면서 단답형으로 대답하는 인터뷰 대상자에게는 "예를 들어서 어떤 경우에 그러한가요?" "몇 가지만 예를 들어줄 수 있나요?" 라는 식으로 구체적인 답변을 유도했는데 오브라이언(K. O'Brien)도 비슷한 경험을 기술한다.[22] 한편, 어떤 인터뷰 대상자는 굳이 요청하지 않아도 자신이 알고 있는 사실을 늘어놓기 좋아하지만 어떤 인터뷰 대상자는 연구자가 해당문제에

---

20 그런 의미에서 나는 녹음기를 사용하지 않는 것을 원칙으로 했다. 다른 국가를 연구, 현지 조사를 수행한 정치학과 동료들 중에서는 녹음기를 사용한 사례도 있었지만, 나는 애초부터 시도하지 않았다. 제대로 못 알아들은 부분이 있다면 현장에서 재차 질문을 해서 바로 해결을 하는 것이 좋다.

21 그 외에 질문 던지는 요령은 Rubin and Rubin, *Qualitative Interviewing: The Art of Hearing Data*의 Chapter 8. "Designing Main Questions and Probes"를 참조할 것.

22 Kevin O'Brien, "Discovery, Research (Re)design, and Theory Building" in Maria Heimer and Stig Thøgersen (eds.), *Doing Fieldwork in China* (Honolulu: University of Hawaii Press, 2006), pp. 27~41 참조.

대해 어느 정도 배경지식을 가지고 있다고 판단되는 경우에야 비로소 입을 연다. "아는 만큼 질문할 수 있다" 라는 말이 나오는 배경이기도 하다. 따라서 인터뷰를 하러 가기 전에는 질문 리스트를 뽑아보고 그 질문 리스트를 계속 업데이트하고 '상황에 따라 적절하게' 자신이 해당 사안에 대해 얼마만큼 알고 있고 어떤 부분을 더 알고 싶다는 것을 피력하도록 한다.

일반적으로 질문을 던지는 순서는 덜 민감한 사안에서 민감한 사안으로 흘러가는 것이 자연스럽지만, 민감한 사안에 대한 질문을 맨 마지막에 남겨두지 않을 것을 권한다. 최소한 중반은 넘어서 민감한 질문을 던지는 것이 좋지만 맨 마지막까지 남겨두었다가 시간이 다 되어서 못 물어보는 사태가 생길 수도 있기 때문이다. 민감한 질문을 하는 요령은 크게 두 가지이다. 우선, 민감한 사안이라고 해서 지레 연구자가 위축된 태도를 보이기보다는 자연스러운 태도로 질문을 하고 대답을 기다린다. 몇 초간 침묵이 흐르더라도 당황하지 말고 기다린다. 침묵이 너무 길어지면 질문을 살짝 바꾸어 다시 던져보는 것도 방법이다. 다른 한편으로, 민감한 사안에 대해서는 직접적으로 대답을 요구하기보다는 넘겨짚는 식의 발언을 하는 것도 도움이 된다. 자신이 한 추측성 발언의 내용이 인터뷰 대상자가 보기에 틀렸다고 판단될 경우에는 왜 틀렸는지 지적하면서 내가 듣고 싶어하는 대답을 줄 수 있기 때문이다.[23] 그러나 항상 그런 것은 아니니 추측성 발언을 해 대답을 요구하는 것은 '상황에 따라 적절하게' 사용해야 한다.

---

23 Leech, "Asking Questions: Techniques for Semistructured Interviews," pp. 665~668 참조.

개인을 인터뷰하느냐 아니면 그룹을 인터뷰하느냐에 따라 다른 준비가 필요하다. 필자의 경우 80회 이상의 인터뷰 중에서 그룹 인터뷰는 단 두 건이었다. 대부분의 경우 한 명이나 두 명의 인터뷰 대상자들을 만났고, 두 건의 그룹 인터뷰 경험은 5~6명 정도의 사람이 둘러앉아 식사하는 자리에서였다. 그룹 인터뷰의 경우에는 그 자리에 있는 사람들 사이의 관계가 분위기를 결정하고 중재자의 역할을 하는 사람이 있느냐 없느냐가 중요하다.[24] 인터뷰 참가자들끼리 친분이 있고 분위기가 좋을 때는 개인 인터뷰 시와 같은 긴장감이 없고 자연스럽게 대화가 흘러가는데, 그 때에는 연구자는 가만히 듣고 있는 것만으로도 많은 것을 얻을 수 있다. 하지만, 중재자의 역할을 하는 사람이 없다면 그룹 인터뷰의 방향이 어디로 튈 지는 연구자의 통제 밖 사항이다. 다수의 사람을 한꺼번에 만나고 다양한 의견을 들을 수 있다는 것이 그룹 인터뷰의 장점이지만 한편으로 심층 인터뷰를 하기는 어려우므로 특별히 관심이 있는 사람이 있으면 사후에 따로 연락해 개인 인터뷰 약속을 잡는 것도 필요하다. 필자의 경우에는 그룹 인터뷰 후에는 반드시 몇 건의 후속 인터뷰를 시도했다. 반복 인터뷰는 친밀감 형성 및 솔직한 답변을 이끌어내는 데도 도움이 된다.

효과적으로 인터뷰 노트를 작성할 수 있도록 자신만의 노하우를 개발하도록 한다. 녹음기를 사용하지 않고 인터뷰를

24 그룹 인터뷰를 주된 인터뷰 형식으로 적극 활용하고 싶다면 David L. Morgan, "Focus Groups," *Annual Review of Sociology*, Vol. 22 (1996), pp. 129~152; Michael X. Delli Carpini and Bruce Williams, "The Method is the Message: Focus Groups as a Method of Social, Psychological, and Political Inquiry," in Michael X. Delli Carpini, Leonie Huddy, and Robert Y. Shapiro (eds.), *Research in Micropolitics*, Vol. 4 (1994), pp. 57~85 참조.

하는 것을 원칙으로 삼았기 때문에 인터뷰 노트 작성은 결과물을 만드는 데 있어서 매우 중요했다. 인터뷰시 어떤 언어를 사용해 노트를 작성하냐는 질문을 흔히 받곤 하는데 어떤 언어이든 머릿속에 가장 빨리 떠오르는 것을 사용해 키워드 위주로 작성했다. 나만이 알아볼 수 있는 기호나 화살표를 사용해 내용을 축약적으로 기록하기도 했다. 대신 중요한 것은 최대한 기억이 생생할 때 인터뷰 노트를 재정리해서 컴퓨터 파일로 저장하는 것이다. 정말 피곤하다면 어쩔 수 없지만 가능하다면 당일 내에 인터뷰 노트 재정리를 끝내는 것이 좋다. 이는 단순히 기록을 생생히 하기 위해서 뿐만이 아니라 노트를 잘 정리해 놓으면 나중에 논문 작성을 위한 자양분이 되기 때문이다. 인터뷰 노트를 재정리하면서 자신의 생각이나 떠오른 질문들을 조금씩이라도 덧붙여 놓으면 나중에 현지를 떠나 논문 작성을 시작할 때 큰 도움이 된다.

인터뷰 대상자들을 다시 만날 가능성에 대해 생각한다. 준비해 온 질문을 다 던지고 인터뷰를 마무리할 때에 상대방이 내게 더 알려주고 싶은 것은 없는지 나의 연구에 대한 제언은 없는지 확인해 본다. 인터뷰를 마치고 나가면서 "내가 미처 물어보지 못했지만 내가 더 알아야 한다고 생각하는 것은 없느냐?"라는 질문에서 예상치 못했던 많은 정보를 얻을 수 있기도 하고[25] 열성적인 인터뷰 대상자들은 다른 누군가를 소개시켜 주기도 한다. 그리고 설사 확실치 않다 하더라도 다시 연락해도 되겠느냐고 미리 양해를 구해놓는 게 좋다. 인터뷰 당시에

25 Laura R. Woliver, "Ethical Dillemmas in Personal Interviewing" *PS: Political Science and Politics*, Vol. 35, No. 4 (Dec. 2002), pp. 677~678.

는 몰라도 한참 후에 질문이 생길 수도 있기 때문이다. 필자의 경우 상하이에서 먼저 조사를 마치고 베이징으로 이동했는데 베이징에서 조사를 하다 보니 다시 상하이의 특정 부분에 대해 질문이 생겼다. 그래서 베이징 조사를 마무리짓고 다시 상하이로 내려가 몇 달 전에 만났던 인터뷰 대상자들을 다시 만나 추가 인터뷰를 했다. 심지어 현지조사를 마치고 미국에 돌아가 인터뷰 노트를 들여다보다가 질문이 생겨 전화나 이메일로 추가 접촉을 하기도 했다. 인터뷰 대상자들은 한번 만나고 끝날 사람들이 아니라 내가 나중에 다시 만나야 할 사람이기 때문에 사후에 이메일 등으로 간단하게라도 감사의 뜻을 표하는 것이 좋다.

서베이

서베이는 보다 객관적이고 일반화된 결론을 도출하는 것이 용이하다는 측면에서 많이 도입되는 연구조사방법이다. 한편, 들이는 시간과 비용을 생각했을 때, 한 번 실행하고 나면 다시 추가조사를 하기 힘들다는 면에서 많은 사전 준비가 필요한 연구조사방법이기도 하다. 예를 들어, 인터뷰의 경우는 '오늘 A라는 인터뷰 대상자를 만나 이런 식으로 질문을 던져보니 대답이 잘 안 나오더라 그러면 내일 B라는 인터뷰 대상자를 만났을 때는 같은 의미이지만 다른 표현을 써서 질문을 던져보자'라는 것이 가능하지만, 서베이는 그런 '점진적인 학습을 통한 개선'을 할 수 없다. 본격적인 실행 이전에 그런 테스트는 이미 끝나 있어야 한다. 따라서 서베이의 실행은 1주일 만에 끝날 수 있다 하더라도, 그것을 위한 사전 준비는 몇 달이 걸리는 것이 보통이다. 다음에서는 세 가지 측면에서 서베이에 대해 살펴보고 나의 경험을 나누기로 한다: (1)샘플 추출, (2)측정, (3)실행.[26)]

첫째, 앞서 언급한 바 있는, 어떻게 하면 대표성이 있는 샘플을 추출할 것인가라는 질문이다. 대표성이 무조건적으로 무작위 추출이나 많은 샘플수를 의미하지는 않는다. 또한 서베이는 (예를 들면 인터뷰에 비해) 비용이 많이 드는 연구조사방법이기 때문에 샘플의 개수를 무작정 확대할 수도 없다. 제한된 비용으로 최대의 효과를 뽑아내려면 디자인 단계에서 여러 가지 고찰이 필요하다. 우선, 서베이 대상자의 선정이다. 인터뷰와는 달리, 필자의 서베이 프로젝트에서는 자기 주택을 소유한 도시 주민(업주)으로 대상자를 압축시켰다. 그리고 베이징과 상하이 두 도시의 이들 업주에 대한 서베이를 통해 그들이 파악하고 인식하는 도시 업주-기층정부조직-주택사업종사자 간의 관계를 조사하기로 했다.

필자의 서베이 프로젝트는 베이징대학의 현대중국연구센터(現代中國研究中心, RCCC)와의 협력하에 이루어졌다.[27)] 1년 간의 현지조사를 마치고 미국으로 돌아온 2008년 초 바로 서베이 프로젝트를 구상하고 논의하기 시작했다.[28)] 서베이 형식에는 크게 나누어 직접 대면, 우편, 전화를 통한 서베이 형식이 있다. 이 중에서 나는 전화를 통한 서베이 형식을 채택했는데, 짧은 시간 안에 압축적으로 서베이를 실행할 수 있다는 장점 때

---

26 서베이에 대한 일반적인 사항은 Scott Keeter "Survey Research" in Daniel Druckman (ed.), *Doing Research: Methods of Inquiry for Conflict Analysis* (Thousand Oaks: Sage Publications Inc., 2005), pp. 123~162 참조.

27 현대중국연구센터 웹사이트(http://www.rcccpku.org).

28 몇 달 간의 준비과정을 거쳐 서베이의 실행은 2008년 여름에 이루어졌다.

문이었다. 대면 서베이의 경우 서베이 조사원이 직접 피연구자를 방문해서 구두나 지면으로 답변을 요청해야 하고, 우편 서베이의 경우 설문지를 발송하고 기입이 완성된 설문지가 돌아오기를 기다려야 한다. 이에 비해 전화 서베이는 피연구자 접촉과 답변을 기다리는 데 드는 시간이 상대적으로 짧다. 전화 서베이는 CATI(Computer-Assisted Telephone Interviewing)시스템을 사용한 방식을 채택하기로 했는데, 이는 무작위로 8자리의 전화번호를 만들고 바로 전화도 걸 수 있게 되어있는 시스템이다. 발생된 전화번호 중에서 핸드폰이 아닌 집 전화번호만 서베이 대상으로 사용하기로 했으며, 누군가가 전화를 받았을 때 무작위성을 높이기 위한 그 집 식구들 안에서의 이차 샘플 추출은 하지 않기로 했다.[29] 그러나 응답자는 최소한 18세 이상의 성인일 것을 기준으로 정했다.

다음은 서베이 응답자가 "도시 업주"임을 확실히 하기 위한 장치를 고안했다. 이는 두 가지 조건을 충족해야 함을 의미한다: (1) 교외가 아닌 도심 거주자일 것, (2) 자기 주택 소유자일 것. 자기 주택 소유 여부를 확인하는 것은 비교적 간단하다. 하지만 교외가 아닌 도심에 거주하는 진정한 "도시 주민"인가를 확인하는 것은 좀 더 세밀한 장치가 필요했다. 베이징 상하이 두 도시 모두 다 최근에 개발붐을 타고 확장을 거듭해서 주변 농지를 많이 흡수했고 주변 농촌 출신자들이 구직을 위해 도시로 거주를 하기도 하는 등 완전한 "도시 주민"이라고 보기 힘든 주변 인구들이 많아졌고, 실컷 조사를 했는데 나중에 조

29 프로젝트에 따라 무작위성을 높이기 위한 이차 샘플링을 하기도 한다. 예를 들면 어떤 가정에 전화를 하거나 방문을 했을 경우 서베이 대상자를 그 집 식구 중에서 가장 최근에 생일을 지낸 사람으로 정한다든지 하는 경우이다.

사 대상자가 대부분 변두리 거주자로 밝혀지는 상황을 피하기 위한 것이었다.[30] 따라서 두 가지의 장치를 마련했는데 (1) 행정상의 구분: 베이징의 8개 중심구(하이디엔(海淀), 둥청(東城), 시청(西城), 차오양(朝陽), 쉬엔우(宣武), 펑타이(豊台), 스지아좡(石家莊), 충원(崇文)), 상하이의 8개 중심구(황푸(黃浦), 창닝(長寧), 루완(盧灣), 양푸(楊浦), 징안(靜安), 쉬후이(徐滙), 푸퉈(普陀), 쟈베이(閘北), 홍커우(虹口)), (2) 일반 관습상의 구분: 베이징의 경우 5환 기준, 상하이의 경우 외환선 기준, 이 두 가지를 모두 활용하는 것이었다. 이 두 가지의 기준선은 대략 중첩되기 때문에 이를 사용, 이중으로 걸러냈을 경우 "도시주민"임을 확실히 할 수 있다고 보았다. 예를 들면 다음과 같은 형식이며, 필자의 서베이에서는 이 세 가지 질문을 모두 통과한 응답자를 대상으로 본격적인 서베이를 시작했다.

a. 당신이나 당신의 배우자는 이 도시에 집을 소유하고 있습니까?

b. 당신이 소유하고 살고 있는 집은 교외 지역에 위치하고 있습니까? [베이징: 5환 외곽에 위치하고 있습니까?] [상하이: 외환 바깥에 위치하고 있습니까?]

c. 당신이 소유하고 살고 있는 집은 어느 구에 위치하고 있습니까?

c–1. 베이징 [하이디엔(海淀), 둥청(東城), 시청(西城), 차

30 실제 그런 사례를 주변에서 봤기 때문에 그런 결과가 나오지 않도록 미리 안전장치를 만들고자 노력했다.

오양(朝陽), 쉬엔우(宣武), 펑타이(豊台), 스지아좡(石家莊), 충원(崇文)]

c–2. 상하이 [황푸(黃浦), 창닝(長寧), 루완(盧灣), 양푸(楊浦), 징안(靜安), 쉬후이(徐滙), 푸퉈(普陀), 쟈베이(閘北), 홍커우(虹口)]

둘째, 무엇을 어떻게 측정할까의 문제인데 이것은 어떻게 서베이 질문을 준비하느냐에 달려있다. 질문을 어떤 식으로 준비하느냐에 따라 나오는 대답의 형태가 정해지기 때문에, 질문 하나하나를 작성하는데 많은 시간과 노력을 들여야 한다. 한 가지 예를 들자면 다수의 선택지를 제공하는 객관식 질문이라면 내가 던진 질문에 대한 선택지가 가능한 한 모든 중요한 경우를 포함하고 있는지, 선택지들끼리 상호 배타적인지 곰곰이 생각해 볼 필요가 있다. 필자의 경우에 서베이 초안을 작성한 후 최소한 10번은 고쳤던 것 같다. 앞서 말했듯이 서베이는 한번 실행한 후 다시 되돌릴 수 없으므로 실행하기 전에 최대한 많은 코멘트를 받아 서베이 질문을 많이 고치는 게 필요하다. 그런데 아래에서 서술할 필자의 경험은 '전화 서베이'라는 특수한 제한 조건에 기반한 서베이 질문 작성 사례이다. 다른 형식의 서베이에서는 또 다른 제한 조건에 맞추어 서베이 질문을 작성해야 할 것이다.

전화 서베이는 대면 서베이와는 달리 제한된 시간 내에 가

31 대면 서베이일 경우에는 주관식 질문을 적극 활용할 수 있을 것이다. 그런데, 주관식 질문을 던지는 것과 객관식 질문을 던지는 것은 각각 장단점이 있다. 주관식 질문은 객관식 질문으로는 미처 잡아내기 힘든 다양하고 심도 있는 정보를 얻을 수 있지만 동시에 이들을 어떻게 분류, 코딩할 것인가가 관건이다.

능한 한 빨리 답변을 이끌어내야 한다. 따라서 질문은 전화상에서 응답자가 듣고 바로 이해할 수 있도록 간략하고 평이하게 써야 하며, 주관식보다는 객관식을 활용했다.[31] "정도"를 측정하는 질문(예: "당신이 살고 있는 동네의 주민위원회가 분쟁을 해결하는 데 있어서 어느 정도의 역할을 한다고 생각하십니까?")의 경우, 숫자를 활용하기보다는(예: 0-10 스케일) 말로 서술된 선택지(예: 매우-어느정도-보통-보통이하-전혀)로 대체했다. 서면 서베이와는 달리 제한된 시간 내에 응답자가 숫자화된 답안을 선택하기가 쉽지 않다고 보았기 때문이다.

중국인 친구들을 데리고 몇 번 사전 테스트를 해 보아 설문지에 있는 질문이 전화상으로 묻기에 적합한 질문인지, 어떠한 예상 답안이 더 추가되어야 할 것인지, 듣는 사람이 거북하지 않은 자연스러운 구어체로 쓰여졌는지, 전체 서베이 시간이 15분을 넘기지 않는지 등을 확인했다. 시간이 많이 걸리는 전화 인터뷰에 참가하기를 원하는 응답자를 찾기는 힘드므로(설문 시작시 시간이 15분 정도 걸릴 것을 미리 얘기하고 참가 의사 여부를 묻고 동의할 경우 서베이를 시작하는 것으로 했다.) 15분을 마지노선으로 잡았다.

셋째, 서베이의 실행은 2008년 여름 베이징대학의 '현대중국연구중심'을 통해 이루어졌다. 감독자의 관리 하에서 사전에 훈련된 8명의 스태프가 동일한 시간대에 베이징과 상하이의 업주를 전화 접촉하도록 했다.[32] 연구에 대한 간략한 소개 후 전화상의 응답자가 동의할 경우 모든 질문을 던지고 응답을 기

---

32 2007년 베이징 체류시 이 센터를 방문했으며 서베이 조사에 참가하는 스태프들을 만났다. 스태프들은 최소한 정치학 석사 이상의 학력 소지자들이었고 국내외 여러 서베이 프로젝트에 참가해 숙련된 경험이 있었다.

록하는 것으로 했다. 전체 유효 응답자는 베이징 258명, 상하이 268명으로 전체 526명이었다. 각 도시당 250명의 유효 응답자를 목표로 시작한 서베이 프로젝트였다. 하지만 실제로 CATI 시스템을 통해 만들어낸 전화번호 수와 전화연결 시도 수는 엄청난데, 컴퓨터상에서 무작위로 만들어낸 전화번호이기 때문에 유효하지 않는 전화번호가 발생하는 경우(예: 결번이거나 팩스 번호이거나 회사 전화번호)도 꽤 있었고, 전화번호가 유효하더라도 여러 가지 경우의 수로 인해 연결이 되지 않거나 혹은 거절당하는 경우도 있었기 때문이다. 전화 서베이는 관리자의 감독이 용이하고 짧은 기간에 집중적으로 실행과정을 끝낼 수 있다는 장점이 있는 반면, 전화상에서 이루어지기 때문에 나름의 제한 조건들도 있다. 다른 형식의 서베이에서는 또 다른 종류의 실행상의 난점이 있기 때문에[33)] 사전에 여러 형식의 서베이 조사연구방법을 검토하고 자신의 여건에 가장 적합한 것으로 고르기를 권한다.

아래는 베이징대학 현대중국연구센터 외에 베이징, 상하이에 소재하는 학술 목적의 서베이 프로젝트를 수행하는 기관들이다.

베이징대학 사회조사연구센터:
http://web5.pku.edu.cn/pucssr/
베이징대학 중국국정연구센터:

33 예를 들어 어떤 서베이 프로젝트는 '실행 시점(timing)'이 언제냐에 따라 얻는 결과가 천양지차일 수도 있다. Benn Eifert, Edward Miguel, and Daniel N. Posner, "Political Sources of Ethnic Identification in Africa," Working Paper (http://www.afrobarometer.org/papers/AfropaperNo89.pdf).

http://www.rcccpku.org/ch/index.php
인민대학 중국데이터, 조사센터:
http://nsrc.ruc.edu.cn/
청화대학 당대중국연구센터:
http://www.tsinghua.edu.cn/docsn/shxx/site/chinac/home.htm
중국사회과학원 국정조사연구센터:
http://www.sociology.cass.net.cn/gqdcyyjzx/zxgk/t20060822_9531.htm#
복단대학 기층사회, 정권연구센터:
http://www.sirpa.fudan.edu.cn/s/56/t/134/11/b4/info4532.htm
상하이사회과학원 사회조사센터:
http://www.sass.org.cn/sdy/singleArtshow.jsp?dinji=329
상하이교통대학 민의, 여론조사센터:
http://www.cpor.sjtu.edu.cn/
화동사범대학 사회조사센터:
http://www.soci.ecnu.edu.cn/v5/lab/ssc.htm

V. 결론

연구 계획서를 열심히 쓰고 어떻게 하면 자신의 연구를 체계적이고 과학적으로 실행할 수 있을지에 대한 많은 고려를 가지고 현지에 도착하지만, 현지에 도착해 조사를 하다 보면 예상치 못한 여러 가지 변수들의 돌출로 혼란스럽기 일쑤이다. 현지 조사 기간 동안 연구자를 고민하게 만드는 불확실성의 핵심은 당초에 연구자가 고려했던 이론적 틀과 현지에서 경험한 실증 자료들의 접합이 가능한가에 대한 질문이다. 현지조사를 통해 애초 생각했던 틀이 바뀌는 것은 드문 일이 아니지만 새로운 틀을 짜고 동시에 또 글쓰기를 시작하는 것은 만만치 않은 노력을 요구한다.

이와 관련하여 몇 가지 제언을 덧붙이자면 다음과 같다. 첫째, 앞서 여러 번 언급한 대로 최소한의 목표와 최대한의 목표를 분리해서 세우고 자신이 정한 시기까지 최소한의 목표를 달성했다면 과감하게 떠나서 현지와 분리된 시간을 가지는 것이 좋다. 자료 수집이 부족한 것 같다고 해서 현지조사기간을 늘이기보다는 언제까지 어느 정도 자료가 모이면 현지조사를 일단 종료할 지 스스로와 약속을 정한다. 현지에 있는 동안은 실증적 자료 수집에 몰두하고 또 그에 파묻히기 쉽지만 가지고 있는 자료를 어떻게 정리해서 이론적으로 풀어낼 지가 그 다음의 과제이기 때문이다. 떠날 때가 되면 왠지 지금까지 한 조사의 성과가 미진한 듯해서 조사 기간을 연장시키고 싶은 생각도 많이 들지만, 마지노선을 정하고 떠날 때는 과감히 떠난다. 둘째, 이와 관련, 현지 조사를 마친 후 한두 페이지 정도로 간략하게 자신이 현지 조사를 통해 발견한 성과를 요약해 보는 것이 좋다. 수 개월 간 혹은 그 이상 현지조사를 하더라도 막상 글쓰기로 전환하는 단계는 또 다른 진통기이다. 한두 페이지 내로 요약하면서 현지 조사 기간 동안 모은 실증 자료가 어떤 이론과 연결이 가능한지 또 그 이론의 발전에 어떤 기여를 할 수 있을 것인지 생각해 본다. 정리된 인터뷰 노트를 들여다 보는 것이 큰 도움이 될 때가 이 때이다. 실증적으로 발견한 바, 내 연구가 던지고 대답할 수 있는 직접적인 질문, 결과물로써 논문이 생산할 이론적 함의 등 크게 세 가지 부분으로 나누어 보면서 작은 그림에서 출발해 큰 그림을 그릴 수 있도록 준비한다. 한두 페이지로 이 세 가지 사항을 정리해 낼 수 있다면 논문 작성의 큰 발걸음을 내딛은 것인데, 여러 가지 버전을 만들어 보고 지도교수 및 동료와의 대화를 통해 생각을 다듬어 나갈 것을 권한다.

제7장
중국 농촌 기층지역에서의 현지조사 방법

이동영

I. 들어가며

중국에서 "농촌 기층(基層)지역" 이라는 용어는 향진급(鄕鎭級) 이하의 행정단위를 포괄적으로 지칭할 때 일반적으로 사용되고 있다. 2007년 기준으로, 중국인구의 55.06%가 거주하고 있는 이 지역은 40,636개의 향진급 정부와 69만여 개의 행정촌(行政村)으로 구성되어 있다.[1] 중국 국내의 연구자들은 물론이고 해외의 많은 연구자들이 농촌 기층지역에 대해 지속적인 관심을 가지고 있는 것은, 거주 인구의 거대한 규모, 압도당할 만큼 많은 숫자의 정부기관들과 자치조직들, 그리고 경제성장을 포함한 다양한 분야에서의 인상적인 통계 수치들 때문만은 아니다.

승포제(承包制)로 대표되는 농산물 생산 및 분배제도의 변화가, 집체(集體)의 상징인 인민공사(人民公社)라는 구체제를 붕괴시켰으며, 이후 촌급(村級) 간부의 선출권과 파면권을 지역 주민들에게 부여한 촌민자치제도(村民自治制度)의 실시라는 극적

1 중국에서 향진급 이하의 행정단위를 말할 때는 일반적으로 행정촌(行政村)을 의미한다. 중국의 촌급 행정단위는 '자연촌(自然村)'과 '행정촌'으로 구분된다. 자연촌의 경우 자연발생적으로 형성된 촌락을 말하며, 행정촌은 하나의 거대 자연촌락, 또는 두 개 이상의 소규모 자연촌락을 하나의 행정단위로 구성한 지역을 말한다. 행정촌의 경우 공식적인 정부의 기관이 설치되지 않으며, 지역주민들의 자치를 통해 관리하는 이른바 촌민자치(村民自治)제도가 시행되고 있으며, 촌민자치의 집행기관으로서 촌민위원회(村民委員會)를 설치해서 운영하고 있다. 향진급 정부 및 행정촌 그리고 농촌 인구비율과 관련된 구체적 수치는『中華人民共和國國家統計局』, http://www.stats.gov.cn/tjsj/ndsj/2008/indexch.htm (2009년 6월 20일 검색)을 참고.

인 변화로까지 이어졌기 때문이다. 그 결과 왜 이 같은 변화들이 발생했으며, 일련의 변화들이 농촌 기층지역 행위자들의 행위와 그들 사이의 관계에는 어떠한 영향을 미쳤는지, 이러한 변화가 얼마만큼 지속될 것이며, 그 종착점은 어디인가와 같은 다양한 질문들이 제기되고 있다. 이러한 질문들에 대한 해답을 찾는 것은 이제까지 중국이 보여준 변화는 물론이고, 현재 나타나고 있는 다양한 현상들, 그리고 향후 중국의 변화를 전망하는데 있어 중요한 위치를 점하고 있기 때문이다.

이러한 중국의 변화와 함께 중국을 연구하는 방법 역시 기존의 문헌분석 중심에서 현지조사를 통한 보다 실증적이고 경험적인 연구방법으로 전환되기 시작했다. 그것은 중국이 개혁·개방을 시작하기 이전까지는 직접적인 현지조사나 현지인의 심층면접이 불가능했던 관계로 사용가능한 자료의 제약을 받을 수밖에 없었고, 이로 인해 중국연구의 대부분이 중앙정부 차원의 공식문건자료 그리고 각종 보도 자료 등과 같은 2차 자료에 의존할 수밖에 없었기 때문이다. 그러나 1980년대에 들어오면서부터 중국 현지로의 접근은 물론이고 체류 기간 중 실시한 직접적인 관찰, 인터뷰, 설문조사 등을 통해 보다 생동감 있고, 구체적이며, 체계적인 자료의 수집이 가능해지면서 현지조사는 중국연구의 중요한 방법으로 자리잡기 시작했다.[2)] 또한 중국 농촌 기층지역에서 보여지는 급격한 변화와 이에 동반해 나타나고 있는 무수히 많은 다양한 사례들은 기존 이론(혹은 가설 또는 주장)들에 대한 적극적인 재평가를 통해 기존 이론

---

2 Harry Harding, "The Evolution of American Scholarship on Contemporary China," in David Shambaugh (eds.), *American Studies of Contemporary China* (Armonk: M. E. Sharpe, 1993), p. 19.

들의 타당성 검증과 함께 적용범위의 확장은 물론이고 수정까지 가능하도록 해 줄 뿐만 아니라,[3] 조사과정 중 새로운 현상의 발견과 이를 통한 연구 영역의 확장까지 가능하도록 함에 따라 현지조사를 통한 중국 연구는 더욱 중요한 위치를 차지하게 됐다. 그러나 자료수집, 가설의 수립과 검증, 기존 이론에 대한 재검토를 통한 이론의 확장과 수정 그리고 새로운 연구지평의 확장과 같은 현지조사가 지니고 있는 장점에도 불구하고 중국 현지에서 어떻게 적정 사례를 선정하고, 그렇게 선정된 사례의 대표성을 어떻게 확보할 것인지, 그리고 조사 대상지역(또는 인물)에 어떻게 접근할 것인지, 현지조사의 주요한 방법으로 활용되고 있는 인터뷰는 어떻게 진행할 것인지와 관련해 현지조사는 종종 난관에 봉착하게 된다.

따라서 본 장에서는 중국 농촌 기층지역에서 진행되는 현지조사의 과정 중 발생할 수 있는 어려움을 어떻게 극복할 것인가와 관련해 필자의 박사학위 작성 과정 중 진행했던 현지조사의 성공과 실패의 사례를 중심으로 서술하고자 한다. 우선 2절

3 왕사오광(王紹光)과 후안강(胡鞍鋼)은, 집체의 해체와 지방화의 과정으로 인해, 중국 국가의 재정흡수 능력이 약화되었으며, 이는 중국의 국가능력을 약화시켰다는 주장을 펼친바 있다. 王紹光, 胡鞍鋼 著,『中國國家能力報告』(沈陽: 遼寧人民出版社, 1993)을 보라. 이들의 이런 주장이 아니라도 중국의 국가능력은 일련의 개혁과정 중 약화되고 있다는 인식이 강했다. 하지만 에딘(M. Edin)은, 저장성(浙江省)지역에서 진행한 현지조사를 바탕으로, 상급정부들이 향진정부의 간부들과 개별적으로 구체적인 업무관련 목표을 계약하고, 그 수행결과에 따라 각종 포상 및 불이익을 주는 이른바 '목표책임제(目標責任制)'와 같은 다양한 행정수단을 통해 국가의 정책목표 달성을 위해 향진급 간부들을 성공적으로 통제하고 있음을 밝히며, 국가능력이 약화되지 않았음을 반증하고 있다. 이와 관련해서는 Maria Edin, "State Capacity and Local Agent Control in China: CCP Cadre Management from a Township Perspective," *The China Quarterly*, No. 173 (2003), pp. 35~52를 보라.

에서는 현지조사를 위한 준비 과정 중 가장 먼저 직면하게 되는 사례선정의 문제와 선정된 사례의 대표성을 어떻게 확보할 것인지를 서술한다. 이후 3절에서는 어떠한 방법을 통해 현지로 접근할 것인지를 설명할 것이다. 4절에서는 현지에 도착한 이후 현지인들과 어떻게 인터뷰를 진행할 것인지에 대해 서술하고자 한다. 마지막으로 5절에서는 현지조사 과정 중 어떻게 문헌자료를 수집하고, 조사된 내용을 정리하며, 최종적으로 논문작성에 있어서 주의할 점은 무엇인지를 설명할 것이다.

II. 농촌 기층지역 현지로의 접근과 사례의 선정

중국 농촌 기층지역의 지역적 특성: 다양성

본 장의 서두에서 밝혔듯이 중국 농촌 기층지역에서의 인구, 행정 단위 및 관련 기관의 수적 규모 면에서 나타나는 압도적 수치는 중국 농촌 기층지역이 지니고 있는 다양성이라는 특징을 충분히 짐작할 수 있게 한다. 이 특징은 '지역 간 하위 제도의 불일치'와 '구제도(질서)와 신제도의 공존'이라는 두 가지 요인이 상호 결합되면서 더욱 강화된다.

중국 법률체계의 특징 중 하나가 중앙에서 기본 원칙을 담고 있는 법안이 만들어 지면 각급 지역에서는 이를 시행하기 위해 지역별로 서로 다른 무수한 시행법과 시행방안들이 만들어져 운영되고 있다는 점이다. 예를 들어 중국촌민자치의 원칙을 담고 있는 『중화인민공화국 촌민위원회 조직법』(中華人民共和國村民委員會組織法)이 1998년에 정식법률로 반포된 이후,[4] 성(省)급→지(地)급→현(縣)급→향진급→촌급으로 내려가면서 각 급 정부는 선거방식, 조직구성방식, 재정관리 등에 있어서 각기 서로 다른 하위 제도들을 만들어 시행하고 있다.[5] 이는 촌민자치의 시행과정 중 지역 간 서로 다른 결과물들이 만들어지는 중요한 원인 중의 하나이기도 하다. 아래의 표 7-1에서 볼 수 있듯이, 푸젠(福建)성의 40개 촌을 대상으로 진행된 조사에 따르면 촌민위원회 간부 후보자의 예비명단 결정, 정식후보자 결정, 선거 및 투표 방식에 있어서 개별 촌마다 서로 다른 제도를 선택·시행하고 있다. 이처럼 다양한 내용의 후보자 추천방식

4 이에 앞서 1987년에 권고적 성격이 강한『중화인민공화국 촌민위원회 조직법(시행)』(中華人民共和國村民委員會組織法(試行))을 반포한바 있다. 따라서 광둥(廣東)성, 윈난(雲南)성 그리고 기타 일부 지역에서는 명칭만 촌민위원회로 변경하고, 촌민의 직접선거를 통해 그 대표를 선출하지 않고, 상급 정부가 임명하는 방식을 시행하고 있었다. 법률이 규정한 바에 따라서, 촌민의 직접선거를 통해 대표를 선출하는, 전면적인 촌민자치제도가 중국 전역으로 확대된 것은 1993년 이후부터이다.

5 일반적으로 중국의 행정체제는 성급→현급→향진급의 3급 체제로 인식되고 있다. 그러나 도시화 등의 영향으로 인해, 과거 성급 정부의 파견기관이었던 지구(地區)정부가 공식행정단위로 편입되면서 최근 중국의 행정체제는 4급 체제로 전환되고 있다. 4급 행정체제의 경우 성급과 현급 사이에 지(地)급(지구급의 약칭이며, 경우에 따라서는 '시(市)급'으로 부르기도 한다) 행정단위가 추가된다. 1급 행정단위인 성급에는 23개의 성(타이완(臺灣) 포함)과 베이징(北京), 톈진(天津), 상하이(上海), 충칭(重慶) 등 4개 직할시, 홍콩과 마카오의 두 개 특별행정구(特別行政區) 그리고 다섯 개의 자치구(自治區)가 포함된다. 2급 행정단위인 지급에는 구(區)가 설치된 시(일반적으로 '지급 시'라고 불려진다), 지급 현 그리고 자치주(自治州)가 포함된다. 3급 행정단위인 현급에는 (자치)현 및 구가 설치되지 않은 현급 시, 그리고 성급 또는 지급 시 산하에 설치된 구가 포함된다. 마지막으로 4급 행정단위인 향진급에는 향, 진 그리고 민족향(民族鄉)이 포함된다.

과 정식 후보자 확정 방식의 복합적 사용은 개별 제도가 결합되는 방식에 따라, 선거에서 경쟁의 정도가 서로 다르게 나타날 수 있을 뿐만 아니라, 선출되는 후보자들의 특징은 물론이고 유권자의 투표참여율 등이 영향을 받을 수 있다.[6] 따라서 촌민위원회 선거에서의 경쟁의 정도, 유권자의 참여율, 후보자 및 당선자의 속성 등을 파악하기 위해서는 보다 다양한 변수들을 고려해야만 한다.

중국 농촌 기층지역에서 다양성이라는 특수성을 만들어 내는 또 다른 원인으로는 중국 농촌 기층지역에서 존재하고 있는 '구제도(질서)와 신제도의 공존'에서 찾을 수 있다. 집체농업의 해체를 가져 온 승포제의 실시는 경작지에 대한 점유권과 이용권을 개별 농가에 부여하는 동시에, 자유로운 생산 활동을 보장한 것이다. 하지만 토지의 소유권은 여전히 집체소유가 유지되고 있다. 뿐만 아니라, 해당 지역의 과수원, 양어장 등을 포함한 비교적 자산 가치가 높은 시설에 대해서도 집체소유를 유지하고 있다. 따라서 집체경제의 발전은 해당 지역의 경제수준을 결정하는 중요한 요인으로 작용하고 있으며, 비교적 집체경제가 발전한 지역일수록 이를 관리하는 간부들의 발언권이 상대적으로 높게 나타나고 있다.[7] 신·구제도의 공존으로 인해 나타나는 갈등 중의 하나가 바로 권력기반이 서로 다른 공산당 촌당지부(村黨支部)와 촌민위원회 사이에서 충돌이다. 이에 더

6 胡榮, "經濟發展與競爭性的村委會選擧,"『社會』, 第3期 (2005), pp. 27~49.

7 집체경제의 발전과 촌민자치 실시과정 중 지역 간부의 행위 및 권위와 관련해서는 項繼權,『集體經濟背景下的鄕村治理: 南街, 向高和方家泉村村治實證硏究』(武漢: 華中師範大學出版社, 2002); 陸學藝 主編,『內發的村莊: 行仁莊』(北京: 社會科學文獻出版社, 2001) 등을 참조.

해 개혁·개방 이후 종족권력이 부활하면서 농촌 기층지역에서는 이들 세 조직 사이에서 경쟁과 충돌 그리고 협력이 상존하고 있다.[8)]

표 7-1
최근 진행된 선거에서 개별 촌별로 선택한 선거제도와 그 비율

	제도	촌수(개)	%
후보자 추천방식	촌민 직접 후보자 추천	22	55
	당지부 후보자 추천	5	12.5
	향진정부 후보자 추천	11	37.5
	직전 촌민위원회 후보자 추천	8	20
	촌민대표(村民代表) 후보자 추천	12	30
	자기 추천	2	5
정식 후보자 확정방식	촌민 투표를 통해 결정	19	47.5
	촌당지부가 결정	2	5
	향진정부가 결정	5	12.5
	촌민대표 투표를 통해 결정	5	12.5
선거 및 투표 방식	차액(差額)선거[9)]		100
	선거 대회 개최 이후 전체 유권자 투표를 통해 결정	40	100
	이동투표함 이용	15	37.5
	고정식 투표소 설치	23	57.5
	비밀 기표소 설치	20	50

자료출처 胡榮, "經濟發展與競爭性的村委會選擧,"『社會』, 第3期 (2005), p. 36.

사례연구 및 사례선택

사례연구는 존재하고 있는 현상이 왜 발생했는지를 소수의 사례(small-N)를 통해 설명하기 위한 것이다.[10)] 사례연구가 성공하기 위해서는 설명하고자 하는 대상과 관련해 적절한 '이론의

구성'이 선행되어야 한다. 이론은 관계에 의해 연결된 개념으로 구성되어 있는 하나 또는 몇 개의 가설들로 구성되어 있으며, 상호 연계되어 있는 각각의 개념은 가설을 검증할 수 있는 지표를 담고 있으며, 이러한 지표들은 바로 현상을 설명하기 위한 독립변수로 이용될 수 있다. 따라서 올바른 이론의 구성은 설명하고자 하는 현상에 대한 적절한 설명은 물론이고, 예측까지 가능하게 해 준다.[11] 따라서 올바른 이론에 기초한 독립변수들을 바탕으로, 연구 목적에 가장 부합하며, 적용가능성이 넓은 사례를 선택함으로서 사례의 대표성을 확보할 수 있다.

필자의 박사학위 논문은 현행 촌민자치제도의 실시과정 중, 향진정부와 촌민의 공동대리인(common agency)인, 촌민위원회 간부들이 '역할선택의 딜레마(dilemma of role choice)'에 직면해 어떠한 형식의 역할을 선택하며, 그들이 모종의 역할 선택을 내리는데 있어 어떠한 요인들이 영향을 끼치는가를 발견하기 위한 것이다. 합리적 행위자로서의 향진정부와 촌민은 각자의 이익을 보호하기 위해, 자신들이 보유하고 있는 수단을 통해, 촌민

---

8 농촌 기층지역 내에서의 종족세력의 부활과 기존 국가권력의 충돌 등과 관련한 현지조사로는 Elizabeth J. Perry, "Rural Collective Violence: The Fruits of Recent Reform", in Elizabeth J. Perry and Christine Wong (eds.), *The Political Economy in Post-Mao China* (Cambridge: Harvard University Press, 1985), pp.176~192; Lily L. Tsai, *Accountability without Democracy: Solidary Groups and Public Goods Provision in Rural* (Cambridge: Cambridge University Press, 2007); 肖唐鏢等著,『村治中的宗族: 對九個村的調査 硏究』(上海: 上海書店出版社, 2001) 등을 참조.

9 차액(差額)선거는 선출될 해당 간부의 숫자보다 최소 1인 이상의 후보를 더 두어 복수의 후보 중 경선을 통해 선출하도록 하는 방식을 말한다. 따라서 정식 후보자의 숫자 역시 지역별로 서로 다른 규정을 두고 있다.

10 John Gerring, "What Is a Case Study and What Is It Good for?" *The American Political Science Review*, Vol. 98, No. 2 (2004), pp. 341~342.

11 사회문화연구소 편,『사회조사의 연구방법』(서울: 사회문화연구소 출판부, 1996), pp. 43~44.

위원회 간부가 저마다의 대리인으로 활동하도록 압력을 가한다. 이렇게 향진정부와 촌민으로부터 야기된 '이중의 압력(dual pressure)'은 촌민위원회 간부에게 역할선택의 딜레마를 가져다주는 한편, 촌민위원회 간부가 자신의 역할을 선택할 수 있는 기회를 제공해 주기도 한다. 역할선택의 기회를 맞이해 합리적 행위자인 촌민위원회 간부 역시 자신이 보유하고 있는 자원에 기초해 모종의 역할선택을 내린다.

그림 7-1

촌민위원회 간부의 역할 선택

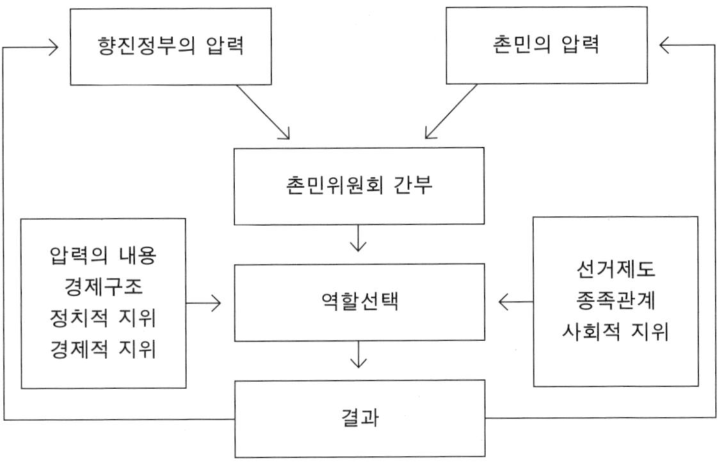

향진정부와 촌민 사이에서 촌민위원회 간부가 ①"향진정부의 대리인", ②"촌민의 대리인", ③"독립형", ④"기회주의형", ⑤"향진정부-촌민 연합", ⑥"3자간 협력관계 유지"라는 여섯 가지 유형과 관련된 선택을 할 수 있다. 이 같은 가설을 바탕으로 필자는, 2000년부터 2002년 사이에, 총 40개의 촌민위원회에 대한 조사를 진행했다.[12] 이 조사는 앞서 언급한 역할선택의 유형

들이 실질 사회 속에 존재하고 있는가를 확인하는 동시에, 촌민위원회 간부들의 역할선택에 영향을 끼칠 수 있는 변수들의 존재를 확인하는데 목표를 두고 있는 예비 조사의 성격을 지니고 있다. 이를 위해 농민부담(農民負担)[13]과 토지수용(土地征用)의 문제와 관련해 촌민위원회 간부들이 어떠한 태도를 나타내고 있는지,[14] 또 실제 상황에서 어떤 형태의 역할을 선택했는지를 중심으로 인터뷰를 진행했다. 또한 인터뷰의 과정에서 인터뷰 대상자가 차기 선거에 출마할 의사가 있는지를 확인했다. 이는 만약 인터뷰 대상자가 차기 선거에 출마할 의사가 없다면, 현직에 있는 동안 역할선택과 관련된 노력을 할 필요가 없기 때문에 역할선택과 관련해 구체적인 전략을 지니고 있지 않을 것으로 판단해서 이다. 조사 결과 ①의 역할을 선택한 곳이 11개, ②의 역할을 선택한 곳이 5개, ③의 역할을 선택한 곳이 5개,

---

12 향진정부–촌민위원회–촌민의 3자 사이에 형성된 공통 대리인관계를 만들어낸 제도적 특징이 보편적으로 적용되고 있다는 판단에 기초해, 1차 조사를 진행한 40개 촌의 선정은 독립변수나, 지역적 특수성 등과 같은 다른 요인을 고려하지 않고, 조사 가능지역을 우선적으로 선택했다.

13 이른바 농민부담은 농민이 국가(주요하게는 향진정부)와 집체에 무상으로 현금, 잉여제품 및 노동력을 포괄하고 있으며, 주요하게는 국가와 집체가 불법·편법적인 방식을 통해, 농민에게 일방적이고 과도한 규모로 부과하는 각종 '집자'(亂集資), '분담금'(亂攤派), 그리고 '벌금'(亂罰款) 등의 이른바 세 가지 문란한 현상(三亂問題)의 형식으로 나타나고 있다. 이 같은 농민부담은 실제 농민의 이익을 심각하게 침해하는 주요한 원인인 동시에, 국가(그리고 집체)와 사회 사이에서 이루어지는 이익 재분배의 문제이다.

14 2명의 위탁인과 1명의 대리인 사이에 형성된 공동 대리인 관계의 경우, 2명의 위탁인 사이에 이익충돌이 발생할 경우, 각각의 위탁인은 대리인을 자신의 대리인으로 삼기 위해 압력을 가하며, 이때 대리인은 역할선택의 딜레마에 빠지게 된다. 따라서 농촌 기층지역에서 향진정부와 촌민 사이에 이익충돌을 발생시키는 주요 원인으로 농민부담과 토지수용의 문제가 핵심적 위치에 놓여 있다. 따라서 역할선택과 관련해 촌민위원회 간부들의 태도를 알아보기 위한 소재로 이 두 가지 문제를 이용했다.

④의 역할을 선택한 곳이 15개, ⑤의 역할을 선택한 곳이 1개, ⑥의 역할을 선택한 곳이 2곳, 그리고 마지막으로 차기 선거에 불출마 의사를 밝힌 곳이 1개 지역으로 나타났다.

이후 2003년~2004년 사이에 진행된 2차 조사에서는 앞서 조사에서 빈도가 낮게 나온 ⑤, ⑥ 그리고 불출마 지역을 제외하고, 최종적으로, "향진정부의 대리인", "촌민의 대리인", "독립형" 그리고 "기회주의형"의 4가지 유형으로 간부의 역할선택 유형을 확정했다. 이후 이들 유형과 관련해, 촌민위원회 간부가 비교적 명확하게 자신의 의견을 밝힌 지역을 중심으로 14개 촌을 확정했다.[15] 이들 14개 촌에서 진행된 2차 조사의 주요한 목적은 각각의 역할 유형별로 어떠한 변수들이 공통적으로 작용하고 있는가를 확인하기 위한 것이다.

이를 위해 필자는 '선거제도'(민주적, 비민주적), '당원여부'(당원, 비당원), '해당 지역의 경제유형'(농업형, 비농업형), '집체경제의 발전 정도'(집체경제발전, 집체경제 있으나 영향력 낮음, 집체경제 자산이 없거나 영향력이 전혀 없음), '타지역과의 개방성'(개방성, 비개방성), '종족관계'(강함, 영향력 크지 않음, 없음), '간부의 직업'(농업, 개체호, 집체경제 관리직), '간부의 경제수준'(상, 중, 하), '간부의 교육수준'(고등이상, 초등 또는 중학 이상, 문맹 또는 무학력 문자해독가능), '간부의 연령'(51세 이상, 41~50세, 20~40세) 등의 10개 분야 총 26개의 세부변수를 설정했다. 변수의 설정은 촌민위원회와 관련된 기존의 연구들을 바탕으로 결정했으며, 각각의 유형에서 나타나는 변수들의 내용은 아래의 표 7-2와 같다.

15 14개 촌 중, 향진정부 대리인에 속하는 곳은 4개 촌, 촌민대리인에 속하는 곳은 3개 촌, 독립형에 속하는 곳은 2개 촌, 기회주의형에 속하는 곳은 5개 촌이다.

표 7-2
촌민위원회 간부들의 역할선택에 영향을 끼치는 각 유형별 변수

변수 \ 유형		향진대리	기회주의	독립형	촌민대리
선거제도	민주선거		O	O	O
	비민주선거	O			
당원	당원	O	O		
	비당원		O	O	O
경제유형	농업형	O	O		O
	비농업형			O	O
집체경제	집체경제발전			O	
	영향력 크지 않음	O	O	O	O
	영향력이 없음	O		O	O
개방성	개방성				O
	비개방성	O	O	O	O
종족관계	강함			O	
	영향력 크지 않음	O	O	O	O
	없음	O	O		O
간부의 직업	농업	O	O		
	개체호 업주			O	O
	경리 또는 창장			O	
간부의 경제력	상			O	O
	중	O	O	O	
	하	O			
학력	고등 이상		O	O	O
	초등, 중학	O	O	O	
	문맹 또는 무학 문자해독	O			
연령	51세 이상	O		O	
	41~50세		O	O	O
	20~40세		O		O

자료출처 李東映,『雙重壓力下村民委員會幹部的角色選擇研究: 以村民委員會主任爲中心的硏究』, 北京大學 博士學位論文(2006), p. 129.

마지막으로 2004년~2005년 사이에 진행된 최종 조사를 위한 사례의 선정을 위해 위의 표에서 나타난 변수들의 경향성, 촌민위원회 간부의 역할과 관련한 인식, 최종 조사 직전 1~2년 사이에 농민부담, 토지수용 또는 기타의 문제로 향진정부-촌민, 향진정부-촌민위원회, 촌민위원회-촌민 사이에서 긴장 발생 경험의 유무를 바탕으로 각 유형별로 한 개씩의 최종사례를 선정했다.

III. 현지로의 진입

현지 조사와 관련해 카셀(J. Cassell)은 두 단계의 접촉과정을 상정하고 있다. 그 첫 번째 단계는 조사 대상 지역(또는 집단)으로 진입하는 단계이며, 두 번째 단계는 인터뷰, 설문조사, 혹은 관찰과 같은 방법을 통해 조사대상자들과의 소통을 이끌어 내는 단계이다. 두 번째 단계는 다음 절에서 설명할 것이다. 카셀은 폐쇄적인 지역(또는 집단)으로 진입하기 위해서는 우연히 주어질 수 있는 기회에 주목하고, 인맥·학연·지연 등과 같은 인맥을 활용할 것과 함께, 연구자의 지속적인 노력과 함께 과감한 태도를 요구하고 있다.[16] 카셀의 이 같은 요구는 중국에서도 그대로 적용된다.

---

16 Joan Cassell, "The Relationship of Observer to Observed When Studying Up," in R. G. Burgess (ed), *Studies in Qualitative Methodology* (Greenwich, CT and London: JAI Press, 1988), pp. 93~97.

인맥의 활용과 확장

각종 조사활동을 진행하기 위해 조사 대상지역으로 진입하는데 있어 가장 유용한 수단은 인맥이다. 실제 필자가 유학 초기에 방문했던 많은 지역들 중 거의 절대 다수는 바로 이 인맥을 통한 것이다. 하지만 인맥를 이용하기 위해서는 중국인들의 특성을 잘 이해하고 있어야 한다. 즉, 소개 받은 사람과 소개 해준 사람의 관계를 존중해 줘야 한다. 평소 필자와 잘 알고 지내던 한 지인이 허베이(河北)성의 공무원인 자신의 친구를 소개시켜 줘 방문한 적이 있었다. 몇 차례의 방문을 통해 나름 친분도 쌓았고, 또 매번 갈 때 마다 연락해 줄 것을 부탁하기도 미안하고 해서, 필자가 직접 연락을 하고 방문한 적이 있었다. 그런데 그 공무원의 태도가 예전과 같지 않았다. 자신의 친구를 통하지 않고 바로 자신에게 연락한 것이 문제였다. 자신과 필자 사이에서 친구를 배제하고자 하는 의도로 받아 들여졌던 것이다. 이후 다른 중국인 친구들에게 이 일을 물어 봤을 때 돌아 온 대답은 모든 중국인들이 다 그런 것은 아니고 중국인들 사이에 정도는 다르지만, 그리고 알게 모르게 존재하는 특성이라는 것이다. 결국 누군가의 소개를 받고 친분을 유지하더라도, 결국은 나의 인적 네트워크에는 포함되기 힘들다는 것이다. 따라서 개인 인적 네트워크의 확장을 위한 노력이 있어야 한다. 필자의 경우, 중국 유학 중이라는 특수성이 있기는 했지만, 가능한 많은 학술대회를 참관하고자 노력했다. 중국에서 개최되는 학술대회에 가보면 공무원들이 발표자로 참석하는 경우가 많다. 따라서 이 기회를 잘 활용하면 관련 연구자들은 물론이고, 지역의 공무원들과 친분을 가질 수 있는 기회를 가질 수도 있다.

소속기관의 네트워크를 충분히 활용하라

현재 소속되어 있거나, 이전에 소속되었던 기관도 조사 대상지역으로 진입하는데 십분 활용해야 된다. 외국인이 소속된 기관일 경우 일반적으로 지방에 파견기관 또는 협력기관을 두고 있다. 따라서 이들 기관이 지니고 있는 네트워크를 통해 현지를 방문할 수도 있다. 이때 대학교 보다는 연구소가 더 도움이 될 수 있다.

조사 대상지역과의 직접적인 접촉을 두려워 말라

필자가 방문한 지역 중 많은 부분은 아니지만, 일부는 필자가 중국인 지인들의 도움을 받지 않고 현지의 정부기관에 직접 연락한 결과물이다. 많은 사람들과 이야기 해보면 현지 정부 또는 관련 기관과의 직접 접촉에 상당히 부정적인 생각을 가지고 있다. 물론 이 같은 직접 접촉의 성공률이 높은 것은 아니지만, 그렇다고 완전히 불가능한 것도 아니며, 생각보다 성공 가능성이 높다. 이때는 간혹 필자가 외국인이라는 것이 도움이 되기도 했다. 현지기관과 직접 접촉할 때 자신과 가장 밀접한 정부기관이 어디인지를 정확하게 파악하라. 필자의 경우 민정(民政) 관련 부서에 주로 전화를 많이 했다. 일반적으로 전화를 통해 접촉이 이루어지게 되는데, 이때 자신이 한국인 누구이며, 어떠한 목적으로 방문하고 싶다는 의사를 전달해야 된다. 물론 조사 내용을 지나치게 자세히 알려 줄 필요는 없다. 이때 가능한 조사라는 단어보다는 '참관'이라는 단어를 사용하는 것이 좋으며, 또 당연한 것이지만 상대방에 대해서 매우 긍정적인 평가를 내려주는 것을 잊지 말아라. 예를 들어, 방문하고자 하는 지역이 특정 분야에서 매우 우수한 성과를 올렸다고 들었다 등. 직접 접촉을 할 때는 조사예정일 보다 충분한 시간을 두고 천천히 접촉하는 것이 좋다.

우연히 찾아오는 기회를 놓치지 말라

이 경우는 매우 특수한 경우이기는 하지만 평소 자주 이용하던 식당의 직원, 혹은 이웃의 도움으로 현지 조사가 이루어진 경우도 있다. 농촌 현지조사가 화두였던 당시 필자는 아마 접촉하는 모든 중국인들에게 고향이 어딘지를 묻고, 그들의 고향이 농촌일 경우, 농담 반 진담 반으로 필자가 그의 고향을 방문해 볼 수 있기를 요청했다. 이 같은 시도를 통해 필자는 현지조사를 할 수 있는 기회를 가졌었다. 필자가 베이징에서 거주하고 있던 아파트 주변의 자주 다니던 식당에서의 경험이다. 책을 보기 싫을 때면, 늦은 밤에 혼자서 맥주를 마시곤 하던 식당의 쉬(許)씨 성의 한 남자 종업원과 친해질 기회가 있었다. 당시 한국 드라마와 노래가 인기 있었던 탓에 이 친구와 쉽게 친해질 수 있었는데, 필자가 중국에서 유학을 하고 있으며, 농촌을 연구하고 있음을 말할 기회가 있었다. 이 친구가 자신의 아버지가 촌민위원회 주임과 친한데 소개시켜 줄 수 있으니 자신과 함께 고향에 갈 의향이 있는지를 묻기에, 그냥 예의상 하는 말일 것으로 짐작하고 기회가 되면 그러겠다고 대답하고 잊어버리고 있었다. 그리고 2004년 설날(春節)을 한 달여 앞두고 쉬

씨 성의 이 친구가 자신이 고향을 갈 때 같이 가자고 정식으로 제의를 했고, 우연찮게 2주 간 그 친구의 고향을 방문해 상당히 자유로운 분위기 속에서 그 지역의 일반 주민들은 물론이고, 촌민위원회 간부들 및 촌당지부의 간부들과 대화를 나눌 수 있는 기회를 가질 수 있었다.

현지 조사시 항상 안전에 주의를 기울여야 한다

언급한 바 있지만 필자가 진행한 현지 조사의 대부분은 개인적 인맥관계를 이용해 비공식적으로 방문한 경우이다. 필자를 현지에 소개 시켜준 사람의 신분이 연구자이거나, 소개 받은 사람이 연구자 또는 현지 공무원일 경우 별다른 문제는 발생하지 않는다. 하지만 친분관계를 이용해 개인의 가정 방문을 위장해 현지 조사를 진행할 때 문제가 발생할 수 있다. 실제 필자는 친구의 집에 놀러 가는 것처럼 해서 농촌 현지를 방문하는 경우가 종종 있었다. 이때 현지인의 신고로 현지의 공안(公安)에 체포된 적이 있다. 다행이 외국인이었던 탓에 아무른 처벌도 받지 않고, 현지에서 쫓겨난 경험이 있다. 이후 이런 형식의 비공식적인 조사는 가급적이면 진행하지 않았다. 만약 이런 식의 비공식적 조사가 꼭 필요한 경우 여행자의 신분으로 현지에 도착해 현지 숙소에 공식적으로 등록을 하고[17], 조사를 진행할

17 공식적으로 중국은 농촌은 물론이고 도시 역시 거주지가 아닌 지역에서 숙박을 할 경우 관할 지역 파출소 또는 관련기관(예를 들어 거민위원회(居民委員會))에 신고를 하고 임시거주증(暫住証)을 발급 받아야 한다. 물론 임시 거주지가 호텔과 같은 공식적인 숙박업소일 경우 해당 숙박업소에 비치된 서류에 관련 사항을 기입하면 된다.

것을 권한다.

그리고 조사 일정을 가능하면 설날과 같은 공휴일을 피해서 잡을 것을 권하다. 이때는 대규모 유동인구가 발생하기 때문에 평상시보다는 안전에 더 많은 신경을 기울여야 한다.

IV. 인터뷰

인터뷰는 현지조사에서 가장 즐겨 사용되는 방법이다. 인터뷰는 그 과정 속에서 새로운 연구주제를 발견할 수 있다는 장점과 함께 단순 문헌자료에서는 읽을 수 없는 다양한 함의를 포함하고 있는 자료를 제공받음으로서 현지조사를 더욱 풍부하게 해 줄 수 있는 장점이 있다.[18] 그러나 이 같은 장점에도 불구하고 인터뷰가 성공적으로 끝날 수 있기 위해서는 다음의 몇 가지에 주의해야 된다.

인터뷰 대상자들과의 신뢰 구축

인터뷰는 앞서 언급한 바 있는 카셀의 2단계 접근법 중 두 번

18 인터뷰가 지니는 장점 및 주의할 점과 관련해서는 다음을 참고: Kevin J. O' Brien, "Discovery, Research (Re)design, and Theory Building," in Maria Heimer and Stig Thøgersen (eds.), *Doing Fieldwork in China* (Honolulu: University of Hawaii Press, 2006), pp. 27~41; Dorothy J. Solinger, "Interviewing Chinese People: From Highlevel Officals to the Unemployed," in Maria Heimer and Stig Thøgersen (eds.), *Doing Fieldwork in China* (Honolulu: University of Hawaii Press, 2006), pp. 153~167.

째 단계이다. 인터뷰가 성공적으로 끝나기 위해서는 조사 대상 집단(또는 개인)의 폐쇄성을 극복하고, 그들과의 소통이 가능한 단계로 나아가야만 한다.[19] 문제는 중국 현지에서 인터뷰 대상자들과의 신뢰관계를 만들어가는 것이 쉽지 않으며, 비교적 긴 시간을 필요로 한다는 점이다. 하지만 조사자의 입장에서는 다시 해당 지역을 방문하는 것이 보장되어 있지 않을 뿐만 아니라, 시간적, 경제적 조건으로 인해 재방문하는 것 또한 매우 어렵다. 따라서 조급한 마음에 무리하게 인터뷰를 시도하다 상대방의 경계심만 높여 조사를 망치는 경우가 종종 있다.

이 같은 문제점은 필자가 참여했던 조사팀의 조사과정에서는 물론이고, 필자 개인이 경험했던 실패이기도 하다. 1996년 여름 필자는, 대학 지도교수님의 도움으로, 지린성(吉林省) 리수현(梨樹縣)의 선거과정을 참관할 기회를 가졌다. 이 지역은 촌민위원회 선거에서 '해선'(海選)방식의 선거를 가장 먼저 시작한 지역으로, 당시 중국의 민주적 선거의 모범 사례로 관심이 집

19 Raymond M. Lee and Claire M. Renzetti, "The Problems of Researching Sensitive Topics: An Overview and Introduction," *American Behavioral Scientist*, Vol. 33, No. 5 (May/June 1990), pp. 510~528.

20 해선(海選) 방식의 선거는 다음과 같은 특징을 보이고 있다. 첫째, 정해진 후보자가 없기 때문에 후보자 추천과정과 후보자에 대한 투표가 동시에 이루어진다. 즉 후보자가 없는 상태에서 투표가 시작되면 모든 유권자들은 투표용지에 자신이 지지 하는 후보의 이름을 기재한 뒤 투표를 한다. 검표에서 규정이 정한 표를 획득한 사람이 당선자로 선출되는 방식이다. 따라서 심한 경우 당선자 본인이 모르는 사이 선출되기도 한다. 둘째, 바로 이 같은 후보 추천과 선출방식으로 인해 무수히 많은 후보자들이 난립하기 때문에 단 한 차례의 투표로 끝나지 않고 투표가 몇 차례 진행되기도 한다. 셋째, 촌당지부, 향진정부 또는 촌민대표들에 의한 후보결정을 완전히 폐지하고, 철저히 유권자의 투표에 기초해서만 선거를 진행한다. 지역에 따라서는 이 같은 해선방식의 투표를 후보자 결정과정에만 적용하고, 이를 통해 후보를 확정한 후 다시 최종 투표를 진행하기도 한다.

중되고 있던 지역이었다.[20] 선거의 전 과정을 비교적 자유롭게 지켜 볼 수 있었으며, 선거에 참가한 각 후보들은 물론이고 투표에 참가한 촌민들과의 인터뷰도 자유롭게 진행할 수 있었다. 중국 현지 조사의 경험이 일천했던 당시의 필자로서는 쉽게 얻을 수 있는 기회가 아니라고 판단하고, 현지를 종횡무진 누비며 이 사람 저 사람을 만나며 많은 질문을 쏟아 냈다. 하지만 들을 수 있는 대답은 매우 원론적인 수준의 대답이었으며, 기대했던 만큼의 성과를 거둘 수 없었다.

일정이 끝나고 편안한 자리에서 지도교수님께 목격한 이런 저런 소회를 피력하며, 인터뷰 대상자들의 소극적 자세를 중국의 정치적 상황과 결부시켰다. 그런데 지도 교수님으로부터는 의외의 대답이 돌아왔다. 요지는 조사자가 인터뷰를 하려고 하면 할수록 조사 대상자들의 경계심만 강화시킬 뿐이라는 것이다. 조사자의 입장보다는 견학생의 입장을 가지고 한발 물러서 있으라는 것이었다. 또한 다른 지역에 조사를 가더라도 조사라는 단어 보다는 '참관', '학습'과 같은 단어를 사용하고, 과도한 질문은 하지 말 것을 당부하시며, 그런 만남이 몇 차례 이어져야 함을 강조하셨다. 그러나 현지조사 경험이 일천한 나에게는 쉽게 와 닿지 않는 해법이었다.

그렇게 그 이후 한동안 많은 실패를 경험했다. 그 같은 실패가 반복 되면서, 인터뷰 자체에 대한 회의를 가지게 됐고, 인터뷰에 대한 적극성을 잃어 갔다. 그런데 역설적으로 이것이 앞서 지도교수님으로부터 들었던 충고를 되새길 수 있는 기회가 됐다. 1999년 여름부터 2002년 겨울 사이에 허베이성(河北省)의 한 향정부와 그 지역의 촌민위원회 몇 곳을 다섯 차례에 걸쳐 방문할 수 있는 기회가 있었다. 필자가 원했다기 보다는 필자를 도와주고자 했던 중국인 선생님의 배려에 의한 것이었다. 이 때 필자가 한 것이라고는 그 지역 관리들의 말을 들어 주었던 것뿐이었다. 그리고 이왕 왔으니 하는 심정에 궁금한 것 한 두 가지 정도만 질문을 했다. 그렇게 몇 차례의 만남이 반복된 이후, 다섯 번째 방문했을 때, 현지 관리 한 명이 필요한 자료가 없냐고 묻기에 혹시나 하는 심정으로 이런저런 자료를 요청했다. 다른 지역에서 온갖 노력을 기울여도 받지 못했던 자료였다.

그 이후 2005년까지, 이 지역에 대한 조사는 몇 차례 더 진행할 수 있었다. 앞서 진행한 다섯 차례의 조사 과정 동안 그들이 필자에게 하는 말을 열심히 들어 주는 과정 속에서 현지 관리들은 나름대로 필자에 대한 탐색을 했던 것이다. 그 이후 진행된 조사에서는 필자는 현지인들과의 인터뷰에서 가능한 질문을 삼가고자 했으며, 그들의 말을 듣는 입장에서 인터뷰를 진행했고, 그들로부터 신뢰를 획득하는데 주안점을 두었다. 물론 이 같은 방식의 신뢰 쌓기가 모두 성공적으로 끝나는 것은 아니지만, 그렇지 않을 경우보다는 성공확률이 높다.

질문의 수위를 서서히 높여가기

중국에서의 모든 인터뷰가 다 그런 것은 아니겠지만, 농촌지역에서의 인터뷰는 질문의 수위에 상당히 많은 신경을 기울여야 한다. 촌민과 촌민위원회 간부들과 필자가 가진 많은 인터뷰에는 촌당지부의 서기(또는 부서기)는 물론이고 향진정부의 관리들까지 참가하는 경우가 많았다. 그리고 인터뷰 장소로는 대부분이 촌민위원회의 작은 사무실이었다. 일반적으로 필자의 맞은

편에는 촌민위원회 간부들과 촌민들이 앉았고, 필자의 양 옆으로 향진정부의 관리 및 촌당지부의 관계자들이 앉아 있는 경우가 많았다. 이 같은 분위기에서 농민부담의 문제, 촌민위원회의 선거과련 문제 등과 같은 민감한 성질의 질문을 직접적으로 한다는 것은 사실상 불가능하다.

따라서 대화의 시작은 아주 일상적이고, 개인적인 것에서부터 시작할 것을 권한다. 예를 들어 인터뷰 대상자에게 아이가 있는지, 있다면 나이는 얼마나 됐는가와 같은 질문을 한다. 동시에 필자 역시 자신의 이런저런 이야기를 풀어 놓는다. 이때 필자는 일반적으로 한국에서의 교육비, 생활비, 양육비 등과 같은 문제로 이야기를 시작한다. 이 같은 주제는 가장 일반적인 대화를 이끌어 낼 수 있기도 하지만, 현지에서의 소득수준과 함께 관련 비용들을 파악하는 동시에, 파생되어 나타날 수 있는 문제들의 기초적 정보를 얻는데 도움이 되기 때문이다. 예를 들어 교육과 관련해 다양한 형식의 분담금을 강제로 부과하고 있기 때문이다. 양육비의 경우 촌의 복지수준 등을 파악하는데 좋은 도움이 될 수 있다.

또한 필자는 종종 다른 지역에서 조사되었던 사례들이나, 기타 문헌자료에서 수집된 자료들에 대한 궁금증을 물어 본다. 이 경우 대부분의 참가자들은 자신들의 지역이 아니기 때문에 비교적 자유롭게 자신들의 견해를 밝히거나, 혹은 필자가 잘못 알고 있는 부분을 지적해 주기도 한다. 이때 나타나는 인터뷰 참가자들의 태도는 해당 지역에 대한 간접적 정보로 활용될 수 있다.

인터뷰 대상자의 이야기에 적극적인 반응 보이기

일반적으로 연구자들은 인터뷰 과정 중 관련 내용을 기록하고, 이어질 질문에 신경을 기울이기 때문에, 인터뷰 대상자들의 이야기에 적극적인 반응을 잘 나타내지 않는다. 연구자의 이 같은 태도는 인터뷰 대상자들로 하여금 이야기할 의욕을 떨어뜨린다. 따라서 인터뷰 대상자가 이야기 할 때는 감탄사를 연발하거나, 동의한다는 내용의 추임새를 함으로써 연구자가 인터뷰 대상자의 이야기에 관심을 가지고 있다는 인상을 심어 줄 수 있다. 이것은 인터뷰 대상자가 보다 고무된 상태에서 적극적으로 자신의 이야기를 할 수 있게 하는 효과를 발휘한다.

인터뷰 내용 자세히 기록하기

인터뷰는 물화된 연구자료가 아니다. 따라서 인터뷰에서 얻은 자료를 이후에 잘 활용하기 위해서는 인터뷰의 내용을 매우 상세히 기록되어야 한다. 인터뷰 일시, 장소, 참가자 명단은 물론이고, 인터뷰 장소의 분위기, 질문을 던졌을 때 인터뷰 대상자의 반응과 같은 감성적인 부분까지 기록해 놓으면, 이후 인터뷰 자료를 검토할 때 많은 도움이 될 수 있다.

한편, 많은 연구자들이 기록의 편리성 때문에 인터뷰의 내용을 녹음하고자 한다. 이때 조심해야 되는 것은 반드시 동의를 구해야 한다는 점이다. 만약 인터뷰 대상자가 동의하지 않을 경우 녹음을 하지 말아야 한다. 필자의 경험에 기초할 때 많은 중국인들은 녹음기를 보는 순간 상당히 경직된 반응을 나타냈다. 그런 까닭에 필자는 인터뷰에서 녹음기를 사용하지 않고 직접

손으로 작성하는 방식을 사용하고 있다. 간혹 진술을 놓쳤을 경우 한번 더 말해 줄 것을 정중히 부탁하기도 한다.

또한 가능한 중국어로 인터뷰 내용을 기록할 것을 권하다. 많은 수의 인터뷰 대상자들이 자신의 진술이 정확하게 기록되고 있는지 궁금해 하며, 혹은 인터뷰를 기록하는 행위 그 자체에 관심을 나타낸다. 물론 그렇다고 인터뷰의 기록을 보여 달라고 요구하지는 않는다. 이때 가능하다면 연구자는 자신의 인터뷰 기록을 보여 주는 것도 인터뷰 대상자로부터 신뢰를 획득할 수 있는 방법인 동시에, 잘못된 기록이나, 부족한 부분을 보충할 수 있는 기회가 되기도 한다.

V. 나가며: 자료수집과 글쓰기

현지조사는 또 다른 자료수집의 기회이기도 하다. 농촌 기층지역에 대한 연구과정 중 가장 어려운 것이 공식적 또는 비공식적 통계 자료를 확보하는 것이다. 물론 최근에 와서 현급 지역까지 공식 통계자료들이 발간되기는 하지만, 향진급 이하 지역에 대한 포괄적인 통계자료를 확보하는 데는 많은 어려움이 따르고 있다. 따라서 현지를 방문할 때 가장 먼저 확보해야 되는 문헌자료 중의 하나가 해당지역에서 발간되는 지방지(地方志)를 구입하는 것이다. 일반적으로 현급 정부에서 발간하는 것으로, 지방에 따라 발간이 중지된 경우도 있지만, 여전히 많은 지역에서 해당 지역의 지방지를 발간하고 있다. 여기에는 해당지역과 관련된 각종 통계 자료는 물론이고, 해당지역의 역사 및 문화 등과 관련된 다양한 자료들이 담겨 있기 때문에 해당지역의 기본적 사항을 파악하는데 많은 도움이 된다.

또한 조사 대상 지역보다 상급단위에 대한 조사를 먼저 진행해야만 실제 조사 과정 중 범할 수 있는 오류를 최소화 할 수 있다. 필자 역시 현지조사를 진행했던 초기에는 가능한 향진급 정부에 머무르는 시간을 줄이고, 촌급 지역에 오래 머물고자 했다. 그러나 이 같은 선택은 해당 지역 전체를 파악하지 못하게 함으로써, 실제 필자가 조사를 진행하는 촌급 단위의 경제적 상황은 물론이고 기타 많은 부분이 해당 지역에서 어떠한 위치를 점하고 있는 지를 파악하는 데 실패한 경험을 했다. 이후 우선적으로 향진급 정부에서 관련 관리들과의 인터뷰를 통해 방문하게 될 지역의 기본적인 정보를 파악해 놓는 것이, 인터뷰의 오류를 최소화하고 성공률을 높일 수 있는 한 방법이다.

일련의 현지조사와 함께 각종 자료수집이 끝이 나면, 그 동안 수집된 각종 자료들을 정리하고, 이를 글로 쓰는 작업을 진행해야 한다. 글쓰기는 조사 전, 그리고 조사과정 동안 연구자의 머리 속에서 추상화 되어있던 내용물을 구체적으로 형상화 시키는 중요한 과정이다. 따라서 일련의 글쓰기 과정 역시 새로운 학습의 시간임을 명심해야 한다. 이 과정을 통해 현지 조사에 대한 내용을 한번 더 숙지할 수 있을 뿐만 아니라. 조사과정의 오류는 물론이고 부족한 부분을 발견할 수 있게 된다.[21]

---

21 글쓰기가 가지는 학습효과와 관련해서는 Elin Sather, "Fieldwork as Coping and Learning," in Heimer and Thøgersen (eds.), *Doing Fieldwork in China*, pp. 42~57.

글쓰기 과정 속에서 조사일지는 저자의 기억력과 동시에 활용되어야 한다. 아무리 꼼꼼하게 기록했다고는 하지만, 인터뷰 당시의 분위기나, 또는 진술을 듣는 과정 속에서 받은 느낌을 무시할 수는 없다. 만약 인터뷰 과정 속에서 의심스러운 느낌이 들었던 부분이 다른 경로를 통해 확인이 되지 않을 경우 아무리 아까운 내용이라도 과감히 버릴 줄 알아야 한다.

마지막으로, 농촌 기층지역에서 진행되는 조사의 많은 부분은 민감한 내용을 담고 있는 경우가 많기 때문에 조사 대상자와 대상지역을 보호하는 해야 한다. 이것은 연구자의 가장 중요한 연구윤리 중 하나이다. 필자는 이 같은 경우 이름이나, 지명의 경우 가명이나 이니셜로 처리를 하며, 매우 구체적이어서 추적이 가능하다고 판단되는 수치의 경우 자료의 전체적 가치가 훼손이 되지 않는 범위에서 일부 수치를 변경하고, 이를 글쓰기 과정 중에 밝히는 방법을 사용한다.

제8장
중국정치연구와 통계기법의 활용

주장환

I. 들어가며

'정량적 연구(quantitative research)'와 '정성적 연구(qualitative research)'는 방법론 측면에서 현대 사회과학 연구의 양대 패러다임을 구성하고 있다.[1] 흔히 전자는 실증주의적, 계량적, 객관적 또는 경험주의적 패러다임을 계승하고 있으며, 반실증주의로부터 출발한 후자는 주관적 접근, 해석학적 접근 그리고 역사주의적 접근 등으로 불린다. 이 두 패러다임은 1980년대 초기부터 연구 대상을 분석함에 있어서 무엇이 더 적절한 방법론인가를 두고 "패러다임 전쟁(paradigm war)"라 불릴 만큼 격렬한 논쟁이 이루어졌다.[2]

그러나 기실 이 두 방법론은 모두 '추론의 논리(logic of inference)'에 따라 사회현상을 연구한다는 데에 있어서는 공통점을 가지며, 그 차이는 구체적인 분석 기법과 방식에 있다고 할 수 있다. 즉 물론 정량적 연구는 일반적으로 분석단위의 동질성을 가정하고 '통계 기법'을 사용하여 보편적 법칙의 수립

---

1 이 두 방법론은 학자들에 따라 각각 예증적 방법과 통계적 방법, 변수 중심 연구 전략과 사례중심 연구 전략, 서술적 방법과 형식 이론적 방법 등으로 불리기도 한다. Neil Smelser, *Comparative Methods in the Social Science* (Englewood Cliffs: Prentice–Hall, 1976); Charles Ragin, *The Comparative Method: Moving beyond Qualitative and Quantitative Strategies* (Berkeley: University of California Press, 1987); Gary King, Robert O. Keohane and Sidney Verba, *Designing Social Inquiry* (Princeton: Princeton University Press, 1994).

2 Julia Brannen, "Combining Qualitative and Quantitative Approaches: An Overview," in Julia Brannen (eds.), *Mixing Methods: Qualitative and Quantitative Research* (Brookfield: Ashgate Publishing, 1995), pp. 3~37.

을 목표로 한다. 반면 정성적 연구는 시공간적 맥락의 특수성을 가정하며 '사례 연구'를 통해서 인과적 메커니즘을 밝혀내는 데 집중하고 있다. 즉 이 두 방법론이 공통적으로 추구하는 바는 추론의 규칙과 논리에 따라 여러 사회현상을 분석한다는 것이고, 결국 연구 대상에 따라 달라질 수 있는 문제라는 것이다. 예를 들면, 특정 사건과 중대 결정, 제도, 지역, 쟁점 등에 대한 분석에서는 질적 연구가, 한 국가에서의 중대 변화, 선거, 행태와 태도 등에 대한 분석에서는 양적 연구가 더 적합하다고 할 수 있다.[3] 또 보다 정확성이 높은 인과적 추론을 위해 '연구설계(research design)'과정에서 이 두 방법론의 상호 보완을 위한 연구 전략의 접합 즉 '다각화(triangulation)'가 주장되어 왔고, 계속 시도되고 있기도 하다.[4]

이 글은 이러한 사회과학의 주요 방법론 중 하나인 양적 방법, 더 구체적으로 통계 기법의 중국 정치 연구에서의 역할에 대해 알아보고, 이 기법의 효율적 활용방안에 대해 논의해보고자 한다. 즉 보다 구체적으로 그동안 중국 정치 연구에서 통계 기법의 활용 추세와 그 분야·기법별 특징을 정리하고, 효율

---

3 Gary King, Robert O. Keohane and Sidney Verba, *Designing Social Inquiry* (Princeton: Princeton University Press, 1994), pp. 3~11.

4 이러한 시도에 대한 방법상의 소개는 Sidney Tarrow, "Bridging the Quantitative–Qualitative Divide in Political Science," *American Political Science Review*, Vol. 89, No. 2 (June 1995), pp. 471~474; David Collier, "Translating Quantitative Methods for Qualitative Researchers: The Case of Selection Bias," *American Political Science Review*, Vol. 89, No. 2 (June 1995), pp. 461~466 등을 참조 바란다. 또 이러한 시도의 고전적 연구로는 Edward Shorter and Charles Tilly, *Strikes in France*, 1830~1968 (Cambridge: Cambridge University Press, 1974); Jeffery M. Paige, *Agrarian Revolution: Social Movements and Export Agriculture in the Underdeveloped World* (New York: Free Press, 1975); John D. Stephens, *The Transition from Capitalism to Socialism* (London: Macmillan 1986) 등을 들 수 있다.

적 활용 방안 등을 논의할 것이다.

그렇다면 우선 그 동안 중국 정치 연구에서 통계 기법의 활용 추세는 어떠했는가? 이를 알아보기 위해, 필자는 두 차원(지역과 잡지의 성격)에서의 비교를 시도한다. 먼저, 한국과 서구의 대표적인 중국 관련 전문 학술잡지에서의 지난 10년간(1999년~2008년)의 통계 기법 활용 상황을 비교한다. 이를 통해 한국과 서구에서의 중국 정치 연구에서의 통계 기법의 활용 상황이 어떠한지를 알 수 있을 것이다. 다음으로, 각 지역에서 중국 정치 연구의 통계 기법 활용 상황을 보다 상세히 파악하기 위해 각 지역의 전문 학술잡지와의 비교를 진행한다. 보다 구체적으로 대표적 중국 관련 전문 학술 잡지로는 한국에서는 『중소연구』를, 서구에서는 *The China Quarterly*를 선택했다. 또 한국에서의 『중소연구』의 비교 대상으로는 『한국정치학회보』를, 서구에서 *The China Quarterly*의 비교 대상으로 *Comparative Politics*를 선정했다.[5)]

또 통계 기법에 대해서는 일반적 정의를 따랐다. 즉 도수 분포(frequency distribution), 평균(mean), 표준 편차(standard deviation) 등 '단일 변량(univariable)' 분석을 사용한 '기술통계(descriptive statistics)'와 검정(test), 상관관계(correlation) 분석, 회귀(regression) 분석 등과 같이 통계적 추론을 행하고 있는 '추리통계(inferential

---

5 필자가 이 네 잡지를 선택한 이유는 다음과 같다. 먼저 *The China Quarterly*와 『중소연구』는 각각 1960년, 1975년부터 발간되었으며, 서구와 한국에서 대표적인 중국 관련 전문 학술 잡지라는 판단 때문이다. 다음으로, *Comparative Politics*와 『한국정치학회보』는 각각 1968년, 1959년부터 발간되었으며, 서구와 한국에서 대표적인 정치학 관련 전문 학술 잡지이기 때문이다. 이 네 잡지를 통한 비교분석은 중국 정치 연구의 통계기법의 '전반적인' 활용 상황을 알아보기 위함이고, 따라서 이 결과를 통한 일반화는 위험할 수도 있다는 것을 밝힌다.

statistics)' 기법을 모두 포함한다.[6] 마지막으로 *The China Quarterly*와 『중소연구』의 경우, 지역 전문 연구 잡지의 특성상 학제적(interdisciplinary) 연구가 진행된 경우가 다수 존재하는 관계로 주된 통계 기법 사용 여부를 기준으로 분류를 진행했다.

분석 결과 표 8-1에서 보는 바와 같이, 서구의 중국 정치 연구에서 통계기법을 활용한 논문의 빈도는 상대적으로 적다. 그러나 한국은 상대적으로 더 적은 것으로 나타났다. 한국의 『중소연구』는 2.89%로 서구의 *The China Quarterly*의 12.67%에 비해 매우 작은 비중이라고 할 수 있다.

표 8-1
서구와 한국 중국 정치 연구에서의 통계기법 활용 상황 비교 (1999년~2008년)

잡지 명	전체 논문 편수	통계기법 활용 논문 편수	통계기법 활용 논문 편수 비율(%)
The China Quarterly	363	46	12.67
중소연구	173	5	2.89

참조 *The China Quarterly*에서는 연구 보고서도 포함시켰고, 『중소연구』의 경우에는 러시아 관련 논문은 제외하고 그 수량을 산출했음. 더 자세한 논문명 및 사용 통계기법의 종류 등과 관련해서는 [부록 1]을 참조 바람.

또 서구와 한국에서의 중국 정치 연구에서 통계 기법 활용 비중은 다른 대표적 정치학 전문 학술잡지와 비교했을 때, 표 8-2와 같이 한국에서는 11.43%와 2.89%, 그리고 서구에서는 17.13%와 12.67%로 나타났다.

6 김태일, "행정학 분야 논문에 사용된 통계기법들의 분석," 『한국행정학보』, 제 31권, 제 3호 (1997년 가을호), pp. 21~22. 또 일반적으로 기술 통계는 '단순' 통계와 '단변량'분석 통계로, 추리 통계는 '고급'통계와 '다변량'분석이라는 명칭으로도 통용된다.

표 8-2
서구와 한국 중국 정치 연구에서의 통계기법 활용 상황 비교 (1999년~2008년)

지역	잡지 명	전체 논문 편수	통계기법 활용 논문 편수	통계기법 활용 논문 편수 비율(%)
한국	한국정치학회보	726	83	11.43
	중소연구	173	5	2.89
서구	*Comparative Politics*	43	251	17.13
	The China Quarterly	46	363	12.67

참조 *The China Quarterly*와 *Comparative Politics*에서는 연구 보고서도 포함시켰고, 『중소연구』는 러시아 관련 논문은 제외하고 그 수량을 산출했음. 더 자세한 논문 명 및 사용 통계기법의 종류 등과 관련해서는 [부록 1]을 참조바람.

이는 지역을 막론하고 중국 정치 연구에서 상대적으로 더 작은 비중으로 통계기법을 활용했음을 알 수 있다. 또 한국은 두 학술 잡지간의 차이가 8.54%인데 비해, 서구는 4.46%에 불과하다. 이는 한국이 서구에 비해 그 격차가 크다는 것을 의미한다. 결론적으로, 분석결과 한국이 서구보다, 각 지역에서는 중국 정치 연구가 다른 정치학 영역의 연구보다 통계 기법의 활용의 빈도가 낮은 것으로 나타났다.[7)]

---

7 이 같은 결과는 다른 연구결과와도 그 상황이 어느 정도 일치한다. Manion은 1990년대 이래 서구에서 독창적인 표본 서베이를 통해 중국 정치를 연구한 책과 논문이 60여 종에 불과하다고 주장했다. Melanie Manion, "An Introduction to Survey Research on Chinese Politics," *The China Quarterly*, No. 196 (December 2008), p. 755. 이는 표본 서베이가 통계 기법의 '필요조건'임을 감안한다 하더라도 역시 그 동안의 중국 정치 연구 성과의 양에 비하면 매우 적은 수라고 할 수 있다. 참고로, 인터넷 서점 'Amazon(www.amazon..com)'에서 'Chinese Politics'를 핵심어로 검색해봤을 때 2009년 6월 15일 기준으로 모두 9,173종의 서적 및 논문 등이 결과로 나왔다.

그렇다면 중국 정치 연구에서 이처럼 통계 기법의 활용 정도가 낮은 이유는 무엇인가? 주요하게 다음과 같은 구체적인 측면에서 그 원인을 찾아볼 수 있다. 첫째, 통계 기법 활용에서 가장 중요하게 인식되어지는 '자료 수집(data collection)' 과정에서의 어려움 때문이다. 일반적으로 통계 기법을 활용하기 위해서는 설문조사, 인터뷰, 전화조사 등을 통해 관련 자료를 확보하는 것이 가장 중요하다. 그러나 중국 연구 특히 중국 정치 연구에서 이와 관련된 조사를 진행하는 것이 용이하지 않았다. 실제로 중국에서는 1999년 이전에는 '공식적으로' 중국 정치와 관련된 모든 대중 조사(public survey)를 허가하지 않았다. 1999년의 『섭외사회조사활동관리잠행판법(涉外社會調查活動管理暫行辦法)』을 공포하면서, 공식적으로 외국인과 관련된 사회조사를 조건을 달아서 허가하기 시작했다.[8]

그러나 그 방식은 전면 개방이 아니라 국가통계국에서 매번 정기적인 심사를 통해 '섭외조사허가(涉外調查許可証)'을 부여하는 기구 및 단체에 한해서만 가능한 것이었다.[9] 이런 상황 때문에 중국 정치를 연구하는 학자들은 1980~90년대에는 아주 극소수를 제외하고는 중국 기관 및 학자들과 협력하든지, 아

8 이 조치는 2004년 『섭외조사관리판법(涉外調查管理辦法)』으로 변경되었다. 또 이 조치 제 7조에는 헌법 위배, 국가 통일과 주권 및 영토의 완정을 해치는, 국가기밀 혹은 정보의 유출과 관련되는, 국가 안전과 이익에 해가 되는, 국가 종교정책에 위배되고 민족간 단결을 해치는, 사회경제 질서와 안정을 해치는, 법률 등 국가의 관련 규정을 위배하는 모든 조사 활동을 금지토록 규정하고 있다. 더 구체적인 관련 내용은 중국 국가통계국 홈페이지(http://www.stats.gov.cn/tjfg/gzjgfxwj/t20041018_402200576.htm)를 참조바란다.

9 참고로, 2009년 4월 15일 현재 중국 정부는 모두 14차례의 허가증을 부여했으며, 이때부터 2012년 4월 15일까지 허가증을 받은 기구 및 단체는 모두 22개이다. 이와 관련된 더 구체적인 관련 내용은 중국 국가 통계국 홈페이지(http://www.stats.gov.cn/tjgl/swdcglgg/spgg/t20090424_402554275.htm)를 참조 바란다.

니면 중국에서 조사한 자료를 이용할 수밖에 없었다.[10] 따라서 이 기간에는 중국 전국 차원의 '확률 표본(probability sample)'을 수집하는 것이 극히 제한되었다고 할 수 있다.[11]

둘째, 통계 기법을 활용할 수 있는 다른 경로 중 하나인 중국 공식기관에서 발표하는 통계수치 및 자료들의 불확실성 및 불완전성 때문이다. 실제로 중국 관련 공식 통계 수치에 대한 신뢰성은 오랜 기간 논쟁이 되어 왔다. 물론 중국 통계 당국이 의도적으로 자료를 '위조' 내지 '조작'한다는 명백한 증거는 발견되고 있지 않다. 그러나 더 높은 수준의 정책 당국에 의해 최종 수치에 대한 일정한 선택이 이루어 질 가능성과 전통적인 통계 보고 체계가 포괄할 수 없는 '비 국가(non-state)' 영역의 비중이 높아지면서 통계 수치 산출의 오차가 생길 가능성은 상존하고 있다고 할 수 있다.[12] 이와 더불어 중국 농촌 정치 체계에서의 최하위 단계인 '촌(村)' 단위에서의 통계 수치의 조작은 정치적 민감성, 촌 간부의 사업 참여 여부 등 정치경제적 조건에 따라 이루어질 수 있는 것으로 연구 결과 밝혀졌다.[13]

또 이런 통계 수치뿐만 아니라 통계 기법을 통해 분석에 활용될 수 있는 1차 자료들 역시 그 완전성이 매우 떨어진다고

---

10 이 시기 중국 정치 영역에서 전국적 차원의 확률 표본 조사를 통해 연구를 진행한 대표적 성과는 Adrew J. Nathan and Tianjian Shi, "Cultural Requisites for Democracy in China: Some Findings from a Survey," *Daedalus*, Vol. 122, No. 2 (Spring 1993), pp. 95~123을 들 수 있다.

11 이와 관련된 보다 자세한 내용은 Melanie Manion, "Survey Research in the Study of Contemporary China: Learning from Local Samples," *The China Quarterly*, No. 139 (September 1994), pp. 741~765를 참조 바람.

12 이와 관련된 보다 자세한 내용은 Carsten A. Holz, ""Fast, Clear and Accurate": How Reliable Are Chinese Output and Economic Growth Statistics?" *The China Quarterly*, No. 173 (March 2003), pp. 122~163을 참조바란다.

할 수 있다. 특히 중국 정치 지도자들에 관한 개인 신상 자료들은 더욱 그러하다. 물론 부정기적으로 중국의 최상위 지도자들, 즉 공산당 중앙 위원회 위원과 그 후보 위원에 대한 자료들이 공개되고 있다.[14] 그러나 정기적인 업데이트가 이루어지지 않고 있고, 이들을 제외한 주요 지도자들에 대한 자료들은 여전히 그 공개 상태가 미흡하다고 할 수 있다. 일례로, 제17기 중국 공산당 중앙 위원회 위원과 그 후보 위원, 특히 신규 위원에 대한 자료는 아직도 공식적으로 완전히 공개되지 않고 있다. 또 한국의 중국 정치 연구자들에게 낯익은 전(前) 중국 외교부 부(副)장이고 현재 중앙중공 대만공작판공실(中共中央台湾工作辦公室)과 국무원 대만사무판공실(國務院台湾事務辦公室) 주임인 왕이(王毅)의 경우만 하더라도, 공산당원 여부, 출신 대학 및 전공 등 기본적인 사항조차 중국 정부 공식 사이트에 공개된 개인 프로필에 기재되지 않고 있다.[15]

---

13 이와 관련된 보다 자세한 내용은 Lily L. Tsai, "Understanding the Falsification of Village Income Statistics," *The China Quarterly*, No. 196 (December 2008), pp. 805~826을 참조 바란다.

14 이와 관련하여 중국에서 공식적으로 출판된 서적은 沈學明·鄭建英 (主編), 『中共第一屆至十伍屆中央委員』(北京: 中央文獻出版社, 2001); 中共中央組織部·中共中央党史硏究室, 『中國共産党歷屆中央委員大辭典』(北京: 中共党史出版社, 2004)이며, 홍콩 文匯出版社에서 출판한 Editorial Department of Who's Who–Current Chinese Leaders, *Who's Who–Current Chinese Leaders* (Hongkong: Wen Wei Publishing Co. Limited, 2003) 등이다.

15 중화 인민 공화국 중앙인민정부 공식사이트(http://www.gov.cn/gjjg/2008-06/03/content_1003961.htm).

II. 중국 정치 연구에서의 통계 기법: 주제별 및 기법별 소개와 그 특징

주제별 구분과 그 특징

이 부분에서는 중국 정치 연구에서의 통계 기법 활용 상황에 대해 명확하고 심도 깊은 이해를 위해, 주제별로 기존 연구 중 대표적 성과를 소개하고 그 특징을 분석한다. 이를 위해 *The China Quarterly*의 1999년~2008년 사이 통계 기법을 활용한 46편의 논문을 기본 분석 자료로 삼는다. 먼저, 기존 중국 정치 연구에서 통계 기법을 활용한 논문들의 주제는 대체적으로 정치 사회, 정치 경제, 정치 문화, 정치 행위, 정치 엘리트 그리고 기타 영역에 속한다고 할 수 있다.[16)]

표 8-3
통계 기법 활용 논문의 주제별 구분 및 분포

주제	논문 편수	비율(%)
정치 사회	11	23.91
정치 경제	9	19.57
정치 문화	8	17.39
정치 행위	7	15.22
정치 엘리트	5	10.87
기타	6	13.04
합계	46	100.00

참조 기타는 그룹화가 불가능한 각 소주제들을 가리킴. 자세한 사항은 [부록 2]와 대조 바람.

중국의 정치 사회와 관련하여 비교적 많은 논문들에서 통계 기법이 활용되었다. 예를 들면, 데이비스(D. Davis)는 상해 노동자 계층의 시민 200명을 대상으로 자영업 종사자인 개체호(個体戶, self-employee)로의 전업 경향과 그 특성을 살펴보았다. 이 논문에서는 사회적 시장화와 기업가 지위의 향상으로 인해 노동자들이 자영업으로 전업할 가능성이 높다고 전제하고, 구체적으로 이 과정에서 남성과 여성 중 누가 더 적극적일까에 대해 탐구하고 있다. 연구 결과, 남성이 더 적극적으로 개체호로의 전업을 선호한다고 나타났다. 특히 이 연구는 1987년에 임의로(ramdom) 추출한 표본에 대해 이사·사망 등 자연 손실된 부분을 제외하고 1990년, 1992년 그리고 1995년에 지속적으로 진행한 인터뷰를 토대로 진행됐다는 점이 특이하다. 특히 인터뷰 대상자들의 시기에 따른 전업 상황과 남성 개체호의 범주별 특성과 관련한 변수들의 분포를 정리하는 부분에 기술 통계기법을 활용했다.[17] 이 밖에도 직업 유동성(job mobility), 인적 자본(human capital), 이농 현상, 빈곤, 아동의 사회복지, 도시 노동자, 농촌 교육, 농촌 여성, 이주 노동자 등의 정치 사회에 속하는 각 소 주제와 관련해서도 통계 기법이 활용되었다.[18]

중국 정치경제와 관련한 다양한 논문들에서도 통계 기법이

16 이러한 구분은 표 8-1에서 적시한 *The China Quarterly*의 총 46편의 논문을 분류하는 과정에서 얻은 것이다. 구체적 내용은 [부록 2]와 대조 바란다. 또 정치 사회와 정치 경제로 분류한 논문들은 특정 사건과 현상 등을 다룬 것들이 많은 관계로 이러한 대주제로 분류하는 것보다 각 소주제로 분류하는 것이 더 적절할 수 있다. 이러한 소주제별 구분은 역시 [부록 2]를 참조 바란다. 물론 이러한 비율은 중국 정치 연구의 특정 주제와 통계기법의 활용 사이의 특정한 상관관계를 나타내는 것은 아니라는 것을 강조한다.

17 Deborah S. Davis, "Self–Employment in Shanghai: A Research Note," *The China Quarterly*, No. 157 (March 1999), pp. 22~43.

사용되었다. 예를 들면, 린(Y. Lin)과 주(T. Zhu)는 1993년부터 시작된 중국 정부의 국유기업 개혁' 그 중에서도 특히 소유권 개혁에 대한 평가를 시도했다. 분석 자료는 1998년 중국 국가 통계국에서 1992년과 1997년 사이에 진행된 국유 기업의 소유권 개혁과 관련하여 실시한 설문조사 결과를 사용했다. 연구 결과, 필자들은 다음과 같은 세 가지 측면에서의 주장을 피력했다. 첫째, 소유권 개혁과 국유기업의 재정 성과와 관련하여, 현재 나타나고 있는 전반적인 국유기업의 재정상황의 호전과 소유권 개혁이 직접적 관련이 있는지 알 수 없다. 둘째, 국유 기업 개혁의 핵심 중 하나인 과잉 인력 조정의 성과는 뚜렷하다.

---

18 각각의 연구 성과로는 Deborah Davis, "Job Mobility in Post–Mao Cities: Increases on the Margins," *The China Quarterly*, No. 132 (December 1992), pp. 1062~1085; Jin Xiao and Mun C. Tsang, "Human Capital Development in an Emerging Economy: The Experience of Shenzhen, China: Research Note," *The China Quarterly*, No. 157 (March 1999), pp. 72~114; Scott Rozelle, Li Guo, Minggao Shen, Amelia Hughart and John Giles, "Leaving China's Farms: Survey Results of New Paths and Remaining Hurdles to Rural Migration," *The China Quarterly*, No. 158 (Jun 1999), pp. 367~393; Lei Guang and Lu Zheng, "Migration as the Second–best Option: Local Power and Off–Farm Employment," *The China Quarterly*, No. 181 (March 2005), pp. 22~45; Björn Gustafsson and Wei Zhong, "How and Why Has Poverty in China Changed? A Study Based on Microdata for 1988 and 1995," *The China Quarterly*, No. 164 (December 2000), pp. 983~1006; Jennifer Adams and Emily Hannum, "Children's Social Welfare in China, 1989~1997: Access to Health Insurance and Education," *The China Quarterly*, No. 181 (March 2005), pp. 100~121; John Giles, Albert Park and Fang Cai, "How has Economic Restructuring Affected China's Urban Workers?" *The China Quarterly*, No. 185 (March 2006), pp. 61~95; Deborah Davis, Pierre Landry, Yusheng Peng and Jin Xiao, "Gendered Pathways to Rural Schooling: The Interplay of Wealth and Local Institutions," *The China Quarterly*, No. 189 (March 2007), pp. 60~82; Alan de Brauw, Qiang Li, Chengfang Liu, Scott Rozelle and Linxiu Zhang, "Feminization of Agriculture in China Myths Surrounding Women's Participation in Farming," *The China Quarterly*, No. 194 (June 2008), pp. 327~348; Wenfang Tang and Qing Yang, "The Chinese Urban Caste System in Transition," *The China Quarterly*, No. 196 (December 2008), pp. 759~779 등이 있다.

또 대부분의 조정 인원이 사영 영역으로 흡수되고 있다. 셋째, 소유권 개혁으로 재구성된 국유기업에서의 국가 소유권(state ownership)은 여전히 중요한 역할을 하고 있다. 이러한 결론을 도출하는 과정에서 필자들은 구조 조정 유형에 대한 분류 등에서 기술 통계를, 국유 기업 구조 조정의 속도와 기업 경영자들의 구조 조정에 대한 효과에 대한 평가 등을 알아보기 위해서는 추리 통계 기법을 사용하였다.[19]

이밖에 정치 경제와 관련한 여러 소주제들 예를 들면 국유기업의 재정 성과, 홍콩에서의 시장 개입, 농촌에서의 사영화,

---

19 Yi–min Lin and Tian Zhu, "Ownership Restructuring in Chinese State Industry: An Analysis of Evidence on Initial Organizational Changes," *The China Quarterly*, No. 166 (June 2001), pp. 305~341.

20 각각의 연구 성과로는 Yuk–shing Cheng and Dic Lo, "Explaining the Financial Performance of China's Industrial Enterprises: Beyond the Competition–Ownership Controversy," *The China Quarterly*, No. 170 (June 2002), pp. 413~440; Leong H. Liew and Harry X. Wu, "Not All Currency Traders Believe in Unfettered Free Markets: Currency Speculation and Market Intervention in Hong Kong," *The China Quarterly*, No. 170 (June 2002), pp. 441~458; Hongbin Li an Scott Rozelle, "Privatizing Rural China: Insider Privatization, Innovative Contracts and the Performance of Township Enterprises," *The China Quarterly*, No. 176 (December 2003), pp. 981~1005; Qian Forrest Zhang, Ma Qingguo and Xu Xu, "Development of Land Rental Markets in Rural Zhejiang: Growth of Off–Farm Jobs and Institution Building," *The China Quarterly*, No. 180 (December 2004), pp. 1050~1072; Khan–Pyo Lee, "Clans for Markets: The Social Organization of Inter–Firm Trading Relations in China's Automobile Industry," *The China Quarterly*, No. 192 (December 2007), pp. 876~898; Zhou Yingying, Han Hua and Stevan Harrell, "From labour to Capital: Intra–Village Inequality in Rural China, 1988~2006," *The China Quarterly*, No. 195 (September 2008), pp. 515~534; Qian Forrest Zhang, "Retreat form Equality or Advance towards Efficiency? Land Markets and Inequality in Rural Zhejiang," *The China Quarterly*, No. 195 (September 2008), pp. 535~557; Yu Xie and Xiaogang Wu, "Danwei Profitability and Earnings Inequality in Urban China," *The China Quarterly*, No. 195 (September 2008), pp. 558~581; James Kai–sing Kung, "The Political Economy of Land Reform in China's "Newly Liberated Areas": Evidence form Wuxi County," *The China Quarterly*, No. 195 (September 2008), pp. 675~690 등이 있음.

토지 임대 시장, 자동차 산업에서의 기업간 거래, 촌(村) 내 불평등, 토지 시장과 토지 개혁 등을 연구한 논문에서도 통계 기법이 활용되었다.[20)]

정치 문화에 대한 관심은 제2차 세계 대전 이후의 학계의 행태주의 혁명과 대규모 신생국들의 등장이라는 조건이 결합되면서 큰 관심을 끌었다. 주되게는 제도적 측면에서 서구 국가들과 비슷함에도 불구하고, 신생국들의 정치가 서구의 유형을 따르지 않는 이유에 대한 탐구에서 이 영역에 대한 관심이 증폭되었다고 할 수 있다.[21)] 이런 상황에서 비록 서구 자본주의의 정치제도를 도입하지 않고, 사회주의를 도입한 당대 중국의 정치를 이해하기 위해 정치 문화에 대한 연구가 이루어져 왔다. 특히 통계 기법을 활용한 연구들은 1990년대를 필두로 세간에 모습을 드러냈다.[22)] 이들은 대부분 서구와 다른 중국 정치 문화의 특징을 통계적 기법을 통해 규명하는 데 초점을 맞추었다. 이런 의미에서 이들 연구는 서구와의 비교의 관점을 직간접적으로 내재하고 있다고 할 수 있다.

최근에도 정치 문화에 대한 논문에서 통계 기법은 비교적 활발하게 사용되었다. 예를 들면, 탕(W. Tang)은 중화인민공화국

---

21 이러한 관점을 가진 대표적 저작은 Gabriel Almond and James Coleman (ed.), *The Politics of the Developing Areas* (Princeton: Princeton University Press, 1961)을 들 수 있다.

22 이 시기의 대표적 연구 성과로는 Adnrew J. Nathan and Tianjian Shi, "Cultural Requisites for Democracy in China: Some Findings from a Survey," *Daedalus*, Vol. 122, No. 2 (Spring 1993), pp. 95~123; Adnrew J. Nathan and Tianjian Shi, "Left and Right with Chinese Characteristics: Issues and Alignments in Deng Xiaoping's China," *World Politics*, Vol. 48, No. 4 (July 1996), pp. 522~550; Daniel V. Dowd, Allen Carlson and Mingming Shen, "The Prospects for Democratization in China: Evidence from the 1995 Beijing Area Study," *Journal of Contemporary China*, Vol. 8, Issue 22 (November 1999), pp. 365~380 등을 들 수 있음.

50주년과 파룬궁(法輪功) 사건 등이 동시에 존재한 1999년의 중국 도시민들의 덩샤오핑(鄧小平) 이후 중국의 정치 및 경제 체제에 대한 태도(개혁 만족감, 정치적 지지도, 정치적 효능감 등)를 분석했다. 연구 자료는 상해, 광주, 무한, 중경, 서안, 심양 6개 도시민 1,820명을 대상으로 진행한 설문 조사를 기초로 했다. 이들은 이 자료에 대한 통계 분석과 동시에 이와 유사한 주제의 기존 조사결과와의 비교를 진행했다. 연구 결과, 하나의 일관된 추세를 도출하지는 못했다. 즉 '개혁에 대한 만족감(reform satisfaction)'은 1987년과 비교했을 때 세부 항목별로는 다소 불규칙하지만 전반적으로 상대적으로 낮게 나타났다. 반면 정치적 지지도(political support)는 다른 시기와 비교를 진행하지 않았지만, 여러 항목에서 상당히 높은 수준의 지지도가 나타났다. 정치적 효능감(political efficacy)을 1992년의 것과 비교했을 때 역시 각 항목 별로 다소 불규칙하지만, 전반적으로 낮은 것으로 밝혀졌다. 이 연구는 특히 다양한 추리 통계 기법이 동시에 사용되었다. 개혁에 대한 만족감과 정치적 보수주의와 각 독립변수와의 인과관계를 분석하기 위해서 최소자승(ordinary least square) 회귀분석이 "개혁이 너무 빠르다"와 각 독립변수와의 인과관계를 알아보기 위해서는 프로빗(probit) 회귀분석 기법이 사용되었다.[23)]

이 밖에도 정치 문화 영역에서 문화적 가치와 민주주의, 베이징 학생들의 민족주의, 토지 수용에 대한 태도, 중산층의 국제 정치 사건에 대한 태도, 홍콩의 사회 응집력(cohesion), 엘리트

23 Wenfang Tang, "Political and Social Trends in the Post–Deng Urban China: Crisis or Stability?" *The China Quarterly*, No. 168 (December 2001), pp. 890~909.

의 환경에 대한 인식, 사영 기업가들의 정치적 태도 등의 소주제에서 통계기법이 활용되었다.[24] 참고로 이들은 모두 추리 통계기법을 사용했다는 특징이 있다. ([부록 1] 참조)

선거와 같은 정치 행위와 관련된 주제들에서도 통계 기법이 활용된 연구 성과들이 존재하고 있다. 이 주제에 대한 연구는 하나의 분기점으로 나눌 수 있다. 즉 대의체계가 시민들의 직접 선거에 의해 유지되지 않고 있는 중국의 정치 상황에서 1998년에 제정된 『중화인민공화국촌민위원회조직법(中華人民共和國村民委員會組織法)』의 실시와 함께 농촌 지역에서 직접 선거로 대표를 뽑는 정치 행위가 가능해진 것이다.[25]

이 사건을 기점으로 중국 정치 연구에 정치 행위 중 선거라는 단일 주제를 통해 농민들의 정치 행위를 분석하는 연구들이 다수 등장하였다.[26] 더구나 최근 2005년도에 중국 중앙정부

---

24 각각의 연구 성과로는 Tianjian Shi, "Cultural Values and Democracy in the People's Republic of China," *The China Quarterly*, No. 162 (June 2000), pp. 540~559; Dingxin Zhao, "An Angle on Nationalism in China Today: Attitudes among Beijing Students after Belgrade 1999," *The China Quarterly*, No. 172 (December 2002), pp. 885~905; Sally Sargeson, "Subduing "The Rural House–Building Carze": Attitudes Toward Housing Construction and Land Use Controls in Four Zhejiang Villages," *The China Quarterly*, No. 172 (December 2002), pp. 927~955; Alastair Iain Johnston, "Chinese Middle Class Attitudes towards International Affairs: Nascent Liberalization," *The China Quarterly*, No. 179 (September 2004), pp. 603~628; Joseph Chan and Elaine Chan, "Charting the State of Social Cohesion in Hong Kong," *The China Quarterly*, No. 187 (September 2006), pp. 635~658; Yanqi Tong, "Bureaucracy Meets the Environment: Elite Perceptions in Six Chinese Cities," *The China Quarterly*, No. 189 (March 2007), pp. 100~121; Jie Chen and Bruce J. Dickson, "Allies of the State: Democratic Support and Regime Support among China's Private Entrepreneurs," *The China Quarterly*, No. 196 (December 2008), pp. 780~804 등을 들 수 있다.

25 이 법률에 대한 구체적인 내용은 중화인민공화국 중앙정부 민정부(民政部) 홈페이지(http://www.mca.gov.cn/article/zwgk/fvfg/jczqhsqjs/200709/20070900001715.shtml)를 참조 바람.

민정부의 후원으로 중국사회과학원과 미국의 카터 센터(Carter Center)가 조사한 내용이 공개되어 향후 이 자료를 이용한 연구가 더욱 활발해질 것으로 예상된다.[27]

한편 선거를 제외한 다른 정치 행위들에 대한 연구 역시 통계 기법을 활용하여 다양하게 전개되었다. 예를 들어, 로(C. Lo)와 륭(S. Leung)은 광주 환경보호국을 사례로, 지방 정부 기구에 의해 주도되는 틀 내에서 제한적으로 대중들의 정치 참여가 이뤄지고 있다고 주장하고 있다. 이러한 주장의 근거로 1996년 916명의 광주 시민들을 대상으로 한 설문조사에 대한 분석 결과와 다른 객관적 조사 결과를 들고 있다. 즉 시민들은 전반적으로 환경 문제는 악화되고 있으나, 환경 문제에 대한 정부의 대처는 대체로 긍정하고 있다는 모순된 반응을 나타냈다. 또 광주 환경보호국의 재정과 인원은 증가하고 있다. 이 논문은 이러한 결과에 대해 광주 환경보호국이 대중 여론조사 및 참여 등의 방식을 통해 자신 부처의 이익을 극대화하기 위해 노력하고 있기 때문이라고 설명하고 있다. 이 연구에서는 시민들

---

20 이와 관련된 대표적 연구 성과는 Jean C. Oi and Scott Rozelle, "Elections and Power: The Locus of Decision-Making in Chinese Villages," *The China Quarterly*, No. 162 (June 2000), pp. 513~539; James J. Kennedy, Scott Rozelle and Shi Yaojing, "Elected Leaders and Collective Land: Farmer's Evaluation of Village Leader's Performance in Rural China," *Journal of Chinese Political Science*, Vol. 9, Issue 1 (March 2004), pp. 1~22; Qingshan Tan and Xin Qiushui, "Village Election and Governance: Do Villager Care," *Journal of Contemporary China*, Vol. 16, Issue 53 (November 2007) pp. 581~599 등이 있다.

27 이와 관련된 구체적인 내용과 자료는 China Governance and Election 홈페이지(http://en.chinaelections.org/NewsInfo.asp?NewsID=20561)를 참조 바란다.

28 Carlos Wing Hung Lo and Sai Wing Leung, "Environmental Agency and Public Opinion in Guangzhou: The Limits of a Popular Approach to Environmental Governance," *The China Quarterly*, No. 163 (September 2000), pp. 677~704.

의 설문 조사 결과를 기술통계 기법을 통해 정리하고 있다.[28)]

이 밖에도 소주제 별로 보면 중국 민주당의 저항, 환경 운동, 시민단체와 인터넷, '1가구 1자녀'정책에 대한 반응, 농촌에서의 민원 해결의 전략 등을 다룬 논문에서 통계 기법을 활용하고 있다.[29)]

정치 엘리트 역시 다양한 통계 기법이 활용된 주요 주제 중 하나이다. 정치 연구에서 엘리트의 변화는 한 국가와 사회의 변화를 가늠하는 주요한 척도로 인식되어 왔다. 또 정치 엘리트는 한 국가와 사회의 변화의 특수성을 규정짓는 주요 요인으로도 작용해왔다.[30)] 따라서 그동안 중국 정치 연구에서도 엘리트 접근법은 구조적·제도적 접근법과 함께 양대 산맥을 이뤄왔다. 더구나 중국은 1949년 사회주의화 이후 현재까지 유지하고 있는 당-국가(party-state)체제로 인해 정치 엘리트의 국가 및 사회의 변화 과정에서의 주도성이 매우 높기 때문에 정치 엘리트에 대한 분석은 중국 정치 연구에서 매우 중요하다고 할 수 있

---

29 각각의 연구 성과로는 Teresa Wright, "The China Democracy Party and the Politics of Protest in the 1980s~1990s," *The China Quarterly*, No. 172 (December 2002), pp. 906~926; Phillip Stalley and Dongning Yang, "An Emerging Environmental Movement in China?" *The China Quarterly*, No. 186 (June 2006), pp. 333~356; Guobin Yang, "How Do Chinese Civic Associations Respond to the Internet? Findings from a Survey," *The China Quarterly*, No. 189 (March 2007), pp. 122~143; Hong Zhang, "From Resisting to "Embracing?" the One-Child Rule: Understanding New Fertility Trends in a Central China Village," *The China Quarterly*, No. 192 (December 2007), pp. 855~875; Ethan Michelson, "Justice from Above or Below? Popular Strategies for Resolving Grievances in Rural China," *The China Quarterly*, No. 193 (March 2008), pp. 43~64 등이 있다.

30 이 같은 관점에 대해서는 John Higley and Jan Pakulski, "Elite Transformation in Central and Eastern Europe," *Australian Journal of Political Science*, Volume 30, Issue 3 (1995), pp. 415~435; Gerald M. Easter, *Reconstructing the State: Personal Networks and Elite Identity in Soviet Russia* (New York: Cambridge University Press, 2000), pp. 12~34 등을 참조 바란다.

다.[31]

구체적으로 중국 정치 엘리트 연구에서 통계 기법이 활용된 세부 주제는 주되게 엘리트의 특성 및 '변환(transformation)'이라고 할 수 있다. 엘리트의 특성과 변환과 관련해서는 주로 매 시기 공산당 중앙 위원회에 대한 분석을 중심으로 연구가 진행 되어왔다.[32] 예를 들어, 리(C. Li)는 중국 정치 지도자를 세대(generation) 개념을 중심으로 구분하고, 제4세대 지도자들의 특성에 대한 분석을 1997년에 구성된 제15기 중국 공산당 중앙위원회를 중심으로 진행했다. 그는 제4세대 정치 지도자들을 문화대혁명 시기에 성장기와 첫 번째 정치적 경험을 했으며, 출생연도는 1941년~1956년 사이인 이들 298명을 확정하고, 구체적으로 이들에 대한 인구통계 및 정치 사회적 특성 분석을 진행했다. 이 논문에서 제4세대 정치 지도자들의 집단적 특성과 민족, 출생지, 교육 수준, 전공, 경력 유형 등 개별적 특성을 도출

31 이와 관련해서는 김태호, "중국 정치엘리트 연구," 정재호 편,『중국정치연구론: 영역, 쟁점, 방법 및 교류』(서울: 나남, 2000), pp. 31~68를 참조 바람.

32 이와 관련된 대표적 저작으로는 Xiaowei Zang, "The Fourteenth Central Committee of the CCP: Technocracy or Political Technocracy?" *Asian Survey*, Vol. 33, Issue 8 (August 1993), pp. 787~803; Cheng Li and White Lynn, "The Fifteenth Central Committee of the Chinese Communist Party: Full–Fledged Technocratic Leadership with Partial Control by Jiang Zemin," *Asian Survey*, Vol. 38, Issue 3 (March 1998), pp. 231~264; Cheng Li, "The Sixteenth Central Committee of the Chinese Communist Party: Hu gets What?" *Asian Survey* Vol. 43, Issue 4 (July/August 2003), pp. 553~597; Zhiyue Bo, "The Sixteenth Central Committee: Technocrats in Command?" in Zhiyue Bo, *China's Elite Politics: Political Transition and Power Balancing* (New Jersey: World Scientific, 2007), pp. 55~108; Zhiyue Bo, "Balance of Factional Power in China: The Seventeenth Central Committee of the Chinese Communist Party," *East Asia*, Vol. 25, No. 4 (December 2008), pp. 333~364 등이 있다.

33 Li Cheng, "Jiang Zemin's Successors: The Rise of the Fourth Generation of Leaders in the PRC," *The China Quarterly*, No. 161 (March 2000), pp. 1~40.

하는 데 있어서 기술 통계 기법을 사용했다.[33] 이밖에도 지방, 소수 민족, 부문별 엘리트에 대한 연구 또한 통계적 기법을 활용하여 진행하기도 했다.[34]

기법별 구분과 그 특징

분석의 심화를 위해, 1999년~2008년 사이의 *The China Quarterly*에 실린 통계 기법을 활용한 논문 46편을 구체적인 기법별로 살펴보면, 기술 통계 기법과 추리 통계 기법을 사용한 논문은 각각 16편과 30편이다.([부록 1] 참조) 기술 통계 기법은 상술했듯이 일반적으로 도수 분포, 평균 그리고 표준편차 분석 등이 포함된다. 이는 주로 변수, 즉 현실 사회를 이해하기 위하여 사용되는 가치 결정의 척도들의 분포와 관련된 특성을 분석하는 데 사용된다. 도수 분포는 연구자가 설정한 변수의 값에 속한 표본 즉 사례의 수를 파악하여 해당 그룹의 성격을 분석하는 통계 기법이고, 평균치 분석은 각 변수의 값에서 대표되는 수

---

34 이와 관련된 대표적 연구 성과로는 Shi Chen, "Leadership Change in Shanghai: Toward the Dominance of Party Technocrats," *Asian Survey*, Vol. 38, Issue 7 (July 1998), pp. 671~687; Leo F. Goodstadt, "China and the Selection of Hong Kong's Post–Colonial Political Elite," *The China Quarterly*, No. 163 (September 2000), pp. 721~741; Xiaowei Zang, "Ethnic Representation in the Current Chinese Leadership," *The China Quarterly*, No. 153 (March 1998), pp. 107~127; Cong Cao, "Social Origins of the Chinese Scientific Elite," *The China Quarterly*, No. 160 (December 1999), pp. 992~1018; David S. G. Goodman, "Revolutionary Women and Women in the Revolution: The Chinese Communist Party and Women in the War of Resistance to Japan, 1937~1945," *The China Quarterly*, No. 164 (December 2000), pp. 915~942; David Zweig, Chen Changgui and Stanley Rosen, "Globalization and Transnational Human Capital: Overseas and Returnee Scholars to China," *The China Quarterly*, No. 179 (September 2004), pp. 735~757 등을 들 수 있다.

치를 찾아내어 그룹의 성격을 파악하는 통계 기법이다. 또 표준편차는 통계집단의 단위의 계량적 특성값에 관한 산포도를 나타내는 도수 특성값을 말한다. 표준편차가 0일 때는 관측값의 모두가 동일한 크기이고, 표준편차가 클수록 관측값 중에는 평균에서 떨어진 값이 많이 존재한다는 의미이다.[35] 이들은 기초적으로 표본의 상태를 정리하고 알아본다는 의미에서 '기술적(descriptive, 記述的)'인 통계 기법이라고 한다.

그러나 추리 통계 기법은 기술 통계 기법과는 달리 표본의 상태를 알아보는 것 이상의 통계적 추론과 추정을 목적으로 하고 있다. 일반적으로 목적에 따라 상관관계(correlation) 분석, 인과(causality) 분석, 요인(factor) 분석 등의 범주로 나누어 볼 수 있다. 상관관계는 변수사이의 밀접한 정도와 관계의 방향에 대한 정보를 얻을 수 있는 분석이다. 즉 독립 변수와 종속 변수를 설정하고 이들의 관계를 파악하기 위해 이용된다. 그러나 두 변수 사이에 상관성이 있다고 해서 한 변수의 변수값이 변하면 이것과 상관관계가 있는 다른 변수값이 어느 정도 변할 것인가에 대한 예측까지 할 수는 없다. 따라서 인과분석은 바로 상관관계가 있는 변수들 사이의 관계에 대한 구체적 예측까지를 알고 싶을 경우 사용한다. 주로 인과분석에는 회귀 분석이 많이 사용되어 회귀 분석과 동일시되기도 한다. 요인 분석은 많은 요인, 즉 변수들 중 비슷한 성향을 갖고 있는 변수들을 추적하여 몇 개의 그룹으로 묶는데 사용되는 통계 기법이다.[36] 이하에서는 비교적 기법의 사용과 목적이 단순한 기술 통계기법

---

35 허만형 저, 『SPSS와 통계 분석』(서울: 교학사, 1994), pp. 103~141.

36 박정민 · 나상균 공저, 『SPSS 11.0을 이용한 통계 분석』(서울: 법문사, 2003), pp. 207~222.

이 아닌 추론을 목적으로 하고, 대부분의 추리 통계가 사전적 절차로서 기술 통계 기법을 사용한다는 사실에 기초하여 주로 추리 통계 기법이 중국 정치 연구에서 어떻게 사용되었는지를 알아본다.[37)]

각 논문에서 귀납적으로 사용된 추리 통계의 구체적 기법은 요인, 인과, 상관관계 분석으로 나눌 수 있고, 각각 10.00%, 73.33%, 16.67%를 차지했다. 그 중 제일 많은 인과 분석은 또 이를 그 세부 기법으로 나누었을 경우, 프로빗, 최소승자, 로짓 회귀분석이 각각 6.66%, 36.67%, 30.00%를 차지했다.[38)] (표 8-4 참조)

최소승자 회귀분석은 선형(linearity) 회귀분석이라고도 불리며, 독립변수와 종속변수의 직선형 관계를 파악하기 위한 기법이다. 이는 독립 변수가 하나인 단순(simple) 회귀 분석과 독립 변수가 여러 개인 다중(multiple) 회귀분석으로 나눌 수 있다. 예를 들어, 교육과 가난과의 관계를 파악하기 위해서 단순 회귀 분석을 이용할 수 있고, 가난이라는 종속 변수에 영향을 준다고 여겨지는 복수의 독립 변수 즉 교육, 질병, 게으름 등을 상정했을 경우에는 다중 회귀 분석을 이용하면 된다.[39)]

스(T. Shi)는 중국인들의 문화적 가치와 민주주의와의 관계

---

37 이는 기술통계 기법이 추리 통계 기법보다 우월하다는 의미가 아님을 분명히 밝힌다. 연구자의 목적 등에 따라 이 두 가지 기법의 사용 여부가 결정된다고 하겠다.

38 전체 추리 기법 사용 논문 편수보다 많은 통계 기법의 사용 수치는 1 편의 논문에서 복수의 서로 다른 통계기법을 사용했기 때문이다. 이 논문은 Yi–min Lin and Tian Zhu, "Ownership Restructuring in Chinese State Industry: An Analysis of Evidence on Initial Organizational Changes"이다. 이 논문에서는 최소승자와 로짓 회귀 분석을 동시에 사용했다.

39 허만형 저, 『SPSS와 통계 분석』, 12장.

표 8-4
추리 통계 기법별 논문의 분포

<table>
<tr><th>추리통계 기법 대 구분</th><th>논문 편수(%)</th><th>추리 통계 기법 소 구분</th><th>논문 편수(%)</th></tr>
<tr><td>요인 분석</td><td>3(9.68)</td><td></td><td>3(9.68)</td></tr>
<tr><td rowspan="3">인과 분석</td><td rowspan="3">23(74.19)</td><td>최소승자 회귀(Ordinary Least Square Regressions) 분석</td><td>12(38.71)</td></tr>
<tr><td>로짓 회귀(Logistic Regression) 분석</td><td>9(29.03)</td></tr>
<tr><td>프로빗 회귀(Probit Regression) 분석</td><td>2(6.45)</td></tr>
<tr><td>상관관계 분석</td><td>5(16.63)</td><td></td><td>5(16.63)</td></tr>
<tr><td>합계</td><td>31</td><td></td><td></td></tr>
</table>

참조 인과 분석 중 사전 단계로써 상관 관계 분석을 진행한 경우는 인과 관계 분석으로 구분했음. 또 각 사용 통계 기법별 논문명은 [부록 3]을 참조바람.

를 규명하기 위해 1993년에 실시한 전국적 범위에서 모두 3,296명을 대상으로 설문조사를 실시했다. 연구 결과, 스는 조사 대상 중국인 중 20~30%만이 민주주의적 행위에 대해 우호적인 태도를 가지고 있으나, 이 수치는 다른 민주 사회들과 비교했을 때 더 많은 것이라고 결론 내렸다. 이 논문에서는 특히 각각의 독립변수들과 민주주의적 가치들과의 관계를 규명하는 데 있어서 다중 회귀 분석 기법을 사용했다. 독립 변수로는 교육 정도(년수), 수입, 성별, 당원 여부, 나이 등을 설정했다. 또 종속변수로는 심리적 연루(psychological involvement), 내적 효능감(internal efficacy), 외적 효능감(external efficacy), 위계적 경향(hierarchical orientation), 갈등 회피 정도(conflict avoidance) 등을 잡았다.[40] 이 밖에도 이농에 대한 결정 변수 추출, 촌민위원회 회

40 Shi, "Cultural Values and Democracy in the People's Republic of China."

의의 빈도 및 촌민위원회 주임의 선거 여부와 각 독립변수와의 관계, 기업 성과에 대한 사유화의 효과, 성인의 신장에 영향을 미치는 변수들에 대한 측정, 여성 경영 농장과 토지 수익과의 관계, 총 가계 수입과 각 변수들과의 관계, 농촌 지역에서 각 변수들과 농업 종사 가정/농업 비(非) 종사 가정 수입과의 관계, 각 촌별 인플레이션/디플레이션 수준과 세금 및 수수료와의 관계 분석 등에 이 통계 기법이 사용되었다.[41]

로짓과 프로빗 회귀분석은 비(非) 최소승자법 혹은 비(非) 선형 회귀분석으로써 일반적으로 질적 변수의 성향을 갖고 있기 때문에 변수의 값이 이원화 되어 있는 종속 변수와 독립 변수와의 관계에 대한 분석을 하기 위해 사용되는 통계 기법이다. 즉 종속 변수의 값이 이원화 되어있다는 것은 변수의 값이 두 가지밖에 없다는 의미이다. 예를 들어, 남녀, 종교의 유무, 결혼 유무 등이 종속 변수로 설정되었을 경우를 가리킨다.[42] 이 두 분석 기법은 로짓의 잔차가 로그 함수의 분포를 따르고, 프로빗이 정상 분포를 따른다고 가정하는 등 약간의 차이는 있지

---

41 각각의 연구 성과로는 Rozelle, Li, Shen, Hughart and Giles, "Leaving China's Farms: Survey Results of New Paths and Remaining Hurdles to Rural Migration"; Oi and Rozelle, "Elections and Power: The Locus of Decision-Making in Chinese Villages"; Li and Rozelle, "Privatizing Rural China: Insider Privatization, Innovative Contracts and the Performance of Township Enterprises"; Stephen L. Morgan and Shiyung Liu, "Was Japanese Colonialism Good for the Welfare of Taiwanese? Stature and the Standard of Living," *The China Quarterly*, No. 192 (December 2007), pp. 990~1017; Brauw, Li, Liu, Rozelle and Zhang, "Feminization of Agriculture in China Myths Surrounding Women's Participation in Farming"; Zhou, Han and Harrell, "From labour to Capital: Intra-Village Inequal th in Rural China, 1988~2006"; Zhang, "Retreat form Equality or Advance towards Efficiency? Land Markets and Inequality in Rural Zhejiang"; Tsai, "Understanding the Falsification of Village Income Statistics" 등이 있다.

42 허만형 저, 『SPSS와 통계 분석』, 17장.

만 일반적으로 통계적으로 거의 비슷한 분석 결과를 나타내어 그리 큰 차이가 없다고 할 수 있다.[43)]

이강표(K. Lee)는 중국 기업 시장화 개혁의 특성을 파악하기 위해, 자동차 산업 내 기업의 거래 관계를 분석했다. 이를 위해 그는 2003년을 기준으로 모두 1,089개의 자동차 부품 기업의 거래 관계를 조사했다. 연구 결과, 중국 자동차 산업 내의 기업 간 거래는 규모의 경제 등의 가치를 중시하는 시장화 개혁의 진전에도 불구하고, 여전히 지역별, 그룹별 그리고 수직적 시스템으로 '분절화된(fragmented)' 계획 경제 시기의 자급자족적 형태가 유지되고 있는 것으로 드러났다. 이러한 결과 도출 과정에서 논문은 종속 변수를 지역 내 거래의 가능성과 그룹 내 거래 가능성으로 두고 이를 기업의 소유제 형태와 부품의 전문성 그리고 지리적 근접성 등의 독립 변수와의 관계를 분석할 때 로짓 회귀 분석을 사용했다.[44)] 이밖에도 독립변수들과 임차인과 임대인이 될 가능성, 각 독립변수들과 농민과 비 농민이 될 가능성, 아동들의 연도 별 복지 상황과 각 독립 변수와의 관계, 농촌 아동들의 초등학교 입학여부와 각 독립변수와의 관계 등의 추정에 로짓 회귀 분석이 사용되었다.[45)]

---

43 William H. Greene, Econometric Analysis (4th ed.) (New Jersey: Prentice Hall, 1999), p. 815.

44 Lee, "Clans for Markets: The Social Organization of Inter–Firm Trading Relations in China's Automobile Industry."

45 각각의 연구 성과로는 Zhang, Ma and Xu, "Development of Land Rental Markets in Rural Zhejiang: Growth of Off–farm Jobs and Institution Building"; Lei and Lu, "Migration as the Second–best Option: Local Power and Off–farm Employment"; Adams and Hannum, "Children's Social Welfare in China, 1989~1997: Access to Health Insurance and Education"; Davis, Landry, Peng and Xiao, "Gendered Pathways to Rural Schooling: The Interplay of Wealth and Local Institutions" 등이 있다.

딕슨(B. Dickson)은 중국 공산당의 사영 영역에 대한 전략에 대한 평가를 시도했다. 이를 위해 1999년과 2005년에 하북, 호남, 산동 그리고 절강성에서 각각 두 개의 현(縣)과 현급 시의 1,582명의 사영 기업가들과 509명의 당정 간부에 대한 설문 조사를 진행했다. 연구 결과, 그는 중국 공산당은 사영 영역과의 '통합'(integrating)을 점진적으로 추진하고 있다. 또 이는 한편으로는 사영 기업가들의 입당을 허용하는 것이고, 다른 한편으로는 당원들의 사영 영역으로의 진출을 격려하는 방식으로 진행되고 있다고 주장했다. 따라서 중국에서의 사영 영역의 성장이 민주화를 촉진한다고 보기에는 무리가 있다고 동시에 주장했다. 이 논문에서 프로빗 회귀 분석은 1999년과 2005년의 사영 기업가들의 입당이라는 종속변수와 사영 기업가들의 나이, 성별, 학력 수준, 사업 경력, 해당 지역 거주년도 등 독립변수와의 관계를 추정하기 위해 사용되었다.[46] 이밖에 다른 연구에서는 실업과 노동운동에 참여한 이들을 남녀로 나누어서 종속변수로 두고 이와 지역, 학력, 나이 등의 독립변수와의 관계를 추정하기 위해 프로빗 분석을 사용하기도 했다.[47]

상관관계 분석은 두 변수 사이에 일정한 관계가 존재하는지를 분석하는 기법이다. 이를 통해 두 변수사이의 상관성의 정도와 관계의 방향을 파악할 수 있다.[48] 예를 들어, 탕(W. Tang)과 양(Q. Yang)은 7,714명이라는 방대한 샘플을 포괄하고 있는

46 Dickson, "Integrating Wealth and Power in China: The Communist Party's Embrace of the Private Sector."

47 Giles, Park and Cai, "How has Economic Restructuring Affected China's Urban Workers?"

48 허만형 저, 『SPSS와 통계 분석』, 11장.

2004년의 전국적 설문조사를 기초로 하여, 이주 노동자들의 상황과 추세에 대해 탐구하고 있다. 보다 구체적으로 필자들은 이주 노동자가 중국 경제 성장의 희생양(victim)인지, 아니면 일정한 협상력을 가진 새로운 정치적 역량인지에 대한 의견을 제시하고자 했다. 연구 결과, 물론 이주 노동자들이 노동자(blue color)나 서비스업에 종사하는 비중이 다른 거주민들보다 많은 것을 사실이지만, 이들의 정치·경제·사회적 지위는 향상되고 있다. 따라서 위의 두 주장 중 후자에 일정한 찬성을 표시하고 있다고 할 수 있다. 이 논문에서 상관관계 분석은 도시 거주민과 이주 노동자의 분쟁 해결 경로 즉 공식 경로, 새로운 공식 경로, 대화, 싸움과의 상관성을 측정하는 데에 사용되었다.[49)]

요인 분석은 특정 결과에 영향을 주는 여러 요인 중에서, 비슷한 성향을 갖고 있는 것들이 존재하는지를 추적하여 몇 개의 그룹으로 묶는데 사용되는 통계기법이다. 이 기법은 유사한 요인을 하나로 묶음으로써 특정 결과에 영향을 주는 요인을 보다 단순화시켜 설명할 수 있고, 그룹화된 하나의 요인에 존재하는 세분화된 요인을 관찰함으로써 요인 속에 포함되어 있는 사물이나 현상의 구체적인 모습을 모색할 수 있는 특징이 있다.[50)] 예를 들어, 챈(J. Chan)과 챈(E. Chan)은 홍콩의 사회적 응집력에 대한 분석을 시도했다. 그들은 사회적 응집력을 국가와 시민사회와의 응집력을 의미하는 수직 및 시민사회 내의 응집력을 의미하는 수평적 차원으로 구분했다. 또 태도와 관련되어 있는 주관적 요소와 행위와 관련되어 있는 객관적 요소로

49 Tang and Yang, "The Chinese Urban Caste System in Transition."
50 허만형 저, 『SPSS와 통계 분석』, 18장.

도 구분했다. 이들 각각의 네 가지 측면에서 사회적 응집력을 평가해야 한다는 것이다. 이들은 이 네 가지 측면에 대한 분석을 위해 2003년 1,054명의 홍콩 시민들을 대상으로 설문 조사를 실시했다. 연구 결과, 논문은 홍콩 시민들은 하나의 혼합된 사회적 응집력의 상을 가지고 있다고 주장했다. 즉 수평적/주관적과 수직적/객관적 차원에서는 매우 높고, 수평적/객관적 차원에서는 매우 낮은 특성이 혼재되어 있다는 것이다. 이들은 연구 과정에서 각 차원과 관련이 있는 세부 항목에 대한 그룹화를 요인 분석을 통해 진행했다.[51)]

참고로, 각 자료 수집 방법별로 크게 자체 조사를 진행하여 자료를 수집한 경우와 이미 출판된 진행한 자료 혹은 각종 통계 수치 등을 1차 자료로써 이용한 것으로 나누어 볼 수 있다. 자체적으로 조사를 진행한 경우는 현재까지 중국 정치 연구 영역에서 상술한 대중 조사 자체에 대한 제한 상황뿐만 아니라 막대한 예산과 시간이 소요되는 관계로 그리 많지 않다. 그럼에도 불구하고 그 유형으로 중국 기관과 공동으로 조사하는 경우, 중국 기관에 조사를 의뢰하는 경우 그리고 독자적으로 조사를 진행하는 경우로 나누어 볼 수 있다.[52)] 각 유형별로 장단점이 존재한다. 즉 중국 기관과 공동 내지 의뢰 조사하는 경우의 샘플 확보와 조사 결과의 공신력의 측면에서 장점이 있는 반면 자유로운 연구 설계와 진행의 측면에서는 제한이 있

---

51 Joseph Chan and Elaine Chan, "Charting the State of Social Cohesion in Hong Kong."

52 이 같은 각각의 유형의 최신 연구 성과는 순서대로 Tang and Yang, "The Chinese Urban Caste System in Transition"; Chen and Dickson, "Allies of the State: Democratic Support and Regime Support aomg China's Private Entrepreneurs"; Tsai, "Understanding the Falsification of Village Income Statistics" 등을 들 수 있다.

다. 반면 독자적 조사는 공동 조사와는 반대의 장단점을 가지고 있다. 이 밖에 이미 공개된 1차 자료를 이용하여 통계 기법으로 분석한 연구에는 대표적으로 정치 엘리트와 관련된 것을 들 수 있다.[53)]

III. 중국 정치 연구에서의 통계기법의 효율적 활용 방안

이상에서 중국 정치 연구에서 통계 기법의 활용 상황에 대해 알아봤다. 그렇다면 어떻게 이 영역에서 통계 기법을 효율적으로 활용할 것인가? 이에 대해 '연구 설계'와 자료 수집 방법 그리고 인식의 차원에서 논의해보도록 하겠다. 먼저, 무엇보다도 강조되어야 할 것은 연구 설계와 관련된 경직된 관점을 버리는 것이 필요하다는 점이다. '연구방법론의 성화(聖火)'를 타파하고, 구체적인 연구 퍼즐을 중심으로 이를 풀 수 있는 다양한 연구 방법을 시도해야 한다는 것이다.[54)] 즉 물론 양적 혹은 질적 연구 방법에 대한 선호는 연구자 개인의 판단이나 이에 지나치게

---

53 정치 엘리트 관련 연구 외에도 이 유형에 속하는 최신 연구 성과로는 John Giles, Albert Park and Fang Cai, "How has Economic Restructuring Affected China's Urban Workers?" *The China Quarterly*, No. 185 (March 2006), pp. 61~95; Peter Saunders, "Comparing Poverty Among Older People in Urban China Internationally," *The China Quarterly*, No. 190 (June 2007), pp. 451~465 등이 있다.

54 이와 관련된 보다 자세한 논의는 김웅진, "방법론의 이론 종속성과 이론의 방법론 종속성," 『한국정치학회보』제27집, 제2호(하) (1994), pp. 165~179를 참조 바란다.

얽매이지 말고, 구체적인 연구 퍼즐을 보다 잘 풀 수 있는 방법에 대해서는 개방적인 자세를 취해야 한다. 특히 이러한 관점은 정치학과 중국지역학이라는 두 개의 학문 분야에 걸쳐있는 중국 정치 연구에서는 더욱 요구된다고 할 수 있다.

화(S. Hua)가 편집한 저작은 위의 두 방법이 어떻게 실재 연구에 적용되는가를 비교적 잘 보여주고 있다. 이 책은 중국의 정치 문화를 특정 주제에 따라 양적 혹은 질적으로 접근하고 있다. 제1장에서는 중국의 전통 문화가 어떻게 현대 정치 문화에 영향을 미쳤는지를 살펴보고 있다. 세부적으로 이 장에서 각 필자들은 공자의 시대에 따른 이미지의 변화, 고대부터 현대까지의 충(忠) 개념의 변화 및 발전, 유교의 철학과 그리스 철학과의 비교를 진행했다. 이들은 모두 질적인 연구 방법을 채택했다. 제2장에서는 중국의 사회화(socialization) 과정에 대해 논의하고 있다. 세부적으로 살펴보면, 중국의 애국주의 열(熱)의 원인과 결과, 1990년의 새로운 이데올로기로서의 신 마오이즘과 신 권위주의, 당대 중국의 탈 정치주의 경향 등의 주제들이 질적인 방법으로 분석되었다. 반면 이 장의 한 부분인 중국인들의 홍콩에 대한 이미지는 양적으로 접근되었다. 제3장은 사회계층과 지역에 따른 정치 문화에 대한 비교에 관련된 연구들로 구성되었다. 개혁시기 출현한 기업가들의 특성과 유형화, 대륙과 타이완의 종교 비교, 대륙·타이완·홍콩에서의 문화적 전이(shift)와 체제 정당성과의 관계에 대한 비교 등의 주제에 대해서 양적 방법에 의한 분석이 진행되었다. 또 성별 정체성과 정치 문화에 대한 유형화와 타이완과 중국 소수민족 지역에서의 선

55 Shiping Hua (ed.), *Chinese Political Culture: 1989~2000* (New York: M.E. Sharpe 2001).

거 문화 비교와 관련해서는 질적 연구 방법이 사용되었다.[55)]

또 최근의 중국 정치 연구에서는 질적과 양적 연구방법이 분리되지 않고, 분업화되어 있는 흐름도 존재한다. 일부 연구들에서 정성적 방법으로 발견된 주장에 대해 정량적 방법을 통해 확인하거나, 또는 정량적 방법을 사용하는 연구들의 연구 질문 등을 기존 정성적 방법으로 수행된 연구들에서 도출하고 있다.[56)] 이는 정성적 방법이 지닌 일반적 설명 도출에 있어서의 약점으로 인한 공간적 한계와 정량적 방법이 태생적으로 내포한 변수들 간의 상관성의 조건을 제시하지 못하는 한계를 보완하기 위한 시도로서 매우 긍정적으로 평가된다.[57)]

다음으로, 통계 기법을 효율적으로 활용하기 위한 자료 수집 방법의 차원에서는, 첫째, 통계 기법 활용을 위한 가장 기본적인 요소인 대중 설문 조사를 진행하는 것이다. 물론 전국적 규모 혹은 복수 지역에 대한 대규모의 설문 조사를 개인이 진행하기에는 중국뿐만 아니라 다른 국가에서도 자금, 표본의 대표성, 자료의 신뢰성 등 측면에서 많은 한계가 따른다. 따라서 대부분의 통계 기법에 필요한 자료 수집은 학자들 간의 공동 연구 혹은 각종 기관과의 공동 연구를 통해 이뤄진다. 그러나

---

56 이 같은 견해는 Melanie Manion, "An Introduction to Survey Research on Chinese Politics," *The China Quarterly*, No. 196 (December 2008), p. 756~757을 참조 바란다. 또 이러한 방법의 적절한 조합을 시도한 연구로 Manion은 Lily L. Tsai, *Accountability without Democracy: Solidary Groups and Public Goods Provision in Rural China* (Cambridge: Cambridge University Press, 2007)와 Kellee S. Tsai, *Capitalism without Democracy: The Private Sector in Contemporary China* (Ithaca, NY: Cornell University Press, 2007) 등을 꼽고 있다.

57 각 연구 방법이 지닌 특성과 한계에 대한 보다 자세한 논의는 이상환·김웅진 외, 『지역연구: 영역 · 대상 · 전략』 (서울: 형성출판사, 2002), 제2장을 참조 바란다.

특정 주제와 관련해서는 소규모의 수준 자료만으로도 통계 분석이 가능한 경우도 존재한다. 예를 들면, 북경 지역 대학생들의 한국에 대한 태도를 분석한다면, 개인적인 관계망 등을 통해서도 복수의 대학에서 표본을 추출하여 설문 조사를 진행하는 것이 불가능하지 않다 하겠다.

둘째, 대중 설문 조사가 불가능한 주제와 상황에서 연구를 진행할 경우에도 자료 수집의 경로는 다양하게 존재한다. 이는 상술했듯이, 이미 공개된 자료들을 재정리하는 것이 가장 효율적인 방법이다. 특히 이 경우에는 이러한 기존 자료를 통계 기법을 활용하기 위해 필수적인 계산 조직에 편리한 부호로 바꾸는 '코딩(coding)'작업을 염두에 두어야 한다. 실제로, 엘리트에 대한 분석을 예로 든다면, 대부분의 학자들이 같은 다양한 경로를 통해 입수하고 대조 및 비교를 통해 걸러낸 각종 엘리트 관련 자료에 대해 자신의 연구 설계에 맞게 범주 등을 나누어 코딩하여 분석에 사용하고 있다. 이러한 자료를 얻는 경로는 상술한 각종 연감과 신문 그리고 공식 출판물 등의 1차 자료 외에도 비교적 공신력을 획득하고 있는 홈페이지 등을 이용하는 것도 효과적이다.[58] 참고로, 필자는 2007년 구성된 제17기 중국 공산당 중앙 위원회의 특성을 분석하기 위해, 이들의 개인 자료를 수집할 때 바로 이 방식을 따랐다. 문제는 새롭게 2007년에 중앙 위원 및 후보 위원으로 선출된 178명의 자료였

58 참고로 현재 중국 엘리트와 관련하여 유용한 1차 자료를 얻을 수 있는 홈페이지는 홍콩 Wen Wei 출판사에서 운영하는 'China Vitae(http://www.chinavitae.com)'와 타이완 정치 대학에서 운영 중인 '中共政治精英資料庫(Chinesitaolitical Elites Datebase, http://ics.nccu.edu.tw/chinaleaders/index.htm)'등을 들 수 있다.

다. 필자는 바로 이들에 대한 자료를 바로 각종 홈페이지, 신문 등의 자료를 비교 대조하면서 확보하였다.[59)]

셋째, 학제적 연구 내지 대중조사가 가능한 주제와 상황에서 연구를 진행할 경우, 적절한 연구 설계가 이루어진 상태에서 중국의 기관과 협력하는 경우와 대중 조사를 위탁하는 경우가 가장 현실적이다.[60)] 물론 이러한 형태가 가장 이상적이기는 하지만, 문제점도 존재한다. 중국 기관과 협력하는 경우에 가장 빈번히 맞닥뜨리는 문제는 표본 추출의 신뢰성과 조사 과정의 투명성이다. 대부분 중국 당국에 의해 대중 조사가 규제를 받고 있는 상황에서 특히 민감한 주제의 경우는 표본 추출의 신뢰성을 담보할 수 없다. 더불어 조사 과정에 대한 정보 공개의 투명성 부족은 전반적인 대중 조사의 질을 평가할 수 없게 만든다. 물론 이 유형보다는 높은 자율성을 가질 수 있지만 중국 기관이나 전문 회사에 위탁하는 경우 역시 위의 경우도 유사한 문제점에 직면한다.[61)] 이러한 문제점을 극복하기 위해서

---

59 이 자료는 개별 범주에 따라 확보하지 못한 경우도 있다. 이와 관련된 자세한 사항은 주장환, "제17기 중국 공산당 중앙 위원회: 기술 관료의 쇠퇴와 '일반 관료의 부상",『중소연구』, 33권, 2호 (2009년 여름), pp. 69~98을 참조 바란다.

60 협력할 수 있는 중국 기관 중 가장 외부에 많이 알려진 곳은 '北京大學中國國情硏究中心' (Peking University's Research Centre for Contemporary China, http://www.rcccpku.org/) 등을 들 수 있음.

61 참고로 필자가 참여한 2005년도 6월 달의 중국 현지(베이징, 상하이, 광저우) 대중 조사는 현지 기관(섭외 허가증 소지)에 위탁하여 진행되었다. 1,500여명에 대해 1인당 100위안 꼴로 조사 비용이 책정되었다. 조사 과정에서 각 지역별로 1차례씩 조사원 교육과 조사 과정 참여가 있었다. 그럼에도 불구하고, 조사 결과에 대한 신뢰성이 문제가 되어 2차례의 재조사가 이뤄졌다. 또 현지 기관은 사안의 민감성을 이유로 연구 성과에 자신들의 기관명이 공개되는 것을 거부했다. 이 조사 결과 중 정치 부분의 성과는 Jang-Hwan Joo, "Political Orientations of Chinese Metropolitan Residents: A Survey of Beijing, Shanghai, and Guangzhou Residents," *The Korean Journal of International Relations*, Vol. 49, No. 3 (2009), pp. 157~175로 발표되었다.

는 조사 초기 단계에서의 명확한 역할 분담과 인식 공유 그리고 조사 과정에서의 보다 적극적인 개입과 모니터링이 필요하다고 판단된다.

마지막으로, 통계 기법을 효과적으로 활용하기 위한 인식의 차원에서 가장 중요한 것은 일부 중국 정치 연구자들이 가지고 있는 통계 기법에 대한 '막연한' 두려움의 극복이라고 할 수 있다. 필자가 이글의 집필을 위해 접촉한 몇 명의 한국의 중국 정치 연구자들은 통계 기법의 활용에 대해 부정적인데, 그 이유가 이 기법의 유용성을 부정해서가 아니라 대부분 '그 사용 방법을 몰라서', '복잡해서' 라고 대답했다. 이는 잘 모르는 대상에게 느끼는 '막연한' 두려움 이상도 이하도 아닌 것이다. 그러나 필자의 경험으로는 상대적으로 단순한 기술통계뿐만 아니라 복잡한 추리통계의 경우에도, 최근 통계학 관련 서적과 조작이 간편한 관련 프로그램의 보급으로 인해 쉽게 그 논리와 작동 방법을 익힐 수 있다.[62)]

따라서 만약 통계 기법에 대해 막연한 두려움을 극복하고자 한다면, 시중에 나와 있는 통계학 관련 서적과 관련 프로그램을 실제로 작동해보는 것이 그 첫걸음이 될 것이다. 특히 실습 과정에서는 상술한 촌민위원회 선거 관련 자료와 같이 현재 공개되어 있는 중국 관련 자료 모음을 활용하는 것도 좋은 방법이다. 동시에 통계기법을 상대적으로 빈번하게 사용하는 정치학, 경영학 영역의 연구자들과 공동 연구 등 협력을 강화하는 것도 현실적인 방법이라고 할 수 있다. 또 개인적인 학

---

62 참고로 현재 가장 광범위하게 사용되는 통계 프로그램 패키지는 'SPSS(Statistical Package for the Social Sciences)'로써 1969년 Norman H. Nie and C. Hadlai Hull에 의해 개발된 이후, 계속 업그레이드되고 있다.

습이 곤란한 상황이라면, 대부분의 대학에서 매 학기 혹은 1년 단위로 개설되고 있는 ‹통계 조사 실습›, ‹SPSS 프로그래밍› 등의 강좌를 수강하는 것도 좋은 방법이다. 만약 보다 집약적으로 통계 활용 기법을 단시간 내에 익히기 위해서는 각 대학이나 사회 단체들이 방학 등에 개설하는 ‹SPSS 강좌›등을 이용하는 것도 하나의 방법이다. 특히 이 강좌들은 1달 정도의 기간에 기술 및 추리 통계 기법의 기본적인 개요와 작동 기술을 습득할 수 있다.

다음으로, 중국 정치 현상에 대해, 통계 기법의 관점으로 관찰하는 것이다. 즉 통계 기법의 관점이란 특정 사안에 대해 통계 기법의 사용이 가능한지, 가능하다면 어떤 기법을 사용해야 하는지, 통계 기법을 사용하기 위해서는 어떤 자료가 필요하고 획득해야 하는지 등의 측면에서 면밀하게 관찰하는 것이다. 물론 이는 기존 연구 성과에 대한 꾸준한 검토와 동시에 병행되어야 할 것이다.

여러 한계가 존재함에도 불구하고 중국 정치 연구에서 통계 기법의 활용은 여전히 유의미하다. 또 인과 관계의 추론을 위해서 대단히 효과적인 방법 중의 하나이다. 이는 단적으로 다양한 높은 수준의 기존 연구 성과들로 미루어 볼 때 이러한 판단은 틀리지 않았다는 것을 알 수 있다. 그러나 더 중요한 것은 현실적 난관이 존재한다고 포기하지 않고 중국 정치 영역의 주제들에 대한 보다 설득력 있는 분석과 설명을 진행하려는 다수의 연구자들이 있기 때문이다.

[부록 1] 각 지역별, 성격 잡지들의 통계 기법 활용 상황

* 통계 기법의 분류는 기술 통계 기법은 '기', 추리 통계 기법은 '추'로 표시함.

『한국정치학회보』

년도	통계기법 활용 논문편수 / 총 논문 수(%)	논문 명 및 구체 사항 (통계 기법의 유형)	중국관련 논문 (타이완과 비교 논문 포함) 편수
1999	5/77 (6.49)	"정당이익이론과 1961년도 미국 하원 규칙위원회 확대에 관한 투표 행태 분석." 32:4. (추) "국정감사 제도와 운영의 분석적 조명." 33:1. (기) "민주화 이후 한국의 선거정치." 33:2. (추) "미국의 개인적 경제투표에 관한 재검토." 33:2. (추) "한국인의 가치변화와 지속성 그리고 민주화." 33:3. (기)	2
2000	11/71 (15.49)	"지방공직자에 대한 주민접촉." 33:4. (추) "한국 국회의원의 지역구활동 정도의 결정원인분석." 33:4. (추) "시뮬레이션(Simulation)분석을 통한 한국의 선거제도 개선방안." 33:4. (추) "내각안정성의 정치 · 경제적 인자에 관한 경험적 탐색." 33:4. (추) "국회의원의 역할유형에 관한 비교연구." 34:1. (추) "미 대통령의 범죄에 대한 정책의제설정 양태에 관한 연구." 34:1. (추) "제16대 국회의원 선거결과에 대한 집합자료분석." 34:2. (기) "국회의원선거에서 후보자 요인의 영향력." 34:2. (추) "경제투표에 대한 정치심리학적 접근." 34:2. (추) "중앙–지방 관계에서 본 러시아 개혁의 제약요인." 34:2. (추) "미국 대통령선거에서 제3당 후보 지지자들의 전략적 투표(Strategic Voting)에 관한 연구." 34:2. (추)	4

2001	6/88 (6.82)	"미국 연방의원선거 결과에 영향을 미치는 요인에 관한 연구." 34:4. (추) "국회 위원회 공무원의 입법활동지원 실태에 관한 실증적 연구." 35:1. (기) "지방정치에서의 참여 불평등." 35:1. (추) "지역 정치문화와 선거." 35:3. (추) "이원성 대통령직에 대한 가정과 미국 하원 의원들의 투표 행태." 35:3. (추) "인터넷투표와 대표성의 문제." 35:3. (추)	5
2002	9/93 (9.68)	"16대 총선에서 나타난 현직의원의 득표율증감 분석." 35:4. (추) "세력전이와 동아시아 안보질서에 관한 경험적 연구." 35:4. (추) "총선연대의 낙선운동이 16대 총선 투표율을 낮추었나?" 36:1. (추) "국회의원후보의 당선경쟁력에 대한 성차(性差) 연구." 36:1. (추) "환경정책에 대한 주민의 지지와 환경친화적 행위의 결정요인." 36:1. (추) "투표 불참과 정치적 불만족." 36:2. (추) "2000년 미국 대통령 선거에서의 투표 결정." 36:2. (추) "국회의원과 선거구민의 관계연구." 36:4. (추) "미국 상임위원회 의원들의 정치적 선호도." 36:4. (추)	3
2003	8/78 (10.26)	"선거, 선거압력, 그리고 거시경제정책." 37:1. (추) "한국 대통령 선거 어떤 유권자가 참여하나?" 37:1. (추) "공간이론(Spatial Theory)과 미국 다수후보(Multicandidate) 대통령선거." 37:1. (추) "미국 유권자의 정치적 신뢰도와 투표참여의 관계." 37:1. (추) "한국여성유권자의 정책지향적 투표 행태." 37:3. (추) "외교정책 신념체계와 국가 이미지에 관한 실증 사례 연구." 37:3. (추) "실업과 사회협력의 정치." 37:3. (추) "전쟁의 규모와 빈도." 37:5. (추)	4
2004	10/77 (12.99)	"가치변화와 민주주의 공고화." 38:1. (추) "기초단체장 충원과정에 관한 연구." 38:1. (추) "신뢰의 측정." 38:2. (추) "국제연합총회에서 미국의 영향력 분석." 38:2. (추) "소득 수준에 따른 계급 투표의 부활." 38:2. (추) "임기 중 클린턴대통령의 업무수행에 대한 유권자들의 평가." 38:2. (추) "미 하원의원들의 투표행태에 관한 연구." 38:2. (추) "정치자금과 선거결과." 38:3. (추) "16대 국회의원 역할유형과 지역구활동." 38:5. (추) "제17대 총선에서 인터넷의 영향력 분석." 38:5. (추)	3

2005	6/74 (8.11)	"현직자의 선거 경쟁력과 선거지출의 효율성." 39:1. (추) "정당의 수에 관한 새로운 일반이론의 모색." 39:1. (추) "러시아 지역간 경제격차의 변화(1994~2002)." 39:2. (추) "비대칭적 활성화와 정당에 대한 상충적 태도." 39:2. (기) "한국 국민의 이념성향." 39:2. (추) "지역균열의 변화 가능성에 대한 경험적 고찰." 39:3. (추)	2
2006	10/51 (19.61)	"민주주의 지지에 대한 정치제도의 영향력." 40:1. (추) "국회의원의 갈등적 투표행태 분석." 40:1. (추) "1인 2표 병립제의 도입과 유권자의 투표행태." 40:1. (추) "투표참여와 기권의 정치학." 40:2. (추) "한국 재 보궐선거의 결정요인 분석." 40:2. (추) "현직자의 정책입장, 정치자금, 선거 경쟁력." 40:2. (추) "한국에서 사회신뢰의 생성." 40:2. (추) "한국에서의 현직의원 지지에 관한 연구." 40:3. (추) "리즈럴(LISREL) 모델을 통한 17대 한국 총선 분석." 40:3. (추) "단기 비이양식 투표제하 정당실책의 분석." 40:5. (추)	2
2007	7/44 (15.91)	"이슈와 한국 정당지지의 변동." 41:1. (추) "민주주의 수준에 대한 사회경제적 · 정치제도 요인의 효과." 41:1. (추) "현대 러시아 정치문화의 탐색." 41:1. (추) "세계화에 대한 인식과 고용상태 평가." 41:2. (추) "선거 경합도와 정당 파워가 정부정책에 미치는 영향에 대한 연구." 41:3. (추) "양극화 시대 미국정치의 이념적 재편성과 대중의 정당일체감." 41:4. (추) "상충적 태도의 유권자(Ambivalent Voters)." 41:4. (추)	2
2008	12/73 (16.44)	"한국 후원회의 정치자금 기부금 결정요인." 42:1. (추) "의회 운영시간의 결정요인에 대한 교차국가분석." 42:1. (추) "한국 주도의 한 · 미동맹 변화에 관한 경험적 연구." 42:1. (추) "사회적 자본의 구성요소와 상관관계에 관한 연구." 42:2.(추) "세계화와 선거." 42:2. (추) "한국 정당의 당원 연구." 42:2. (추) "투표율 변화와 유권자 선택." 42:2. (추) "정책결정 소요시간에 관한 연구." 42:3. (추) "선거에서 정보환경이 유권자의 선택에 미치는 영향에 관한 실증연구." 42:4. (추) "한국인의 정부역할에 대한 태도." 42:4. (추) "부산 · 광주지역 대학생들의 정치성향 비교연구." 42:4. (추) "의회개혁, 정당 강화, 그리고 미국 하원의원의 대표성." 42:4. (추)	6
합계	83/726 (11.43)		33

『중소연구』

년도	통계기법 활용 논문편수 / 총 논문 수(%)	논문 명 및 구체 사항 (통계 기법의 유형)	중국 관련 논문편수 / 전체 논문편수(%)
1999	0/20(0)	–	20/28(71.43)
2000	0/17(0)	–	17/26(65.38)
2001	0/18(0)	–	18/24(75.00)
2002	0/18(0)	–	18/25(72.00)
2003	0/15(0)	–	15/26(57.69)
2004	0/15(0)	–	15/26(57.69)
2005	3/21 (14.29)	"중국의 시장화와 노동자의 가치관 변화에 관한 실증연구." 28:4. (추) "중국 소비자의 대형할인점 이용에 대한 요인별 만족도 평가." 29:1. (추) "한 중 일 3국 기업문화의 유사성과 차이성 비교." 29:4. (기)	21/25(84.00)
2006	0/16 (0)	–	16/25(64.00)
2007	1/17 (5.88)	"국제여론을 통해 본 중국 위협론의 평가와 전망." 31:2. (추)	17/28(60.71)
2008	1/16 (6.25)	"한국 하이테크 기업의 대중국 기술이전 경로 선택에 관한 실증연구." 32:2. (추)	16/26(61.54)
합계	5/173 (2.89)		

The China Quarterly

년도	통계기법 활용 논문편수 / 총 논문 수(%)	논문 명 및 구체 사항 (통계 기법의 유형)
1999	4/41 (9.76)	"Self-Employment in Shanghai." No. 157. (기) "Human Capital Development in an Emerging Economy." No. 157. (기) "Leaving China's Farms." No. 158. (추) "Social Origins of the Chinese Scientific Elite." No. 160. (기)
2000	7/36 (19.44)	"Jiang Zemin's Successors." No. 161. (기) "Elections and Power." No. 162. (추) "Cultural Values and Democracy in the People's Republic of China." No. 162. (추) "Environmental Agency and Public Opinion in Guangzhou." No. 163. (기) "China and the Selection of Hong Kong's Post-Colonial Political Elite." No. 163. (기) "Revolutionary Women and Women in the Revolution." No. 164. (기) "How and Why Has Poverty in China Changed?" No. 164. (기)
2001	3/33 (9.09)	"Ownership Restructuring in Chinese State Industry." No. 166. (추) "Dangers of Differential Comprehensions of Hong Kong's Competitive Advantages." No. 167. (추) "Political and Social Trends in the Post-Deng Urban China: Crisis or Stability?" No. 168. (추)
2002	5/37 (13.51)	"Explaining the Financial Performance of China's Industrial Enterprises." No. 170. (추) "Not All Currency Traders Believe in Unfettered Free Markets." No. 170. (기) "An Angle on Nationalism in China Today." No. 172. (추) "The China Democracy Party and the Politics of Protest in the 1980s-1990s." No. 172. (기) "Subduing The Rural House-Building Carze." No. 172. (기)
2003	3/39 (7.69)	"Fast. Clear and Accurate." No. 173. (추) "Downsizing" the Chinese State." No. 175. (추) "Privatizing Rural China." No. 176. (추)
2004	3/36 (8.33)	"Chinese Middle Class Attitudes towards International Affairs." No. 179. (기) "Globalization and Transnational Human Capital." No. 179. (기) "Development of Land Rental Markets in Rural Zhejiang." No. 180. (추)
2005	2/34 (5.88)	"Migration as the Second-best Option." No. 181. (추) "Children's Social Welfare in China. 1989~1997." No. 181. (추)

2006	3/37 (8.10)	"How has Economic Restructuring Affected China's Urban Workers?" No. 185. (추) "An Emerging Environmental Movement in China?" No. 186. (기) "Charting the State of Social Cohesion in Hong Kong." No. 187. (추)
2007	7/35 (20.00)	"Gendered Pathways to Rural Schooling." No. 189. (추) "Bureaucracy Meets the Envioronment." No. 189. (추) "How Do Chinese Civic Associations Respond to the Internet?" No. 189. (기) "Integrating Wealth and Power in China." No. 192. (추) "From Resisting to "Embracing?" the One–Child Rule." No. 192. (기) "Clans for Markets." No. 192. (추) "Was Japanese Colonialism Good for the Welfare of Taiwanese?" No. 192. (추)
2008	9/35 (25.71)	"Justice from Above or Below?" No. 193. (추) "Feminization of Agriculture in China Myths Surrounding Women's Participation in Farming." No. 194. (추) "From labour to Capital." No. 195. (추) "Retreat form Equality or Advance towards Efficiency?" No. 195. (추) "Danwei Profitability and Earnings Inequality in Urban China." No. 195. (추) "The Political Economy of Land Reform in China's Newly Liberated Areas." No. 195. (추) "The Chinese Urban Caste System in Transition." No. 196. (추) "Allies of the State." No. 196. (추) "Understanding the Falsification of Village Income Statistics." No. 196. (추)
합계	46/363 (12.67)	

Comparative Politics

년도	통계기법 활용 논문편수 / 총 논문 수(%)	논문 명 및 구체 사항 (통계 기법의 유형)
1999	1/25 (4.00)	"Independents and Party Formation." 31:2. (기)
2000	4/25 (16.00)	"Presidential Power, Legislative Organization, and Party Behavior in Brazil." 32:2. (기) "Institutionalizing Democracy." 32:4. (추) "Xenophobia and the European Union." 32:4. (추) "Concurrent Elections, Discordant Results." 33:1. (추)
2001	3/25 (12.00)	"Democracy and Economic Growth." 33:4. (추) "Assessing the Consequences of Electoral Democracy." 33:4. (추) "Cultural Values and Political Trust." 33:4. (추)
2002	4/25 (16.00)	"Testing the Empowerment Thesis." 34:2. (기) "Global, Constitutional, and Partisan Determinants of Redistribution in Fifteen OECD Countries." 34:2. (추) "The Renaissance of Political Culture or the Renaissance of the Ecological Fallacy?" 34:3. (추) "Islam and Democracy in the Middle East." 34:3. (추)
2003	5/25 (20.00)	"The Colonial Origins of Ethnic Cleavages." 35:2. (추) "Discipline, Accountability, and Legislative Voting in Latin America." 35:2. (기) "The Representation of Polish and Czech Women in National Politics." 35:3. (추) "Demand–Based Development and Local Electoral Environments in Mexico." 36:1. (추) "Political Culture and Democracy." 36:1. (추)
2004	3/26 (11.54)	"Borderline Interest or Identity?" 36:3. (추) "Comparative Federalism and Decentralization." 36:4. (추) "Judicial Policy Implementation in Mexico City and Méerida." 37:1. (기)
2005	6/25 (24.00)	"Why Not Parties?" 37:2. (추) "Who Demonstrates?" 37:2. (추) "Parties and Electoral Behavior in Southern Europe." 37:3. (추) "No Representation without Taxation?" 37:3. (추) "Separation of Religion and State in the Twenty–First Century." 37:3. (추) "Ethnic Cleavages and Electoral Volatility in Latin America." 38:1. (추)

2006	4/25 (16.00)	"Strong Partisans, Weak Parties?" 38:2. (추) "When Do Elites Compete?" 38:3. (추) "Veto and Voice in the Courts." 38:3. (추) "Poverty and Democratic Participation Reconsidered." 38:4. (추)
2007	7/25 (28.00)	"Backstage Behavior?" 39:2. (추) "Economic Insecurity and Welfare Preferences." 39:3. (추) "Election Pledged, Party Competition, and Policymaking." 39:3. (기) "Bureaucratic Corruption and Collective Action." 39:4. (추) "The Enduring Presence of Religion in Chilean Ideological Positionings and Voter Options." 40:1. (추) "Welfare Spending and the Public's Concern for Immigrants." 40:1. (추) "How Welfare Regimes Generate and Erode Social Capital." 40:1. (추)
2008	6/25 (24.00)	"Exit without Leaving." 40:2. (추) "Particularistic Distribution of Investment Subsidies under Coalition Governments." 40:2. (추) "Political Trust and Petitioning in the Chinese Countryside." 40:2. (추) "Survival of the Fittest?" 40:3. (추) "The State and Social Capital." 40:4. (추) "Party Systems and Economic Policy Change in Postcommunist Democracies." 41:1. (추)
합계	43/251 (17.13)	

[부록 2] 통계 기법 활용 논문의 대주제, 소주제별 분류 및 해당 논문명

The China Quarterly 1999년–2008년

<table>
<tr><th>대
주제</th><th>해당 논문
편수</th><th>소 주제</th><th>논문명</th></tr>
<tr><td rowspan="12">정치
사회</td><td rowspan="12">11</td><td>직업 유동성</td><td>“Job Mobility in Post–Mao Cities.” No. 132.</td></tr>
<tr><td>개체호
(self–empolyment)</td><td>“Self–Employment in Shanghai.” No. 157.</td></tr>
<tr><td>인간 자본
(human capital)</td><td>“Human Capital Development in an Emerging Economy.” No. 157.</td></tr>
<tr><td rowspan="2">이농</td><td>“Leaving China’s Farms.” No. 158.</td></tr>
<tr><td>“Migration as the Second–Best Option.” No. 181.</td></tr>
<tr><td>빈곤</td><td>“How and Why Has Poverty in China Changed?” No. 164.</td></tr>
<tr><td>아동의 사회복지</td><td>“Children’s Social Welfare in China. 1989~1997.” No. 181.</td></tr>
<tr><td>도시 노동자</td><td>“How has Economic Restructuring Affected China’s Urban Workers?” No. 185.</td></tr>
<tr><td>농촌 교육</td><td>“Gendered Pathways to Rural Schooling.” No. 189.</td></tr>
<tr><td>농촌 경작에서의
여성 참여</td><td>“Feminization of Agriculture in China Myths Surrounding Women’s Participation in Farming.” No.194.</td></tr>
<tr><td>이주 노동자</td><td>“The Chinese Urban Caste System in Transition.” No. 196.</td></tr>
</table>

정치 경제	9	국유기업의 소유권 개혁	"Ownership Restructuring in Chinese State Industry." No. 166.
		중국 기업 재정 성과	"Explaining the Financial Performance of China's Industrial Enterprises." No. 170.
		홍콩의 시장 개입	"Not All Currency Traders Believe in Unfettered Free Markets." No. 170.
		농촌에서의 사영화	"Privatizing Rural China." No. 176.
		토지임대 시장	"Development of Land Rental Markets in Rural Zhejiang." No. 180.
		자동차 산업에서의 기업 간 거래	"Clans for Markets." No. 192.
		촌 내 불평등	"From labour to Capital." No. 195.
		토지 시장	"Retreat from Equality or Advance towards Efficiency?" No. 195.
		토지 개혁	"The Political Economy of Land Reform in China's Newly Liberated Areas." No. 195.
정치 문화	8	문화적 가치와 민주주의	"Cultural Values and Democracy in the People's Republic of China." No. 162.
		도시민의 정치 및 사회적 태도	"Political and Social Trends in the Post-Deng Urban China." No. 168.
		베이징 학생들의 민족주의	"An Angle on Nationalism in China Today." No. 172.
		토지 수용에 대한 태도	"Subduing The Rural House-Building Carze." No. 172.
		중국 중산층의 국제 정치 사건에 대한 태도	"Chinese Middle Class Attitudes towards International Affairs." No. 179.
		홍콩의 사회적 응집력	"Charting the State of Social Cohesion in Hong Kong." No. 187.
		엘리트의 환경에 대한 인식	"Bureaucracy Meets the Environment." No. 189.
		사영 기업가들의 정치 태도	"Allies of the State." No. 196.

정치 행위	7	촌민위원회 선거	"Elections and Power." No. 162.
		대중여론조사와 정책 결정	"Environmental Agency and Public Opinion in Guangzhou." No. 163.
		중국 민주당(The Democracy Party)의 저항	"The China Democracy Party and the Politics of Protest in the 1980s–1990s." No. 172.
		환경운동	"An Emerging Environmental Movement in China?" No. 186.
		중국 시민단체와 인터넷	"How Do Chinese Civic Associations Respond to the Internet?" No. 189.
		'1가구 1자녀' 정책에 대한 반응	"From Resisting to Embracing?." No. 192.
		농촌에서의 민원 해결의 전략	"Justice from Above or Below?" No. 193.
정치 엘리트	5	과학 엘리트	"Social Origins of the Chinese Scientific Elite." No. 160.
		제 4세대 정치 엘리트	"Jiang Zemin's Successors." No. 161.
		홍콩 엘리트	"China and the Selection of Hong Kong's Post–Colonial Political Elite." No. 163.
		여성 엘리트	"Revolutionary Women and Women in the Revolution." No. 164.
		해외 거주와 귀국 학자	"Globalization and Transnational Human Capital." No. 179.
기타	6	홍콩의 경쟁 우위	"Dangers of Differential Comprehensions of Hong Kong's Competitive Advantages." No. 167.
		정부기구개혁	"Downsizing" the Chinese State." No. 175.
		중국 통계의 신뢰성	"Fast, Clear and Accurate." No. 173.
		중국 공산당과 사영 영역	"Integrating Wealth and Power in China." No. 192.
		타이완 일제 통치 시기에 대한 평가	"Was Japanese Colonialism Good for the Welfare of Taiwanese?" No. 192.
		촌 소득 통계 오류의 원인	"Understanding the Falsification of Village Income Statistics." No. 196.

[부록 3] 추리 통계 기법 중 세부 기법별 분류 및 해당 논문명

The China Quarterly 1999년-2008년

추리통계 기법		논문 편수	논문명
대구분	소구분		
요인 분석		3	"Dangers of Differential Comprehensions of Hong Kong's Competitive Advantages." No. 167.
			"Charting the State of Social Cohesion in Hong Kong." No. 187.
			"Allies of the State." No. 196.
인과 분석	최소승자 회귀 (Ordinary Least Square Regressions) 분석	12	"Leaving China's Farms." No. 158.
			"Elections and Power." No. 162.
			"Cultural Values and Democracy in the People's Republic of China." No. 162.
			"Ownership Restructuring in Chinese State Industry." No. 166.
			"Political and Social Trends in the Post–Deng Urban China: Crisis or Stability?" No. 168.
			"Explaining the Financial Performance of China's Industrial Enterprises." No. 170.
			"Privatizing Rural China." No. 176.
			"Was Japanese Colonialism Good for the Welfare of Taiwanese?" No. 192.
			"Feminization of Agriculture in China Myths Surrounding Women's Participation in Farming." No. 194.
			"Retreat form Equality or Advance towards Efficiency?" No. 195.
			"From labour to Capital." No. 195.
			"Understanding the Falsification of Village Income Statistics." No. 196.

<table>
<tr><td rowspan="11">인과 분석</td><td rowspan="9">로짓 회귀 (Logistic Regression) 분석</td><td rowspan="9">9</td><td>"Ownership Restructuring in Chinese State Industry." No. 166.</td></tr>
<tr><td>"Development of Land Rental Markets in Rural Zhejiang." No. 180.</td></tr>
<tr><td>"Migration as the Second–Best Option." No. 181.</td></tr>
<tr><td>"Children's Social Welfare in China. 1989~1997." No. 181.</td></tr>
<tr><td>"Gendered Pathways to Rural Schooling." No. 189.</td></tr>
<tr><td>"Clans for Markets." No. 192.</td></tr>
<tr><td>"Justice from Above or Below?" No. 193.</td></tr>
<tr><td>"Danwei Profitability and Earnings Inequality in Urban China." No. 195.</td></tr>
<tr><td>"The Political Economy of Land Reform in China's Newly Liberated Areas." No. 195.</td></tr>
<tr><td rowspan="2">프로빗 회귀 (Probit Regression) 분석</td><td rowspan="2">2</td><td>"How has Economic Restructuring Affected China's Urban Workers?" No. 185.</td></tr>
<tr><td>"Integrating Wealth and Power in China." No. 192.</td></tr>
<tr><td colspan="2" rowspan="5">상관관계 분석</td><td rowspan="5">5</td><td>"An Angle on Nationalism in China Today." No. 172.</td></tr>
<tr><td>"Fast, Clear and Accurate." No. 173.</td></tr>
<tr><td>""Downsizing" the Chinese State." No. 175.</td></tr>
<tr><td>"Bureaucracy Meets the Environment." No. 189.</td></tr>
<tr><td>"The Chinese Urban Caste System in Transition." No. 196.</td></tr>
</table>

제9장
중국 정부의 공식통계에 대한 이해와 활용방법

은종학

I. 서론

한 국가의 통계는 해당 국가 내의 각종 인간 활동과 다양한 자연적·사회적 상태를 '숫자'로써 표현한다. 각국 정부는 그와 같은 통계를 공식 집계하고 공표하는 한편, 국정 운영의 중요한 도구로 활용하고 있다. 정부에게 있어 통계는, 복잡한 시스템을 운영하는데 필수적인 '디지털 계기판'과도 같다. 또한, 공표된 통계는 정부 이외의 사람들이 각 분야의 상황을 구체적으로 들여다 볼 수 있게 돕는 창(窓)이 되어주기도 한다. 특히, 연구자에게 있어 통계는 연구자가 직접 체험·관찰할 수 없는 여러 분야의 상황을 파악할 수 있게 한다는 점에서 유용한 연구의 도구이다. 중국을 연구하는 학자들이 중국 정부의 공식 통계를 자주 인용하는 것도 이와 같은 맥락에서다. 더 나아가, 양적 질적 성장 속에서 규모와 복잡성을 더해가는 중국을 이해하기 위해 연구자들이 통계자료에 기대는 경향은 앞으로도 더욱 증가할 것으로 보인다.

중국의 공식 통계를 생산하고 공표하는 일을 총괄하는 중앙 정부 부처는 국가통계국(國家統計局)이다. 국가통계국은 베이징(北京)시 시청(西城)구 위에탄난(月壇南)가에 위치하고 있는데, 바로 맞은편에는 과거 계획경제 시절 '계획'을 총괄했고 그런 만큼 통계에 대한 수요가 가장 많았던 국가계획위원회(國家計劃委員會)가 지금의 국가발전개혁위원회(國家發展改革委員會)로 개편되어 자리를 지키고 있다. 이 지역 인근 서점들(특히 중국통계출판사 서점)에서는 중국 정부가 발간하는 각종 통계자료집(지역별 통계연감 포함)을 구하기가 쉬워, 이곳을 찾는 연구자도 많다. 물론, 중국 정부가 공개 출간하는 모든 통계자료집이 이곳에 있는 것은 아니다. 때로, 연구자는 찾고자 하는 통계자료집과 직접 관련이 있는 (국가통계국 이외의) 정부 부처 및 그 산하 기관을 방문해야 하는 경우도 있다.[1] 하지만 최근에는 인터넷을 통해 연구자가 필요한 통계자료집을 검색하여 곧바로 온라인 구매하거나 적어도 해당 통계자료집을 판매하는 곳의 위치와 연락처를 알기가 훨씬 쉬워졌다. 또한, 일반적으로 많이 활용되는 통계는 국가통계국(www.stats.gov.cn) 및 관련 정부 부처의 인터넷 홈페이지에서 열람할 수도 있어 중국의 통계에 대한 연구자의 접근성은 상당히 향상됐다고 할 수 있다. 중국 중앙정부의 각 부처 및 주요기관의 홈페이지는 중국정부망(中國政府網, www.gov.cn/wsfw/index.htm)을 통해 쉽게 찾을 수 있다.

위에서 우리는, 통계가 연구자의 유용한 도구가 될 수 있을 뿐 아니라 중국에서 그 도구의 활용이 더욱 편리해지고 있음을 보았다. 하지만 중국 정부의 공식 통계를 활용하는데 있어 연구자는 상당한 주의를 기울여야 한다. '숫자'는 흔히 구체성·객관성·정확성이란 이미지를 만들어내고 통계 역시 마찬가지이

1 중국 정부의 통계자료집은 국가통계국이 여타 정부부처(예컨대 교육예산 관련은 교육부, 과학기술연구 관련은 과학기술부 등)와 공동으로 발간하거나, 국가통계국 이외의 정부 부처가 단독으로 펴내는 경우도 있다. 이들 자료집 중 범용성이 낮은 것은, 일반 서점이나 통계국 서점에서 구하기 어렵고, 해당 정부 부처의 (출판 관련) 사무실이나 부속 서점을 직접 방문해야 하는 경우가 있기 때문이다. 이 경우, 잦은 애로사항 중 하나는 해당 정부 부처의 사무실 등이 일반에 완전히 공개된 것은 아니어서, 자료를 구하러 방문하는 연구자가 현관에서부터 출입을 제지당하기도 한다는 점이다. 이와 같은 문제를 피하기 위해서는 해당 부처의 담당자와 전화 연락을 통해 방문 약속을 하는 것이 좋다.

지만, 통계를 활용한 연구가 곧바로 구체적이고 객관적이며 정확한 연구를 보장해 주는 것은 아니다. 통계, 특히 정부가 스스로 집계하여 공표하는 공식 통계를 활용하고자 하는 연구자는 다음과 같은 문제를 신중히 검토해야 한다.

첫째는, 공표된 통계수치가 얼마나 정확한가 하는 문제이다. 즉, 공표된 통계수치의 정확성(正確性) 문제이다. 통계는 그를 집계하는 사람들의 단순한 실수나 인위적인 조작 등으로 인해 실제에 비해 과장되거나 축소될 수 있다. 집계상의 단순한 실수는 대체로 '무작위적 오류(random error)'여서, 그 정도가 특별히 심하지 않은 경우에는, 통계를 활용한 연구를 근본적으로 저해하지는 않는다. 하지만 '체계적인 오류(systematic error)'가 있을 경우, 연구자가 이를 바로 잡거나 적어도 이를 감안하지 않는다면 잘못된 결론에 도달할 수 있다. 체계적인 오류는 대체로 통계 집계의 방법론에 문제가 있거나 이해관계자들의 개입과 조작이 있을 경우에 발생한다. 따라서 연구자는 자신이 사용하고자 하는 통계에 체계적 오류가 담겨 있을 가능성과 그 정도를 가늠해야 하고, 이를 위해서는 해당 통계가 생산되는 제도적 메커니즘, 혹은 통계시스템에 대한 이해가 선행되어야 한다.

둘째는, 통계 활용상의 문제로서, 연구자가 택한 통계지표가 과연 자신이 논하고자 하는 궁극적인 실체를 온전히 반영하는가 하는 것이다. 즉, 연구자가 활용하는 통계지표의 정합성(整合性) 문제이다. 일례로, 연구자들은 흔히 국민들이 누리는 경제적 윤택 혹은 삶의 품질을 논하고자 할 때 해당국의 1인당 GDP 통계를 사용한다. 이는, 1인당 GDP라는 통계지표가 국민들이 누리는 경제적 윤택 혹은 삶의 품질을 온전히 반영하고 있다고 판단하기 때문이다. 그런데 만약, 연구자가 논의하고자 하는 궁극적인 (흔히 질적인) 실체와 그를 위해 수단적으로 활용하는 양적인 통계지표 사이에 연관성 혹은 정합성이 약하면, 통계를 활용한 논의가 잘못된 결론을 유도할 수 있으므로 세심한 주의를 기울여야 한다. 특히, 체제이행이나 고도성장으로 사회경제가 구조적 변화를 겪고 있는 국가의 경우, 기존에 사용해온 통계 지표와 그 이면의 실체 간의 관계가 멀어져 통계의 정합성이 훼손될 수 있다. 또한 선진국에서 개발된 통계 지표를 개발도상국에서 그대로 사용할 경우에도 통계의 정합성이 떨어질 수 있다. 따라서 체제이행국이면서 동시에 고도성장하는 개발도상국인 중국에 대해 통계를 활용한 연구를 하고자 할 경우 연구자는 자신이 택한 통계지표의 정합성 문제를 보다 면밀히 검토해야 한다.

연구자가 통계를 활용함에 있어 유념해야 할 문제점은 이뿐이 아니다. 정부가 공표하는 공식 통계는, 해당국에 관한 전면적이면서도 중립적인 묘사가 아니라, 정부의 관심과 이해관계에 영향을 받은 선별적 정보일 수 있다.[2] 즉, 통계의 선별성(選別性) 문제가 존재한다. 탄트(A. P. Tant)는, 통계가 '사실(facts)'이라고 보여주는 것은 과학적 방법을 통해 발견된 객관적 실체가 아니라 정부의 관심과 이해관계가 반영되어 '창조된(created)' 것이라고 지적한 바 있다.[3] 비슷한 맥락에서, 심슨(S. Simpson)과 도

---

2 한 국가 내의 모든 활동과 상태가 정부의 통계 속에 담기지는 않으며 또한 현실적으로 그렇게 할 수도 없다. 정부는 스스로의 이해관계를 고려하여 선별적으로 자국 내 일정한 영역의 활동과 상태만을 공식 통계로써 집계할 가능성이 있으며, 때로 집계한 통계의 일부를 일반에 공개하지 않기도 한다.

3 A. P. Tant, "The Politics of Official Statistics," *Government and Opposition*, Vol. 30, No. 2 (Spring 1995), p. 254 참조.

링(D. Dorling)도, 통계지표의 개발 및 통계수치의 생산 과정에 정치적·사회적 힘이 가해지는 만큼 통계 그 자체는 '사회적 산물(social product)'로서 이해되어야 한다고 주장한다.[4] 물론, 현재 중국은 나름의 통계지표를 독창적으로 개발하기보다는 국제적으로 통용되는 통계지표를 받아들여 이른바 '글로벌 스탠더드(global standards)'에 다가가려 노력중인 개발도상국인 만큼, 통계지표의 개발에 중국 정부의 남다른 관심과 이해관계가 크게 게재된 것은 많지 않다. 하지만 중국 정부 역시 손에 쥔 통계수치의 공표 여부를 자의적으로 결정할 수 있기 때문에 통계의 선별성 문제는 중국이라고 해서 예외는 아님을 연구자는 잊지 말아야 한다.

이제 아래에서는, 위에 언급한 주요 문제들에 유념하여, 연구자들이 중국 정부의 공식 통계를 올바로 인식하고 또한 그를 온전히 활용하기 위한 방안을 논해 보고자 한다. 이를 위해 우선 2절에서는, 공표된 중국 통계의 정확성 문제를 진단하기 위해 연구자가 알아야 할 중국 통계시스템의 제도적 특성과 한계를 소개한다. 더불어 최근 중국 정부가 통계의 품질을 높이기 위해 벌이고 있는 제도적 개선의 노력과 그 전망도 짚어본다. 이어 3절에서는, 체제이행국이자 개발도상국인 중국에 관한 통

4 Stephen Simpson and Daniel Dorling, "Conclusion: Statistics and 'the Truth'," in D. Dorling and S. Simpson (eds.), *Statistics in Society: The Arithmetic of Politics* (London: Arnold, 1999), p. 414. 더 나아가 맥킨지(D. MacKenzie)와 마이어(H. Maier)는 통계 수치의 생산과 분석에 활용되는 수학적 방법론조차도 정치적 사회적 압력으로부터 자유롭지 않다고 주장한다. Donald MacKenzie, "Eugenics and the Rise of Mathematical Statistics in Britain," in Daniel. Dorling and Stephen Simpson (eds.), *Statistics in Society: The Arithmetic of Politics* (London: Arnold, 1999), pp. 55~61; Mark. H. Maier, *The Data Game: Controversies in Social Science Statistics* (Armonk: M. E. Sharpe, 1995), p. 235 참조.

계를 활용하는데 있어 특별히 유념해야 할 정합성의 문제를 대표적인 사례들을 통해 살펴보고자 한다. 마지막 4절에서는, 본고의 논의를 간략히 요약하는 한편, 연구자들이 중국 정부의 공식 통계를 활용하고자 할 때 가져야 할 태도를 상기시키는 것으로 글을 마무리한다.

II. 중국 통계시스템에 대한 제도적 고찰

정부의 공식 통계를 집계 공표하는 사람들이 전문성과 직업윤리에 입각하여 정확한 통계를 생산하는 것을 제일의 목표로써 추구하지 않고, 또 다른 어떤 것(예컨대 성과 부풀리기)을 추구한다면, 그 통계에는 체계적 오류(systematic error)가 담길 가능성이 크다. 더욱이, 감독당국이 통계를 실제보다 부풀려 보고하는 행위 등을 효과적으로 제재하지 못하고, 부풀려 보고된 통계가 그대로 업적으로 인정돼 상벌의 기준으로 활용된다면, 그 통계는 과장·왜곡이 심해 신뢰할 수 없는 것이 되고 말 것이다. 따라서 공표된 통계가 얼마나 신뢰할 만한 것인지를 판단하기 위해서는 그 통계가 생산되는 제도적 메커니즘에 대한 이해가 선행되어야 한다. 이와 같은 맥락에서 본장에서는 중국의 역사적 경험 속에서 드러난 중국 정부 통계시스템의 특성과 한계를 살펴본다. 이어 통계의 품질을 높이기 위한 최근 중국 정부의 법적·제도적 개선 노력을 소개하고 그에 따른 전망을 논한다.

중국 통계시스템의 특성과 한계

중국 정부의 공식 통계에 대한 신뢰성 의문은 끊임없이 제기되어 왔다. 중국의 GDP, 경제성장률, 투자, 소비, 실업 등 주요 경제사회 지표의 진위 여부와 왜곡의 정도를 둘러싸고 지금도 논란이 계속되고 있다. 중국 정부 통계의 신뢰성에 대한 의문은, 경제침체기에도 실업률이 불변하는 등 논리적 모순이 매우 두드러져서 제기되기도 하지만, 역사 속에 누적된 여러 통계 왜곡 사례와 그를 배태했던 제도적 환경이 여전히 불완전하다는 판단에 뿌리내리고 있다.

현대 중국 역사상 가장 두드러진 통계 왜곡의 사례는 이른바 대약진(大躍進) 시기에 발생했다. 1958년 중국은 마오쩌둥에 의하여 제기된 '사회주의 건설의 총노선' 주도 하에 경제의 대약진과 인민공사(人民公社) 설립 운동을 전국적으로 전개하였다. 당시의 공식통계는, 위와 같은 정책에 따라 1958년 농공업 생산량이 급격히 증가했다고 했지만, 이는 상당 부분 각 지방의 과장된 보고에 의한 것으로 밝혀졌다. 1959년부터 지속된 심각한 자연재해로 인해 식량생산에 상당한 차질이 있었음에도 불구하고, 각 지방이 생산량 통계를 크게 과장함으로써 중앙은 더 많은 농산물을 수매하고자 하였고, 이는 각 지방의 식량상황을 더욱 악화시켰다. 그 결과 1959~1961년 사이 굶주림 등으로 인한 비정상적인 사망자가 1,500만 명 이상으로 추정될 정도로 심각한 경제적 파탄에 이르게 된다.[5)]

물론 대약진은 중국의 역사 속에서도 분명 특별하고 또한 예외적인 기간일 수 있다. 인민 대중의 열정을 바탕으로 야심

찬 경제 건설 목표를 달성하라고 독려하는 중앙의 권력자에게 각 지방의 책임자들은 이른바 반혁명분자로 몰리지 않기 위해서라도 해당 지역의 성과를 과장해야 했을 수 있다. 비록 그와 같은 극단적 분위기는 사라졌다 하더라도, 대약진 시기 대규모 통계 조작을 가능케 했던 제도적 특성 중 적어도 일부는 현대 중국에도 상당 부분 남아 있다. 그 한 가지가 중국 통계시스템의 지방분권적 성격을 꼽을 수 있다.[6]

중국 정부 통계의 집계와 공표를 총괄 책임지는 중앙정부 부처는 국가통계국이다. 그리고 국가통계국의 지방 조직은 현(縣)급 이상 지방 정부에까지 설립되어 있다. 국가통계국의 지방 조직은 국가통계국에 보고하며 업무상 국가통계국의 지휘를 받는다. 하지만, 지방 조직 직원의 신상에 직접적인 영향을

5 대약진 기간 중 지방정부의 통계 왜곡과 그로 인한 경제적 어려움의 가중에 관한 것으로는 Nicholas R. Lardy, "The Chinese Economy under Stress, 1958~1965," in Roderick MacFarquhar and John King Fairbank (eds.), *The Cambridge History of China* (Cambridge: Cambridge University Press, 1987), pp. 360~397과 M. Meisner의 *Mao's China and After*, 김수영 역, 『마오의 중국과 그 이후』(서울: 이산, 2004), pp. 299~333 등을 참조할 수 있다. 특히, 1959–1961년 사이 아사자를 포함한 비정상사망자수에 관해서는 학자에 따라 그 추정규모가 다른데, *The Cambridge History of China*는 학자들의 추정규모가 대체로 1,600만에서 2,700만 사이인 것으로 정리하고 있다. 하지만, 아사자만 1,500만 명에 이른다거나 비정상사망자가 3천만 명이 넘는다고 주장하는 학자들도 있다(김수영 역, 2004, p. 330). 한편 중국학자 장홍즈(張宏志) 등은, 위와 같이 회자되는 대약진 시기의 아사자 추정치가, 신뢰하기 힘든 계산방법에 의해 도출되었을 뿐 아니라 사회주의를 혐오하는 학자들의 이데올로기적 편견에 의해 과장되었다고 주장하기도 한다. 張宏志,『還淸白于毛澤東』(國際炎皇文化出版社, 2004) 참조.

6 1950년대 초 중화인민공화국의 통계시스템은 소련의 것을 모방하여 구축되고 중앙집권적으로 운영되었으나 대약진 기간을 거치며 지방분권적 성격을 띠게 되었으며, 이와 같은 중국적 특색은 최근에까지 이어지고 있다. 이에 관한 자세한 논의는 Yasheng Huang, "The Statistical Agency in China's Bureaucratic System," *Communist and Post-Communist Studies*, Vol. 29, No. 1 (1996), pp. 59~75를 참조할 것.

미치는 인사와 급여 지급은 중앙의 국가통계국이 아닌 지방정부가 상당부분 행사하고 있어, 지방 조직 직원들은 해당 지방정부의 영향력 하에 있으며 지방정부의 이해관계를 통계 조작을 통해 관철시킬 개연성을 안고 있다.[7] 더욱이, 현 아래 향(鄕)·진(鎭) 이하 말단 지방정부의 경우에는 통계 업무를 담당하는 독립 조직 혹은 부서가 없이 해당 지방정부 내 일반 직능부서(예컨대 회계부서)의 직원 한 명 정도가 통계 업무를 겸하는 경우가 많아 통계 처리업무의 전문성 측면에서도 많은 문제가 있는 것으로 알려져 있다.[8] 따라서 말단 지방정부의 통계 담당 직원은 같은 지방정부 내 각 부서에서 수치를 넘겨받아 단순 집계하여 보고하거나, 적어도 각 부서의 협조를 얻어 통계 업무를 처리할 수밖에 없는데, 이 과정에서 지방정부 각 부서 및 지방정부 책임자의 입김이 작용할 가능성이 크다.[9] 통계가 만들어지는 초기 단계인 말단 지방정부에서 통계가 그와 같이 왜곡된다면 중국 중앙정부가 공표하는 통계에 대한 신뢰성은 낮을 수밖에 없다.

---

7 중국 지방정부의 간부들은 전문적인 업무에 있어서는 해당 중앙부처의 지침을 따르지만, 인사나 급여에 있어서는 사실상 지방정부의 결정에 따르는 경우가 일반적이다. 이는 중국 체제의 지방분권성을 보여주는 것이며 보다 자세한 것은 John P. Burns, "China's Nomenklatura System," *Problems of Communism*, Vol. 36, No. 5 (September–Octobor 1987), pp. 36~51을 참고할 것.

8 Carsten A. Holz, "Institutional Constraints on the Quality of Statistics in China," *China Information*, Vol. 14, No. 1 (2002), pp. 28, 40, 43, 48; 鍾永平·張稚玲, "正視固定資産投資統計問題,"『中國統計』(2009. 7), pp. 38~39를 참조할 것.

9 사실 중국의 통계시스템 속에서 통계 담당부서가 여타 직능부서의 협조를 얻어야 할 경우는 말단 지방정부에 국한되지 않으며 (정도의 차이는 있으나) 중앙 부처인 국가통계국의 경우에도 마찬가지다. 그런데 국가통계국은 외교부·국방부·재정부 등 각 부(部)보다 반(半)급 낮아 업무 협조를 요청하는데 있어 현실적인 한계가 있는 것으로 알려져 있다.

일반적으로 지방분권적인 통계시스템은 중앙집중적인 시스템에 비해 신뢰성이 높고 정확한 통계를 생산하는 데 있어 상대적으로 미흡하다고 알려져 있다. 탄트도, 영국의 지방분권적인 통계시스템을 예로 들어, 각 지방의 통계 업무가 일반 행정 업무와 명확히 구분되지 않고, 통계 담당자들이 통계전문가로서의 정체성과 직업적 가치를 추구하는 정도가 미흡하다며 중앙집중적인 시스템으로 개편할 것을 주장한 바 있다.[10)]

하지만 '통계시스템의 지방 분권적 성격'이 항상(대약진 시절 중국에서 있었던 바와 같은) '대규모 통계조작'으로 귀결되지는 않는다. 전자를 후자로 귀결시키거나 혹은 그를 막는 데는 또 다른 결정요인들이 존재한다. 그 중 하나는, 지방정부가 통계를 조작할 인센티브를 얼마나 강하게 갖고 있느냐 하는 것이다. 또 다른 하나는, 통계 조작을 효과적으로 감시·감독하고 처벌할 수 있는 제도적 장치가 제대로 마련되어 있는가 하는 것이다. 만약 지방정부에게 주어진 통계 조작의 인센티브는 매우 큰 반면, 그를 제이할 감시·감독 기제가 작동하지 않는다면 지방 분권적 통계시스템에서 생산된 통계는 신뢰할 수 없게 된다.[11)]

이상의 잣대를 통해 보면 중국 정부의 공식 통계를 완전히 신뢰하기는 어렵다는 것을 알 수 있다. 우선, 중국에서는 지방

10 Tant, "The Politics of Official Statistics," pp. 265~266을 참조할 것.

11 지방정부가 중앙정부보다 더 많은 정보를 갖고 있는 '정보비대칭(information asymmetry)' 상황에서는, 지방정부의 기회주의적 행동으로 말미암아, 중앙정부가 지방정부에 대한 업적 평가로 사용하는 지표들이 왜곡되기 쉽다. 이에 관한 자세한 논의는 Mingxing Liu, Binwen Song, and Ra Tao, "Perspective on Local Governance Reform in China," *China & World Economy*, Vol. 14, No. 2 (2006), pp. 16~31를 참조할 것.

정부의 책임자가, 해당 지역 주민들의 실질적 체험과 만족도에 따른 민주적 투표 행위에 의해 평가받기 보다는, 중앙 혹은 상급 정부에 의해 평가받고 또한 그 결과에 따라 더 높은 지위로 발탁되기도 하기 때문에, 지방정부의 책임자는 중앙 혹은 상급 정부에 보고하는 통계를 조작할 상당한 유인(誘因)을 갖고 있다고 판단된다. 또한 중국은, 비록 최근의 개선 노력(이에 대해서는 다음 절에서 상술)이 있긴 하지만, 통계 조작을 효과적으로 감시·감독하고 일탈행위에 대해 엄하게 처벌하는 제도가 아직 미흡하다는 평가를 받고 있다. 지방정부에 대한 중앙정부의 감시·감독이 미흡할 뿐 아니라, 중앙정부에 대한 의회나 언론의 견제 기능이 약해 중앙정부 스스로도 통계를 왜곡하여 공표할 가능성마저 존재한다. 바로 이러한 것들이 중국 통계시스템의 제도적 특징이자 한계이다.

위에서 논의한 바와 같은 중국 통계시스템의 제도적 문제점은 최근에 이르기까지 많은 통계 조작 논란을 불러 일으켰다. 한 가지 대표적인 사례는, 로스키(T. Rawski)가 제기한, 1997년 이후 수년에 걸친 중국 GDP 통계의 심각한 과장 문제이다.[12] 이 시기는 아시아 금융위기로 적어도 중국 주변국들에 심각한 경기침체가 발생하고 해당국 통화의 평가절하가 급속히 진행되어 중국도 상당한 영향을 받던 시기이다. 하지만 당시 중국 정부는 1997~2000년 사이 중국 GDP가 24.7% 성장했다고 밝혔다. 이에 대해 로스키는 같은 기간 중 에너지 소비가 12.8%나 줄어들고, 국내선 항공료가 대폭(30~40%) 할인되고 있는 상황

12 Thomas Rawski, "The Credibility Gap: China's Recent GDP Statistics," *China Economic Quarterly*, Q 1 (2001), pp. 18~22; Thomas Rawski, "What Is Happening to China's GDP Statistics?" *China Economic Review*, Vol. 12, No. 4 (2001), pp. 347~354.

에서도 비행기 탑승자수는 오직 미미하게만(2.2%) 증가한 사실 등을 들어 중국의 실제 GDP 성장률은 공식 통계의 1/3에도 미치지 못할 것이라고 주장했다. 특히 1998년과 1999년에는 마이너스 성장이 있었을 것이라며 중국 정부 통계의 과장 왜곡을 질타했다. 이로 불거진 세계적 논란 속에서 골드만 삭스(Goldman Sachs)도 1998년 중국의 GDP 성장률을 공식 통계인 7.8%의 절반 수준인 3.5%로 하향 수정한 바 있다. 하지만 골드만 삭스는, 로스키가 마이너스 성장을 했을 것이라고 주장한 해에 대해서도 플러스 성장이 있었던 것으로 추정하는 등 다소 후한 평가를 내렸는데, 이는 빠르게 성장하는 서비스 산업이 중국정부의 공식 GDP 통계에 누락되어 있어 이를 보정했기 때문이라고 밝혔다.[13)]

위에서 본 바와 같이 적어도 1990년대 말 중국의 GDP 통계가 과장되었다는 판단에 대해서는, 과장의 정도에 관한 논란이 남아있을 뿐, 학계가 대체로 인식을 공유하고 있다.[14)] 하지만 이것이, 중국 GDP 관련 통계에 대한 전면적 불신을 뜻하는 것은 아니다. 전 스탠포드대학 교수이자 현 홍콩중문대학 총장인 라우(L. Lau)는 중국의 GDP 성장률 통계를 생산법, 지출법, 소득법 등 여러 방식으로 교차 검증해보면 1% 포인트 미만의 오차만 있다며 기본적으로 중국 공식 통계에 대한 신뢰를 보이고

---

13 *Forbes*, 2003년 11월 14일 인터넷판 기사, "Casting a Cold Eye on China's GDP Numbers," www.forbes.com/2003/11/14/cz_rm_1114china_print.html (2009년 10월 3일 검색).

14 하지만, 역시 위에서 본 바와 같이, 왜곡된 통계를 수정하여 모두가 수긍할 수 있는 진실한(혹은 그에 매우 근접한) 값을 찾는 것은 쉬운 일이 아니다.

15 Lawrence J. Lau, "China in the Global Economy," Presented at the Chinese University of Hong Kong (2002), www.cuhk.edu.hk/vc/doc/Presentations/020528.pdf.

있다.[15] 라우의 주장은, 이로 인해 중국정부에 우호적인 인물로 분류되기도 하지만, 각 연도의 통계수치에 오류와 왜곡이 있다 하더라도 그 오류와 왜곡의 정도는 비교적 안정적이어서 기간 간의 비교지표, 예컨대 성장률 지표에는 큰 문제가 없다는 것이다. 하지만, 비교지표가 아니라 특정 시점에 관한 수치들에는 일정한 오류와 왜곡이 있을 것이라는 점을 그 역시 인정하고 있다.

국제적으로 중국 정부 통계의 신뢰성이 도마에 오른 또 다른 예는, 중증급성호흡기증후군 일명 SARS(severe acute respiratory syndrome) 발생 통계에 관한 축소 왜곡이다. SARS가 중국 남부 광둥(廣東)성에서 시작돼 베이징(北京)시 등지로 확산된 것은 2002년 하반기에서 2003년 상반기에 걸친 기간이다. 이때는 장쩌민에서 후진타오로의 정치적 승계가 이뤄지고 있던 민감한 시기였고 공산당 선전부 등의 개입 속에서 SARS의 확산과 그에 따른 우려를 보도하려던 국내 언론매체들이 크게 통제되었다. 하지만 휴대폰 메시지를 통한 비공식적인 정보의 빠른 확산과 국제기구와 외국 언론들의 문제제기, 일부 내부 고발자들의 목소리가 더해지면서 중국 중앙 정부는 SARS가 크게 확산되었다는 사실을 밝힐 수밖에 없게 되었다. 2003년 4월 2일 위생부 부장 장원캉(張文康)은 "SARS 감염자가 총 1,190명이며 이 중 934명은 이미 치료되어 퇴원하였고 확산은 효과적으로 통제되고 있다"고 밝혔지만, 정부의 공식 발표와 달리 SARS가 베이징(北京)시 등지에 크게 확산되었다는 소식이 널리 알려지자 그는 베이징 시장 멍슈에농(孟學農)과 함께 경질되었다. 그 후 얼마 지나지 않아 중국 당국은 기자회견을 열어, SARS 감염자는 1,807명(베이징 339명 포함), 사망자는 79명이며, 추가확산이 우려된다며 5월 초 연휴 기간 중 여행을 자제해 줄 것을 요청했다. 또한, 그간 SARS 발생 통계가 부정확했던 원인을 묻는 기자들의 질문에 대해서는 '분권화된 중국의 의료시스템'에 화살을 돌렸다.[16)]

중국 정부 통계의 신뢰성에 대한 의문은 최근에도 일고 있다. 미국발 금융위기가 세계경제 침체로 이어진 2009년 중국의 경제상황을 두고 논란이 일고 있다. 일례로 2009년 1/4분기 GDP는 전년 동기 대비 6.1% 성장한 것으로 공식 발표됐지만, 같은 기간 중 발전량은 오히려 3.7% 감소한 것으로 나타나 GDP 통계에 거품이 있는 것 아닌가 하는 의문이 또다시 제기되고 있다.[17)] 또한 칼리노프(J. Calinoff)는 *Foreign Policy*지 2009년 9월호에 게재한 글에서, 지방정부의 종용 속에서 기업들이 종업원을 해고하는 대신 퇴직을 유도하여 실업률이 높아지는 것을 막고 있으며, 제조업체가 유통업체에 판매하여 아직 창고에 쌓여있는 제품들까지 소매 판매 통계 속에 산입되고 있으며, 경기부양책으로 예고된 공적 투자가 아직 이뤄지기도 전에 각 지방의 GDP 통계 속에 산입되고 있다며 중국 통계의 거품을 꼬집었다. 그는 또한, 경제위기의 진행 속에서 중국 중앙정부가 2009년 경제성장률 목표로 내세운 8%, 이른바 '바오빠(保八)'가 각 지방정부로 하여금 경제성장률을 과장 보고하게 할 가능성이 있다는 일반의 우려를 소개하고 있다.[18)]

위에서 살펴본 사례에서 연구자가 얻을 수 있는 교훈을 몇

---

16 Ashley Easarey, "Cornering the Market: State Strategies for Controlling China's Commercial Media," *Asian Perspective*, Vol. 29, No. 4 (Winter 2005), pp. 37~83.

17 정철호, "중국 경제 회복 본격화되나," *Chindia Journal* (2009. 6), p. 42.

18 Jordan Calinoff, "How China Cooks Its Books," *Foreign Policy* (September 3, 2009).

가지 꼽아보면 다음과 같다. 우선, 중국 공산당 중앙 혹은 중앙 정부가 (체제유지 및 사회안정 등의 이유에서) 매우 민감하고 중요하게 생각하는 통계일수록 왜곡의 가능성이 크다는 점이다. 그리고 그러한 왜곡을 피하거나 확인하는 방법으로, 로스키가 시도했듯, 비교적 덜 알려지고 정치적으로 덜 민감한 그리고 중국 당국의 수치 조작이 비교적 어려운 통계를 찾아 활용할 수 있다는 것이다.[19] 다시 말해, 연구자가 중국의 공식 통계 속에서 매우 인상적인 수치를 발견했다면 그를 그대로 믿고 성급히 논의를 전개하기보다는, 해당 통계수치와 (정비례 관계든, 반비례 관

19 GDP 성장률이 지방 및 중앙 정부의 집계 공표 과정에서 과장될 가능성이 있다는 우려에서 학자들은 GDP 이외의 지표를 통해 중국의 경제성장 추세를 추정하기도 한다. 흔히 사용되는 대안적 지표는 에너지 소비량, 산업 생산량, 화물 운송량 등이다. 이들은 국민경제의 총량을 가늠하는 포괄적 지표로 GDP(국내총생산)라는 개념이 개발 활용되기 이전에 사용되던 말하자면 전통적 지표인데, 관료 및 이해관계자의 왜곡 보고가 상대적으로 적다는 판단에 따라 현재도 참고지표로 활용된다. 하지만, 이들 지표를 통해 중국의 GDP 성장률에 담긴 거품과 오류를 제거하는데 있어서는 다음과 같은 사항에 주의를 기울일 필요가 있다. 우선, 이들 전통적 지표는 GDP와 같은 포괄적 지표와 달리 경제의 어느 한 측면만을 보여주기 때문에 중국경제 전체의 흐름을 파악하는데 한계가 있다. 더불어 중국에서 에너지 소비량, 산업 생산량, 화물 운송량의 집계는 '일정 규모 이상의 기업이나 단체'의 보고만을 합산하는데 그쳐 국민경제 전체의 흐름을 파악하는데 한계가 있다. Carsten Holz, "China's Economic Growth Statistics: Trustworthy in the Long Run, Less So in the Short Run," *APARC Dispatches* (October 2004) 참조. 또한, 에너지 소비량은 경제가 활성화함에 따라 늘어나는 게 일반적이지만, 에너지 절약 노력과 기술 향상 등으로 인해 에너지 소비 효율성이 높아지는 경우 그 증가속도가 GDP 성장속도에 비해 늦게 나타날 수도 있다. 산업 생산량 통계의 경우는, 종전에 없던 신제품의 출시, 신산업의 등장을 포괄하지 못하는 경우가 많아, 경제성장률을 과소 추정할 가능성도 내포하고 있다. 따라서 중국 경제의 성장추세를 파악하고자 할 때 위에서 언급한 대안적 지표들이 GDP 통계에 비해 반드시 우월한 것이 아님을 기억할 필요가 있다. 정치적 고려 속에서 통계지표가 과장·조작되었을 가능성과 대안적 통계지표가 갖는 기술적 한계는 중국 연구자가 동시에 염두에 두어야 할 것들이다.

계든) 연관성이 높은 또 다른 (공개적으로 비교적 덜 인용되는) 통계수치를 찾아 두 가지 통계수치의 흐름이 연구자의 논리적인 예측에 부합하는지 따져보는 것도 좋은 방법이다. 더불어, 중국 통계시스템의 한계는 중앙에 의해 효과적으로 관리되지 않는 분권적 체제에 기인하는 바 크지만, SARS의 사례에서 보듯 때로 중앙정부는 그와 같은 사정을 핑계 삼아 정확한 실상을 감추고자 할 수도 있음도 유념할 필요가 있다.

연구자가 고려해야 할 또 하나의 중요한 사실은 중국 통계의 부정확성은 이해관계자들의 개입에 따른 과장뿐 아니라, 통계시스템의 미비점으로 인한 누락에 의해서도 생겨날 수 있다는 점이다. 중국 통계의 문제점을 모두 이해관계자들의 인위적 과장의 결과로 보는 것은 옳지 않다. 사실 제도적 미비로 인해 누락되는 것도 많다. 다시 말해, 중국의 공식 통계가 실제 수치보다 항상 큰 것은 아님을 유념할 필요가 있다. 이는, 중국 정부의 공식 통계를 연구자가 스스로 조정하여 받아들이고자 할 때, 올바른 조정이 항상 하향 조정은 아니란 것을 시사한다. 즉, 과장된 부분에 대한 삭감과 함께 누락된 부분에 대한 보충(상향 조정)이 이뤄져야 하는 것이다.

물론, 왜곡된 것으로 의심되는 어떤 구체적인 수치를 항상 연구자가 스스로 조정하여 또 다른 구체적인 수치로 변환해야만 한다는 뜻은 아니다. 의심스러운 통계수치는, 연구자가 부득이 그를 연구에 활용하더라도, 그로 인해 도출되는 결과에 대해 보다 비판적으로 사고하고, 그로부터 결론이나 함의를 도출하는데 있어 세심한 조정이 필요할 수 있다는 것이다.

최근 중국 정부의 법 제도 개선 노력과 전망

중국 정부 공식 통계의 신뢰성을 떨어뜨리는 요인 중 하나가, 중국 통계 시스템의 분권적 성격이라고 위에서 지적하였다. 즉, 하위 말단의 지방통계가 단계적으로 상부에 보고되고 최종적으로 중앙에서 집계되는데 있어 지방의 이해관계와 입김이 크게 작용하는 것이 중앙 정부 통계의 신뢰성을 떨어뜨린다는 것이다. 이와 같은 문제는 중국 중앙 정부도 명확히 인식하고 있으며 나름대로 그를 개선하기 위한 제도적 개혁을 추진해왔다. 본 절에서는 그와 같은 노력의 내용을 소개하고 그 의미를 평가해보고자 한다.

분권적 성격의 통계시스템이 갖는 약점을 보완하기 위해 중국 중앙정부는 보다 중앙 집중적인 방식의 통계 수집을 강화해왔다. 그 한 가지는, 지방정부를 거치지 않고 중앙부처인 국가통계국에 직접 보고하는 '조사대(調査隊)'의 강화이다. 현재 각 성(省)과 병단(兵團)에 총 32개의 조사총대(調査總隊), 그리고 그 산하에 약 1,200개의 통계조사대가 설립되어 있다. 그리고 각 조사대의 인원은 12명 정도로 이는 기존의 현(縣)급 통계조직 인원과 대등한 수준이다. 이는, 지방정부의 입김으로부터 자유롭지 않은 전통적인 통계시스템이 만들어 낸 통계를 교차 검증할 수 있는 중앙 직속의 조직이 상당부분 갖춰졌음을 의미한다. 또한, 2006년 2월 『통계법실시세칙(統計法實施細則)』의 개정으로 조사대의 지위는 기존의 부청(副廳)급에서 정청(正廳)급으로 상향조정되며 더 큰 힘이 실리게 되었다.[20)]

지방정부의 일상적인 통계 왜곡에 취약한 중국의 분권적

통계시스템을 보완할 또 다른 노력으로 중국은 최근 센서스(census, 普査) 제도를 정비·강화하였다.[21] 중국은 후진타오 체제 출범 직후인 2003년 7월 대규모 경제센서스를 새로이 기획하고 2004년과 2005년에 걸쳐 제1차 경제센서스(조사대상: 2004년 경제활동)를 실시하였다[22]. 제1차 경제센서스는 공식적으로 조사인원 300여 만 명, 비용 30억 위안이 투입된 대규모 사업이었다. 특히, 종전에 계획돼 있던 여러 종류의 센서스를 한데 통합하고 그 실시시점도 후진타오 정권의 첫 번째 중장기 발전계획인 제11차 5개년(2006~2010년) 계획에 조사결과를 반영할 수 있도

20 조사대는 처음 1984년 농촌지역과 도시지역에 각각 설립되었고 이후 1994년 기업조사대가 추가되었으며 이후 이들의 지위와 기능은 점진적으로 강화되었다. 이후 2006년『統計法實施細則』개정으로 기존 농촌, 도시, 기업 등 3부류의 조사대(이른바 '三支調査隊')가 국가통계국 파견 조사대란 이름으로 통일적으로 재편되어 기존 三支調査隊 간의 업무 중복이 상당부분 해소되었고 사실상 지방정부에 위탁 관리되기도 했던 三支調査隊에 비해 독립성도 제고되었다. Holz, "Institutional Constraints on the Quality of Statistics in China," p. 44; 박현정, "중국 국가통계국 조직개편의 배경과 전망,"『KIEP 세계경제초점』(2006. 2. 2) 참조.

21 일반적으로 정부의 통계 수집은, 행정적 업무의 부산물로 얻어지는 행정 데이터(administrative data), 일정한 샘플을 추출하여 수행하는 서베이(survey), 그리고 전수(全數)조사에 해당하는 센서스(census)가 있다. 3가지 모두 통계 수집에 있어 오류와 조작의 위험이 있지만 그 정도와 패턴은 다르다. 특히 행정 데이터는 관련 공무원 혹은 임직원의 업적 평가에 참고 자료가 되기도 하기 때문에 보고자가 수치를 과장할 우려가 크고, 특히 상급 기관의 정책과 강조 내용이 달라지면 실질적으로는 변화가 크지 않음에도 관련 지표의 변화가 비교적 급격하게 나타날 수 있다. 한편, 전체가 아닌 부분에 대한 조사인 서베이는 조사대상을 선정하는 샘플링의 적절성에서 많은 논란이 야기되곤 한다. 이에 비해, 센서스는 전국에 걸친 전수조사인 만큼 막대한 비용이 발생하는 단점에도 불구하고 사실 그 자체를 더 잘 확인할 수 있다고 알려져 있다. Paul Starr, "The Sociology of Official Statistics," in William Alonso and Paul Starr (eds.), *The Politics of Numbers* (New York: Russell Sage Foundation, 1987), p. 30 참조.

22 제1차 경제센서스의 영도소조(領導小組)는 국무원 부총리 曾培炎을 조장, 국무원 부비서장 汪洋을 부조장으로 하고, 통계국, 발전개혁위원회, 중앙선전부, 중앙기구편제위원회판공실, 민정부, 재정부, 세무총국, 공상총국, 품질검사총국 등의 책임자를 조원으로 하여 구성되었다.

록 조정하였다.[23] 이와 같은 경제센서스는 보다 정확한 사실관계에 입각하여 합리적 정책을 펴겠다는 후진타오의 이른바 '과학적 발전관'과도 일맥상통하는 것으로도 해석된다. 제1차 경제센서스의 기획과 함께 중국은 2003년 8월 기존의 센서스 제도를 새롭게 정비하여, 현재 인구, 농업, 경제센서스를 주기적으로 실시하고 있다.[24]

일상적인 행정의 일환으로 지방정부가 보고하는 통계(이른바 報表)에 의존하지 않고 중앙이 보다 직접적으로 나서서 통계를 수집하는 조사대(調查隊)의 강화와 센서스(普查)의 운영 효율화에 더해, 중국은 법률개정을 통해서도 자국 통계시스템의 미흡한 부분을 개선해나가고 있다. 중국의 통계법은 1983년 처음 제정되어 1996년 한 차례 개정을 거친 뒤 줄곧 유지되다가 2009년 6월 제2차 개정안이 전국인민대표대회 상무위원회를 통과되어 2010년 1월 1일부터 새 통계법이 발표되었다. 국가통계국 국장 마젠탕(馬建堂)은 2008년 12월 제11기 전국인민대표대회 상무위원회 제6차 회의에 출석하여 이번 통계법 수정의 지도사상(指導思想)은 '통계조작을 예방하고 또한 그를 처벌할 수 있

23 중국은 1994년부터 인구, 농업, 공업, 3차 산업에 대한 센서스를 매 10년마다, 그리고 기본 單位에 대한 센서스는 매 5년마다 실시해왔다. 그러다 지난 2003년 7월, 공업(2차 산업), 3차 산업, 기본단위에 대한 센서스를 통폐합하고 이에 건축업을 새로 포함시킨 대규모 경제센서스를 기획, 2004년의 경제활동을 대상으로 처음 실시한 것이 제1차 경제센서스이다.

24 2003년 8월 센서스 제도 정비는, 기존 분야별 센서스(예컨대 공업, 3차 산업, 기본단위 센서스)의 통폐합을 통해 효율성을 증대시키고, 센서스 결과를 국가 중장기 발전전략 수립과 연계시킬 수 있도록 실시년도를 재조정한 것이었다. 현재 중국에서 인구센서스는 끝자리가 '0'인 해에, 농업 센서스는 끝자리가 '6'인 해에 10년에 한 번씩 실시하며, 경제 센서스는 끝자리가 '3' 혹은 '8'인 해에 10년에 두 번씩 실시한다. 章國榮 主編,『基層統計工作百問』(北京: 中國統計出版社, 2007), p. 19 참조.

는 법률제도를 보다 완비해, 통계의 품질을 높이기 위한 강력한 법률적 보장을 제공하는 것'이라고 밝힌 바 있다.[25] 이를 위해 새로운 통계법에서는 (1) 지방정부의 행정 간섭을 보다 효과적으로 방지하고 (2) 국가통계국의 감시·감독 권한을 강화하며 (3) 위법행위에 대한 처벌을 강화하는 내용의 개정이 포함됐다.

행정 간섭을 방지하기 위해 새로운 통계법에서는 "각 지방, 각 부문, 각 단위의 책임자가 통계기구 및 통계 관련 인원들의 통계법 집행을 지휘·감독 한다"는 기존 통계법의 제6조가 삭제되었다. 또한 "책임자가 수치 계산에 있어 오류를 발견할 경우 이에 문제를 제기하여 통계기구 및 통계 관련 인원들로 하여금 이를 수정하도록 해야 한다"는 기존 통계법의 제7조도 삭제되었다. 이와 같은 개정은 이상의 조항들이 지방정부 책임자 등이 통계 업무에 간여하여 통계를 조작·왜곡할 수 있는 여지를 주었다는 판단에 따른 것이다. 대신, 새 통계법은 "각 지방, 각 부문, 각 단위의 책임자는 통계기구와 통계 관련 인원들이 합법적으로 수집, 정리한 통계자료를 스스로 수정해서는 안 되며, 어떤 방식으로든 통계기구 및 통계 관련 인원으로 하여금 통계를 조작하게 해서는 안 되며, 합법적으로 직무를 수행하며 위법행위를 거부하는 통계기구 및 통계 관련 인원에 보복해서는 안 된다"는 이른바 "세 가지 금지사항(三个不得)"을 명시하고 있다. 이 밖에 새 통계법에는 전국의 통계 업무에 대한 국가통계국의 감시·감독 권한을 명확히 하는, 종전에 없던 새로운 장(章)이 추가되었다. 또한 통계 처리에 있어 위법행위가 있을 경

25 馬建堂, "關于『中華人民共和國統計法(修訂草案)』的說明," 第十一屆全國人民代表大會常務委員會第六次會議 발표문(2008월 12월 22일), http://www.stats.gov.cn/tjfg/qtygwj/t20090706_402571670.htm (검색일: 2009년 10월 4일) 참조.

우 지방정부 책임자에게 감독소홀에도 책임을 물을 수 있는 행정문책제도를 도입하고(기존 통계법에는 기업, 사업 단위, 개체호 등의 통계조작행위에 대해서는 처벌규정이 있으나 정작 지방정부에 대해서는 처벌규정이 없었음), 통계 조작에 대한 행정처벌의 강도도 높였다.[26)]

이상과 같은 중국 정부의 최근 노력이 결실을 맺는다면, 적어도 지방정부의 일상적인 성과 부풀리기로 인해 결국 중앙 정부가 최종 집계·공표하는 공식 통계의 정확성이 떨어지고 신뢰를 얻지 못하는 문제를 푸는데 일정 정도 기여할 수 있을 것이다. 하지만, 통계 수집의 중앙 집중화가 실질적으로 이뤄졌는지, 그리고 그에 따라 중국 정부의 공식 통계가 종전에 비해 훨씬 신뢰성이 높아졌는지는 다음과 같은 이유에서 여전히 비판적 관찰의 대상이다.

첫째, 2006년 『통계법실시세칙(統計法實施細則)』개정에 조사대(調査隊)의 위상과 (지방정부로부터의) 독립성 강화가 포함된 배경이, 종전의 조사대가 명목상 중앙부처인 국가통계국에 직접 보고하는 중앙 파견기구임에도 그 운영은 사실상 지방 정부에 위탁 관리되고 필요한 경비도 상당부분 지방정부에서 지출하기 때문에 지방정부의 행정 간섭으로부터 자유롭지 못했다는 것임은 눈여겨볼 만하다. 이는, 조사대를 통한 통계수집의 중앙 집중화가 적어도 2006년 이전에는 그리 효과적으로 이뤄지지

26 『中華人民共和國統計法』(1996, 수정판); 『中華人民共和國統計法』(2009, 수정판); 社論, "全面開創依法統計的新局面," 『中國統計』(2009. 6), p. 1; 國家統計局政法司, 『國家統計局政法司司長做客新華網解讀新『統計法』』, http://www.stats.gov.cn/tjdt/gjtjjdt/t20090709_402571187.htm (검색일: 2009년 10월 4일); 馬建堂, "關于『中華人民共和國統計法(修訂草案)』的說明"; 박현정, "중국 국가통계국 조직개편의 배경과 전망" 참조.

못했음을 방증한다. 따라서 조사대가 지방의 이해관계로부터 벗어나 정확한 통계를 생산하고 있는지는 좀 더 지켜볼 일이다.

둘째, 센서스 결과에 대해서도 논란이 끊이지 않고 있다. 역대 최대 규모의 야심찬 프로젝트였던 제1차 경제센서스도 기존의 일상적인 통계시스템이 생산한 통계를 본질적으로 개선했는지에 대해 회의적인 시각이 존재한다. 경제센서스가 종전 집계에서 누락된 3차 산업 및 민영 부문의 성장을 새로이 발견하기는 했지만, 중국 통계의 고질적인 문제점인 지방정부 및 국유기업 관리자들의 허위 과장 보고 문제를 충분히 해결하지는 못한 것으로 보인다.[27)] 실제로 제1차 경제센서스 이후 중국의 역대 GDP 통계에 대한 수정이 있었지만 그 방향은 대부분 상향 조정이었다.[28)] 이와 같은 결과에 대해, 중앙 정부가 상당한 관심을 기울이는 일종의 전국적 행사인 센서스에서 피조사자들이 실상을 과장할 가능성이 일상적인 통계 집계 과정보다 작지 않을 수 있다는 진단이 뒤따르고 있다. 더욱이, 지방이 아닌

---

27 2005년 당시 국가통계국 국장 리더슈이(李德水)가 "각 지방별 총생산을 합산하면 중앙에서 집계한 GDP보다 2조 6천억 위안가량 더 크게 나온다"고 말해, 많은 학자들은 그 부분을 지방의 허위 과장 보고의 탓으로 여겼다. 그런데, 아이러니하게도 제1차 경제센서스를 통해 2004년 GDP를 상향 조정한 규모가 2조 3천억 위안으로 종전 허위 과장 부분이라고 여겼던 부분과 규모가 비슷했다. 이에 따라, "만약 센서스 결과가 진실을 온전히 반영한다면 종전 지방의 집계가 오히려 중앙의 것보다 진실에 더 가까운 것 아니냐"는 비아냥이 뒤따랐다. 요컨대 제1차 경제센서스는 중국 지방정부의 통계 왜곡 여부와 그 정도에 대한 명확한 해석을 내놓지는 못했다. Harry Wu, "The Chinese GDP Growth Rate Puzzle: How Fast Has the Chinese Economy Grown?," Paper presented at the Korea Institute for International Economic Policy (March 2006), p. 15 참조.

28 2004년 GDP는 전체적으로 16.8% 상향 조정되었다. 이는 주로 누락됐던 3차 산업의 성장을 추가 반영했기 때문이지만, 2차 산업부문에서도 건축업 부문의 하향조정 외에 나머지 공업부문에서는 미미한 정도로나마 상향 조정되었다. 은종학, "중국의 제1차 경제센서스와 GDP 통계수정," 『KIEP 세계경제』 (2006. 2), pp. 41~43 참조.

중앙 정부 스스로도 통계를 의도적으로 왜곡할 가능성이 남아 있다는 사실은, 연구자들이 최근의 중국 통계에 대해서도 그 왜곡 가능성에 대한 경계를 늦추지 말아야 함을 시사한다.[29)]

셋째, 최근 중국의 통계법 개정은 비록 그 방향이 긍정적이라 하더라도 그 실질적 집행의 효과는 앞으로도 상당 기간 지켜봐야 할 것이다. 명목상의 입법 내용이 개선되었다 하더라도 실질적인 집행(enforcement)이 그에 미치지 못하는 경우를 우리는 중국에서 자주 보아왔기 때문이다.[30)]

III. 중국의 특수성과 통계 해석상의 유의사항

앞 장에서 우리는 중국 통계시스템의 제도적 특성과 한계를 살펴보았다. 그리고 비록 최근의 개선 노력이 여러 차원에서 이뤄지고 있음에도 중국 정부의 공식 통계에 대해 완전한 신뢰를 가질 수는 없다는 사실을 확인하였다. 그런데, 중국 정부의 공식 통계를 활용한 연구가 잘못된 결론에 이르곤 하는 것은, 중

29 홀츠(C. Holz)는 제1차 경제센서스와 그에 따른 GDP 통계 수정은 매우 부실하게 이뤄졌으며 국가통계국은 스스로 중국의 정치적 선전기구에 지나지 않음을 보여준 셈이라고 혹평하였다. Carsten Holz, "China's 2004 Economic Census and 2006 Benchmark Revision of GDP Statistics: More Questions than Answers?" *The China Quarterly*, 193 (March 2008), pp. 150~163 참조.

30 명목상의 법률 내용에 훨씬 못 미치는 집행에 관한 한 사례는 은종학, "중국 지적재산권 보호의 실제: 문제점, 구조적 원인, 정책적 함의," 『지식재산논단』, 제1권, 제2호 (2004), pp. 74~98을 참조할 것.

국 정부가 공표한 통계 자체가 정확성을 갖지 못한 까닭뿐만 아니라, 연구자가 중국의 통계를 올바로 해석하지 못하는 데서 기인하기도 한다. 물론, 통계수치가 갖는 의미를 해석하는데 있어 연구자가 간혹 잘못을 저지르는 것은 비단 중국 연구에 국한된 일은 아니다. 하지만, 다음과 같은 이유로 중국에 대해서는 남다른 주의가 필요하다. 첫째, 중국의 통계지표 중 일부는 다른 나라에서 사용되는 같은 이름의 통계지표와 그 의미가 달라 해석에 특별한 주의가 요구된다. 둘째, 국제적으로 널리 통용되는 통계지표의 활용과 해석에 있어서도 중국의 독특한 구조적 특성을 감안해야 하는 경우가 흔히 있다. 셋째, 체제이행국이면서 동시에 개발도상국으로서 제도적 개편이 잦을 수 밖에 없는 중국에서 연구자는 시계열 자료를 다루는 데 있어 주의를 기울여야 한다. 이를 간과한다면, 통계수치들은 연구자가 중국의 실체를 올바로 파악하는데 도움을 주지 못할 수 있다. 이에 아래에서는 각각의 대표적인 사례를 중심으로, 중국 연구자들이 통계지표를 활용하는데 있어 특별히 유의해야 할 점을 살펴보고자 한다.

중국 특색의 통계지표

특정한 이슈를 논하는데 있어 흔히 사용되는 통계들이 있다. 예컨대, 한 나라 안에서 경제가 얼마나 활성화 되었는지를 파악하기 위해 실업률을 사용하고, 국가의 경제규모를 논하기 위해 GDP 통계를 참조하곤 한다. 그런데, 이처럼 일반화된 통계 활용법이라 하더라도 그것을 중국에 적용하고자 할 경우, 연구자는 추가적으로 유념해야 할 것이 있다. 같은 이름의 통계라 하더라도 그 집계의 방식과 내포적 의미가 중국에서는 다를 수 있다는 것이다. 비록 최근 중국의 통계지표들이 글로벌 스탠더드에 상당히 가까워졌다고 하더라도, 사회주의 계획경제의 유산 등으로 인한 중국적 특색은 여전히 곳곳에 남아있다.[31] 이와 같은 사실에 연구자는 상당한 주의를 기울일 필요가 있다. 연구자가 일반적 관례에 비추어 무심코 가정한 통계지표(예: 실업률)와 실체(예: 경제 활성화 정도) 간 관계의 정합성(整合性)이 중국에서는 보장되지 않을 수 있기 때문이다. 이 경우 그와 같은 통계지표를 중심으로 한, 중국과 여타 국가 간의 비교 연구는 무의미해질 수도 있다. 아래에서는 우선 그 대표적인 사례로서 중국의 실업률을 자세히 살펴본다.

국제적으로 통용되는 '실업률'이란, '경제활동인구' 중 취업하지 못한 자(실업자)의 비율을 뜻한다. 그리고 경제활동인구란,

31 중국 통계지표의 특이성은 때로 중국의 독특한 제도에서 기인하기도 한다. 일례로, 중국에는 여러 수준의 市가 존재한다. 성(省)급에 해당하는 직할시(베이징(北京)시, 톈진(天津)시, 상하이(上海)시, 충칭(重慶)시)가 있고, 그보다 하위 수준에 지구급시(예컨대 난징(南京)시, 쑤저우(蘇州)시), 그리고 그 아래 현(縣)급시(예컨대 쿤샨(昆山)시, 장자강(張家港)시)가 존재한다. 이와 같이 서로 다른 규모와 수준의 도시가 존재함을 인식하지 못할 경우 연구에 여러 가지 혼선이 빚어질 수 있다. 또한, 거의 일개 성(省) 크기의 면적과 인구를 가진 충칭시(서울시 면적의 약 136배)는 물론 베이징시(서울시 면적의 약 27배), 상하이시(서울시 면적의 약 12배)의 경우에도 도시 외곽의 매우 넓은 지역이 사실상 농촌이고 그 주민들은 농업호구를 가진 농민이어서 이 사정을 감안하지 않을 경우 중국 도시에 관한 논의를 잘못된 결론으로 유도할 수 있다. 실질적으로 도시화된 지역이라 할 수 있는 시구(市區)의 넓이만을 보면 베이징과 상하이의 경우 각각 서울시의 2.3배, 4.4배 정도이며 충칭시의 경우 서울보다 조금 작은 수준이다 (Baidu百科 http://baike.baidu.com 및 서울특별시 인터넷 홈페이지 http://www.seoul.go.kr/main/index.html 참조). 중국 도시의 개념적 복잡성으로 인한 여러 문제점에 관해서는 Kam Wing Chan, "Misconceptions and Complexities in the Study of China's Cities: Definitions, Statistics, and Implications," *Eurasian Geography and Economics*, Vol. 48, No. 4 (July 2007), pp. 383~412 참조할 것.

만 15세(혹은 16세) 이상 남녀 중 일할 능력(중증 장애인 등 제외)과 의지(전업 학생 등 제외)를 갖고 있는 사람들을 일컫는다.[32] 많은 연구자들은 바로 이와 같은 표준적인 실업률의 정의를 염두에 두고 국가 간 실업률을 비교하곤 한다.

하지만, 중국 정부의 공식 실업률에 대해서는 특별한 주의를 기울여야 한다.[33] 중국이 공식적으로 발표하는 실업률은 그 정의와 산출방법이 국제적으로 통용되는 것과 상당히 달라, 실업률의 국제비교 분석뿐 아니라 중국 내 실업률과 여타 사회경제 지표 간의 거시경제 분석에 있어서도 다른 나라에 없는 문제를 안고 있기 때문이다.

중국은 '도시등록실업률(城鎭登記失業率)'을 공식 실업률로 활용하고 있다. 중국의 도시등록실업률이란, 일할 능력과 의지를 갖고 있는 16~59세 남성 및 16~54세 여성 중, 비농업호구(非農業戶口)를 갖고 있는 도시민으로서 취업을 못해 행정당국에 실업등록을 한 사람의 비율이다.[34] 중국의 도시등록실업률은 국제적으로 통용되는 실업률과 조사 대상 연령대가 다르고 특히 여성에 대해서는 경제활동가능 연령대를 더욱 제한적으로(16~54세) 인정하고 있다. 그리고 도시지역의 임시 해고노동자

32 미성년 근로자의 연령 기준은 나라마다 조금씩 다르다. 예컨대 한국의 경우는 만 15세 미만, 중국은 만 16세 미만이다.

33 중국에 국한되지 않은 일반적인 경우라 하더라도, 실업률의 국제비교에 있어서는, 실업 판정기준이 국가에 따라 조금씩 다를 수 있다는 점을 유의해야 한다. 특히, 최근 취업 양태의 다양화에 따라 경제활동인구와 비경제활동인구의 구분, 취업자와 실업자의 구분이 모호해지고 둘 사이의 회색지대가 커지고 있는데, 이를 각국이 어떻게 처리하느냐에 따라 취업률이 다소 높아질 수도 낮아질 수도 있다. Anne E. Green, "Problems of Measuring Participation in the Labour Market," in Daniel Dorling and Stephen Simpson (eds.), op. cit., pp. 313~323 참조.

34 章國榮 主編, 『基層統計工作百問』, p. 114.

라 할 수 있는 샤강(下崗) 직원은 일정기간 동안 취업자로 분류되기도 한다.[35] 이와 같은 도시등록실업률의 특성으로 인해 결과적으로 중국 내 실업의 정도를 실제보다 낮게 추계되는 경향이 있다.

그런데 더욱 심각한 것은, '농업호구'를 갖고 있으면서도 도시로 이주해 아직 일자리를 찾고 있는 사람들은 도시등록실업률에 포함되지 않는다는 사실이다. 중국 도시지역에 대규모 이주노동자가 존재한다는 사실과 그들의 사회경제적 의미를 고려하면 이들을 모두 배제한 도시등록실업률이 중국 전역은 말할 것도 없거니와 도시지역 내 노동력의 수요와 공급에 관한 실체도 온전히 반영하지 못함을 알 수 있다. 또한, 도시등록실업률은 중국 내 방대한 농촌지역에 존재하는 실업 및 불완전고용은 반영하지 못하기 때문에, 중국 전역에 걸친 노동력 수급 상황을 보여주는 데는 심각한 한계가 있다.[36]

사실, 중국의 도시등록실업률이란 통계지표가 반영하고자 하는 실체는 '노동력의 수요-공급 (불)균형 상황'이 아니라, '도시지역 지방정부의 사회보장 관련 행정수요'이고 그의 관리차원에서 집계되는 것이다. 따라서 실업률을 활용한 일반적인 거

---

35 샤강이란, 기업에서 일자리를 상실하지만, 최대 3년까지 해당 기업과 고용관계 자체는 유지되고 기초 생활비를 해당 기업, 정부, 실업보험에서 지급받으며 또 해당 기업이 재취업을 주선한다는 것이다. 3년 내에 샤강 상태에서 벗어나지 못할 경우에는 등록실업자로 전환된다. 1990년대 후반 국유기업의 구조조정이 실시되면서 샤강 인원이 크게 증가되었지만, 최근 신규 샤강이 줄어들고 기존 샤강 인원의 기간이 만료되면서 점차 실업 통계 속에 흡수되고 있다. 김시중, "중국경제 얼마나 독특한가?" 2005 경제학 공동학술대회 발표논문(2005년 1월), p. 13 참조.

36 공식 실업률의 문제점을 보완하기 위해 연구자가 누락된 부분을 추정·보완하기도 한다. 이에 관해서는 김영진, 『중국의 도시 노동시장과 사회: 상해시를 예로』(서울: 한울 아카데미, 2002), pp. 238~243을 참조할 것.

시경제 분석도 중국에 적용할 경우에는 그 유효성을 의심해 보아야 한다. 중국의 공식 실업률(도시등록실업률)이 해당지역 내 노동력의 수요-공급 상황을 반영하기에는 통계지표의 정합성이 그리 높지 못하기 때문이다.

더욱이, 실업률은 민생경제의 핵심적 지표로서 집권 정치세력의 정통성을 더하거나 감하는 역할을 하는, 정치적으로도 매우 민감한 지표임을 기억할 필요가 있다. 그만큼 통계수치의 왜곡 가능성이 크다는 것이다. 따라서 중국의 공식 실업률은 그 수치 해석에 있어 연구자의 특별한 주의가 요구된다고 하겠다.

중국 정부의 공식 통계가 글로벌 스탠더드와 차이가 있어 연구자의 주의가 요구되는 것은 실업률만이 아니다. 적어도 최근까지, 중국의 GDP 통계는 선진 시장경제 국가의 GDP 통계와 집계 방식에서 차이가 있었다. 이는, 무엇보다 사회주의 계획경제의 유산 탓이다. 1950년대 이래 중국의 GDP는 물질적 제품생산을 위주로 한 사회주의 체제 특유의 MPS(material product system) 방식을 따랐다. MPS는 주로 농업, 공업, 건축업, 교통통신, 상업 등 5개 생산 분야를 포괄하는데, '물질적 제품생산'과 거리가 있는 서비스 부문의 부가가치 생산을 제대로 포착하지 못하는 문제점을 갖고 있다.[37] 중국은 1992년 공식적으로 MPS를 버리고 국제표준의 SNA(system of national accounts) 방식을 채택했지만, 그 실질적 전환은 한 순간에 이뤄지지 않았다. 그 결과, 중국 GDP 통계에서 서비스 부문의 발전이 제대로 반영되지 않은 것은 비록 정도의 차이는 있겠지만, 최근 통계에서도 마찬가지다. 최근 실시된 제1차 경제센서스 이후 중

---

37 Holz, "Institutional Constraints on the Quality of Statistics in China," p. 25 참조.

국의 3차 산업 비중이 크게 상향조정된 것도 이와 같은 배경에서다.[38] 제1차 경제센서스 이후 중국 GDP 통계는 서비스 산업의 발전을 종전보다 더 잘 반영할 것으로 추측되지만, 연구자가 과거 수십년 혹은 그보다 더 긴 기간에 걸친 GDP 통계를 사용하는 경우에는 중국 GDP 통계의 이와 같은 특색을 유념할 필요가 있다.

중국의 구조적 특성과 통계의 해석

중국의 독특한 구조적 특성 역시 중국 통계 해석에 있어 주의를 기울여야 하는 부분이다. 통계는 어떤 현상을 '숫자'로써 표현한 것인데, 표면상 숫자의 크기가 같다 하더라도 그를 낳은 배후의 구조가 다르면 숫자의 해석에 있어서도 이를 감안해야 할 것이다. 이에 본 절에서는 우선, 중국에서 일어나는 현상의 독특한 구조로 인해 통계의 해석에 있어 각별한 주의가 요구되는 사례로써, 한국과 중국 간의 국제무역과 중국의 하이테크 산업 통계를 살펴본다. 이어, 중국 연구자들이 흔히 간과하지만 통계지표의 정합성 차원에서 중요한 문제인 통계의 집계 수준(level of aggregation)에 대한 선택 문제를 짚어보고자 한다.

전통적으로, 수출의 증감은 자국 상품의 (가격 혹은 품질 등으로 인한) 국제경쟁력을 반영하는 지표로 활용되어 왔다. 하지만, 국경을 넘는 것이 일반소비자가 구매하여 사용하는 최종 소비

38 제1차 경제센서스 결과 증가된 GDP의 93%가 서비스 산업에서 생산된 것으로 나타났다. 이에 따라 2004년 기준 중국의 1차, 2차, 3차 산업의 비중은 기존에 알려진 15.2: 52.9: 31.9에서 13.1: 46.2: 40.7로 바뀌었다. 은종학, op. cit., p. 41 참조.

재에 국한되지 않고, 기업들이 사용하는 부품 등 중간재의 비중도 커졌을 뿐 아니라, 직접투자를 통해 기업의 생산 활동 자체가 해외로 이동하는 경우가 많아짐에 따라, 무역 통계가 갖는 의미는 과거에 비해 훨씬 복잡해졌다.

수출의 증가는 자국 생산품의 수출 상대국 내에서의 경쟁력 증가가 아니라, 자국 기업의 해외 이전 및 확장에 의해 발생할 수 있다. 외국으로 생산기지를 이전/확장한 기업은 해외 현지에서 기계설비, 부품 및 원자재 등의 조달 네트워크를 구축할 때까지는 자국에서 중간재를 구입하는 경우가 많아 결과적으로 자국의 수출을 증가시키게 된다. 물론 이와 같은 수출의 증가가 무의미한 것은 아니다. 오히려 더 복잡한 사회경제적 의미를 지닌다. 긍정적인 경우, 낮은 임금을 줄 수 밖에 없는 저부가가치 산업부문을 해외로 이전하며 자국 산업은 전반적으로 고부가가치화한다는 뜻일 수 있다. 하지만 부정적인 경우, 자국 기업들이 더 유리한 기업환경을 찾아 해외로 이전·확장하고, 고용을 국내가 아닌 해외에서 창출함으로써 국내 가동률이 하락하고 실업이 증대될 수 있음을 뜻할 수도 있다. 특정 국가의 상황이 위의 긍정적인 경우와 부정적인 경우 중 어느 쪽에 해당하는지는 사안별로 검토해야 할 문제다. 분명한 것은, 수출 혹은 무역관련 통계지표가 자국 제품의 국제경쟁력을 단순 명료하게 보여주는 것은 아니라는 점이다.[39] 다시 말해, 통계 활용의 정합성을 확보하기 위해서, 어떤 구조적 배경 위에서 수출의 증가라는 표면적 현상이 나타났는지를 살펴본 후 수출 통

---

39 한스 베르너 진(Hans–Werner Sinn)이 펴낸 *Ist Deutschland Noch Zu Retten?*, 이헌대·조윤수·최경인 역, 『독일 경제 어떻게 구할 수 있는가』(서울: 까치, 2007) p. 71~75 참조.

계를 활용해야 한다는 것이다.

물론 이와 같은 사정은 유독 중국에만 해당하는 것은 아니지만, 한국 기업의 해외직접투자 및 수출 대상지 1위가 공히 중국인 상황에서 한국의 연구자가 한-중 무역 통계지표를 읽을 때 특별히 유념할 필요가 있다. 한국의 대중 수출 증대는 한국의 국제경쟁력 향상에 따른 것으로 한국의 경제성장을 가속화하는 것으로 흔히 환호와 함께 받아들여지지만, 경우에 따라 그것은 한국 기업들이 투자 고용 생산 활동을 (기업환경이 상대적으로 악화된) 국내에서 하지 않는 대신 중국에서 하기로 선택한 데 따른 것일 수 있다. 다른 한편, 대중 수출 감소는 흔히 한국의 국제경쟁력 하락의 징표로 우려스럽게 받아들여지기도 하지만, 어떤 경우 그것은 한-중의 국경을 넘나들며 경영하는 한국기업들이 국내 고용에 타격을 상대적으로 덜 주면서 경기 하락에 대응하여 생산규모를 유연하게 조정할 수 있음을 보여주는 것일 수도 있다.

중국의 독특한 구조를 감안할 때, 이른바 하이테크 산업 통계도 그 해석에 있어 남다른 주의가 필요한 부분이다. 중국을 포함한 개발도상국에서도 '하이테크 산업'은 OECD의 정의(定意)를 대체로 따르고 있다. 그런데 OECD는 주요 회원국 12개국의 산업을 대상으로 1991~1999년 기간 중 R&D집중도(매출액 대비 R&D 지출액 비율)를 계산하여, 전체 산업을 고위기술 산업(즉, 하이테크 산업), 중고위기술 산업, 중저위기술 산업, 저위기술 산업 등 4부류로 분류하고 있다.[40] 이와 같은 정의 혹은 분류법은 위의 선진 12개국에서 사용하는 데는 무리가 없을 수 있으

40 OECD, *Science, Technology and Industry Scoreboard 2005* (Paris: OECD, 2005) 참조.

나, 중국에서는 문제가 될 수 있다. 하이테크 산업생산의 구조가 선진국들과 크게 다를 수 있기 때문이다.

현재 많은 다국적기업들은, 한 가지의 제품 생산 공정을 여러 개로 분할하여 그 중에서 높은 수준의 기술이 필요 없는 저부가가치 부분을 개발도상국에서 수행하는 국제적 분업 구조를 갖고 있다. 개방된 중국은 그 저부가가치 생산 공정을 받아들이는 대표적 국가이다. 그런데 문제는, 최종 제품(예컨대 IT제품)이 이른바 하이테크 산업에 속하는 것이면, 실제 어떤 생산 공정을 담당하는지 상관없이 하이테크 산업 생산으로 통계에 잡힌다는 것이다. 최근 중국이 국제적 분업 구조 위에서 담당하고 있는 이른바 하이테크 산업은 '기술집약적' 혹은 '지식집약적' 하이테크 산업이 아닌 '노동집약적' (명목상으로만) 하이테크 산업일 수 있다는 것이다. 중국의 IT제품 수출액은 이미 미국을 추월하여 세계 1위에 올랐지만, 중국의 IT 기술경쟁력을 세계 최강으로 쉽게 받아들일 수 없는 것은 위와 같은 사정 때문이다.[41]

또 하나, 통계지표의 정합성 관점에서 중국 연구자들이 각별히 주의해야 함에도 불구하고 때로 그러지 않는 것이 통계의 집계 수준(level of aggregation)에 대한 선택 문제이다. IMF의 추계(2008년 말 기준)에 따르면 중국은 GDP 총액 기준으로는 미국, 일본에 이어 세계 3위이고 일본 추월을 코앞에 두고 있지만 1인당 GDP로는 세계 104위에 그쳤다. 또한 R&D 지출액이나 학술

41 중국의 과학기술 통계와 그를 바탕으로 한 중국의 기술경쟁력 논의에 대한 비판적 검토는 Jong-Hak Eun, "Assessing the Tacit Dimension of China's Science and Technology Power," in K. Lee, J. H. Kim, and W. T. Woo (eds.), *Power and Sustainability of the Chinese State* (New York: Routledge, 2009), pp. 47~72를 참조할 것.

논문 편수, 특허출원수 등을 '국가' 수준에서 집계하면, 중국은 이미 세계 최상위권에 올라있지만, 그 통계들을 중국의 각 지역이나 개별 기관, 심지어 일인당 평균으로 환산할 경우, 중국의 세계적 순위는 미국, 일본, 독일 등 과학기술 강국은 물론 소규모 선진국들과 여러 개발도상국에도 훨씬 못 미치는 게 사실이다. 통계 집계 수준을 달리함에 따라 계산된 수치가 주는 인상이 달라지는 것은 어느 나라에서나 있는 일이지만, 특히 중국은 거대한 국가 및 인구 규모로 인해 그 차이가 더욱 크고, 그런 만큼 중국에 대해서는 서로 모순되는 주장이 난무하기 쉽다. 따라서 중국 연구자는, 국가 수준에서 집계된 통계를 활용할 것인지 아니면 그보다 하위 수준인 개별 지방이나 개별 기관, 개인 수준에서 집계된 통계를 활용할 것인지를 자신이 논하는 실체가 무엇인지에 비추어 중립적이고 냉정하게 선택해야만 한다. 그렇지 못할 경우, 통계는 연구자의 주장을 과학적으로 검증하고 객관적으로 뒷받침하는 증거가 아니라, 연구자의 자의적·직관적 판단을 꾸며주는 장식으로 전락할 수 있다.[42)]

체제이행 개발도상국과 통계의 해석

만약 지방정부와 중앙정부 등에 의한 의도적인 통계조작이 없다하더라도, 연구자가 개발도상국의 통계를 다룰 때는 각별한 주의가 필요하다. 개발도상국에서는 통계시스템을 포함한 각종 제도가 미비한 상태에 있고 이의 개선 등을 위해 빈번하게

42 Eun, "Assessing the Tacit Dimension of China's Science and Technology Power," p.68 참조.

제도 개편이 이뤄진다. 특히 중국처럼 개발도상국이면서 체제 이행국인 경우엔 더더욱 그러하다. 통계 수집·정리 방식이 개편되면, 하나의 통계지표가 보여주는 역대(歷代)에 걸친 통계수치들 사이에 불연속점이 생길 수 있다. 이처럼 시계열 통계자료에 불연속점이 있는 경우, 통계자료 제공자는 그에 대한 자세한 설명을 덧붙이는 게 일반적 관례이지만, 중국 자료들에서는 그와 같은 친절한 설명이 생략되어 있는 경우가 적지 않아 연구자는 더욱 조심할 필요가 있다.

통계의 수집·정리 방식 변화와 같은 제도적·기술적 요인으로 인해 생긴 불연속점을 제대로 인식하지 못할 경우, 연구자는 '통계적 환영(幻影)'에 사로 잡혀 잘못된 주장을 펴거나, 시계열 자료 속에서 진정한 사회경제적 변화를 읽어 내지 못할 수 있다. 중국에서 이와 같은 주의가 필요한 여러 사례 중 한 가지는 1998년이다.[43] 1998년부터 중국은 국유기업 종업원 통계에서 샤강(下崗) 인원 중 일부를 제외시키기로 함으로써, 명목상 국유기업 종업원 수의 감소는 실제의 감소보다 훨씬 극적으로 나타

43 1998년 뿐 아니라, 1993년도 통계적 불연속점을 형성할 가능성이 크다. 1993년 이후 경제 통계는 앞서 논의한 바 있는 제1차 경제센서스(2차 및 3차 산업 포괄) 결과를 바탕으로 수정됐으나, 1992년 이전 통계는 1992년 실시된 3차 산업 센서스 결과만을 반영해 수정된 것이다, 은종학, 2006, *op. cit.* 참조.

44 1998년에는 중국 공업 통계를 산출하는 조사대상 기업의 범주도 크게 바뀌었다. 종전에는 향(鄕)정부 이상이 관할하는 공업 기업 중 독자적으로 회계를 처리하는 기업 모두가 공업 통계의 집계 대상이었으나, 1998년 이후에는 독자적으로 회계를 처리하는 국유 공업 기업과 매출액 5백만 위안 이상의 비국유 공업 기업이 공업 통계의 집계 대상이 되었다. 이로써 조사대상 기업은 대형 기업 위주로 재편되었으며 그 수는 종전의 1/3로 감소한다. Holz, "Institutional Constraints on the Quality of Statistics in China," p. 49 참조. 이와 같은 변화로 인해, 1998년 전후에 걸친 중국 공업 통계를 바탕으로 한 연구는 1998년에 존재하는 커다란 불연속점을 충분히 감안해야 한다.

난다.[44] 이와 같은 사정을 감안하지 않고, 공표된 통계 수치를 그대로 사용해 계산할 경우, 중국 국유기업의 종업원 1인당 생산성은 1997년과 1998년 사이 크게 도약하는 것으로 나타난다. 이를 모두 진정한 생산성 개선으로 해석한다면 그것은 과장된 해석일 가능성이 크다.[45] 이 사례에서 알 수 있듯, 연구자는 중국에 관한 시계열 통계자료를 사용하는 경우 불연속점이 언제 어떤 방식으로 존재하는지를 확인하여 통계적 환영에 빠지지 않도록 조심해야 한다.

중국과 같은 개발도상국에서 시계열 통계자료를 사용할 때 또 하나 유념할 것은, 종전에 누락됐던 사회경제 활동이 통계시스템의 개선과 함께 공식 통계 속에 더 많이 포함되면서, 각종 성장률 지표가 실제보다 과대하게 나타날 수 있다는 점이다. 우(H. Wu)는 중국이 지난 10여 년 간 통계시스템을 개선하면서 공식적인 통계가 포괄하는 범위가 확대된 것을 감안하면, 제1차 경제센서스 결과를 바탕으로 성장률을 상향조정할 것이 아니라, 실제 경제성장률을 공식적으로 집계된 수치보다 하향 조정해야 할 수도 있다고 지적한 바 있다.[46]

한편, 경제성장이 정부 주도적으로 이뤄지거나 사회 각 부문에 대한 정부의 개입이 강한 중국과 같은 나라에서는 통계 해석에 다음과 같은 주의사항이 추가될 필요가 있다. 중국과 같은 국가에서는, 정부가 구체적인 통계지표를 가지고 특정 분

---

45 Carsten Holz and Yi-min Lin, "Pitfalls of China's Industrial Statistics: Inconsistencies and Specification Problems," *China Review*, Vol. 1, No. 1 (Fall 2001), pp. 29~71 참조.

46 Wu, "The Chinese GDP Growth Rate Puzzle: How Fast Has the Chinese Economy Grown?" 참조.

야의 발전 목표를 제시하고 그 달성을 독려하는 경우가 많다. 이와 같은 경우, 정부의 영향력 하에 있는 많은 사람들은 통계지표가 반영하는 실체의 본질적 개선보다는 (달성이 상대적으로 용이한) 통계지표 자체의 향상에 관심을 기울이게 된다.[47] 그 결과, 통계지표는 비교적 짧은 시간 내에 향상되기도 하지만 이면에 있는 실체의 본질적 개선은 상대적으로 뒤쳐짐에 따라, 통계지표와 실체 간의 관계가 벌어져 통계지표의 정합성이 훼손되기도 한다.

일반적으로 통계수치가 '중립적인 관점에서 사후적으로 집계'되지 않고 '특정한 목적의식 하에서 사전적으로 추구'된 경우 통계지표의 정합성은 높다고 보기 힘들다. 쉬운 예로, 영어능력을 평가하기 위한 지표로 TOXXX 테스트 점수가 널리 통용되면, 학생들은 그 테스트의 점수를 잘 받기 위한 노하우를 많이 익혀 점수를 높일 수 있지만 본질적인 영어능력은 그와 같은 정도로 개선되지 않는 경우가 있다. 심지어 학생이 갖은 노력으로 영어능력을 근본적으로 향상시켰다 하더라도 그것이 성과측정의 지표가 되는 TOXXX 테스트의 점수 향상으로 드러나지 않으면 무의미한 것으로 간주되기까지 한다. 주객(主

---

47 일례로, 2009년 경제성장률 목표 8%를 달성하자는 구호, 이른바 '保八'가 중앙정부에 의해 반복적으로 강조되면 각 지방정부들은 2010년 이후로 예정된 투자 프로젝트를 앞당겨서라도 2009년의 성장률을 높이고자 노력할 가능성이 있다. 또한, 기술혁신의 중요성을 강조하는 차원에서 정부가 특허의 수를 강조하고 나서면, 기업이나 기관들은 특허로써 보호할 필요가 없는 기술조차도 출원할 가능성이 커지기 마련이다.

48 이와 같은 맥락의 문제 제기는 아래 문헌들에서도 찾을 수 있다. Benoit Godin, "The Obsession for Competitiveness and its Impact on Statistics: the Construction of High–technology Indicators," *Research Policy* 33 (2004), pp. 1217~1229; Cooper H. Langford, Jeremy Hall, Peter Josty, Stelvia Matos, and Astrid Jacobson, "Indicators and Outcomes of Canadian University Research: Proxies Becoming Goals?" *Research*

客)이 전도(顚倒)되고, '꼬리'(표면적인 통계지표)가 '몸통'(이면의 실체)을 흔드는 이른바 '웩더독(wag the dog)' 현상이 발생하는 것이다.[48] 따라서 통계라는 창(窓)을 통해 중국의 실체를 알고자 하는 연구자는 통계지표에 위와 같은 오염이 있는지를 세심히 검토해야 하고, 그러한 오염이 있다고 판단한다면 해당 통계수치의 활용을 자제하거나 적절한 조정 조치를 취해야 할 것이다.

IV. 결론

본고에서 살펴본 바와 같이, 통계는 특히 중국 정부의 공식 통계는 연구자가 무비판적으로 받아들여 기계적인 조작을 거치기만 하면 중국에 대한 이해를 넓혀주는 손쉬운 도구가 아니다. 중국 정부 통계의 올바른 활용을 위해서 연구자는 우선, 사용하고자 하는 통계에 심각한 왜곡과 오류가 없는지(통계수치의 정확성)를 살펴보아야 한다. 이의 판단을 위해서는, 2절에서 살펴본 바와 같이, 통계가 생산되는 시스템에 대한 제도적 이해가 선행되어야 한다. 더 나아가, 필요한 경우 해당 통계와 관련된 현장에 대한 깊이 있는 질적 연구 등을 통해 통계수치의 정확성을 검증해야 할 것이다.

통계수치가 심각하게 왜곡되었다고 판단할 경우, 연구자는 해당 통계의 사용을 자제하거나 혹은 그를 스스로 수정하여 사용할 수도 있다. 누락된 부분을 추정하여 원자료에 더한다든지, 부풀려진 정도를 추정하여 원자료를 축소 조정할 수 있다.

하지만 왜곡된 통계를 보정하는 일은 쉽지 않다. 보정에 일률적으로 적용할 수 있는 공식이 있는 것도 아니며, 보정이 가능하다 하더라도 연구자에게 매우 번거로운 작업을 요하는 경우가 많다. 심지어 보정 후의 수치에 대해서도 그 정확성 논란은 쉽게 잠재워지지 않는다.[49]

다행히 사용하고자 하는 통계의 정확성에 큰 문제가 없다고 판단될 지라도 연구자는 긴장의 끈을 놓아서는 안 된다. 연구자가 논하고자 하는 궁극적인 실체를 눈앞의 통계지표가 과연 온전히 반영하고 있는지(통계지표의 정합성)를 추가적으로 살펴야 한다. 중국 이외의 국가를 대상으로 한 유사 연구들 속에서 흔히 인용되는 통계지표가 어떤 것들인지를 참고하는 것은 연구자에게 도움이 되겠지만 그것만으로는 부족하다. 연구자는, 3절에서 살펴본 바와 같은, 중국 통계지표 자체가 갖는 특수성과 중국에서 벌어지는 여러 사회경제적 현상들의 독특한 배후 구조를 이해하여 통계의 활용과 해석에 주의를 기울여야 한다. 적어도 연구자는 스스로 활용하고자 하는 중국 통계지표의 정의 및 계산법을 한번쯤 훑어보는 것이 필요하다. 통계연감의 권두나 권미 부록에서 그를 찾을 수 있다면 작은 글씨나마 읽어볼 가치가 있으며, 그것이 없다면 중국 인터넷을 뒤져보는 수고도 헛된 것은 아니다.

---

49 일례로, 중국 정부의 공식 GDP 통계에 대한 메디슨(A. Maddison)의 수정 통계가 과연 공식 통계보다 더 신뢰할만한가를 둘러싼 홀츠(C. Holz)와 Maddison의 논쟁을 들 수 있다. Angus Maddison, *Chinese Economic Performance in the Long Run* (Paris: OECD, 1998); Carsten Holz, "China's Reform Period Economic Growth: How Reliable Are Angus Maddison's Estimates?," *Review of Income and Wealth*, Vol. 52, No. 1 (March 2006), pp. 85~119; Angus Maddison, "Do Official Statistics Exaggerate China's GDP Growth?: A Reply to Carsten Holz," *Review of Income and Wealth*, Vol. 52, No. 1 (March 2006), pp. 121~126 참조.

위에 언급한 통계수치의 정확성과 통계지표의 정합성 문제뿐 아니라, '공표된 공식 통계가 보여주는 것은 중국의 전체상이 아니라 중국 정부가 보여주고 싶은 일부분일 수 있다'는 통계의 선별성 문제도 간과할 수는 없다. 연구자가 중국에서 구할 수 있는 통계자료 중 상당 부분은 중국 정부의 직간접적인 통제 하에서 만들어져 공표된 것들이다. 따라서 중국 정부 스스로를 당혹하게 할 민감한 통계지표들이 일반에 공개되지 않을 가능성은 다분히 있다. 실제로 중국의 핵심적인 연구기관에서 활용하는 통계자료에는 일반인이 아예 구할 수 없거나 있다 하더라도 개략적인 내용만을 알 수 있는 비공개 자료가 포함되어 있는 경우가 많다. 중국 정부의 공식 통계에 선별성 문제가 엄존하는 것이다.

선별성 문제와 관련하여 또 한 가지 흔히 제기되는 의문은, 'GDP 통계와 같이 공개된 통계지표의 경우에도 그 진실한 수치는 집권층 내부용으로 비밀에 부쳐져 있고 조작된 수치만이 일반에 공개되는 것 아닌가' 하는 것이다. 물론 국내외 언론과 대중에 크게 회자될만한, 정치적으로 민감한 통계지표들의 수치는 공표하기 전에 '손을 볼' 가능성을 배제할 수 없다. 그러나 중국 중앙정부의 주요 싱크탱크(Think Tank)라 할 수 있는 국무원이나 발전개혁위원회 산하의 국책 연구기관들과 주요 대학의 연구실들에서도 일반 연구자가 통계연감 등에서 구할 수 있는 것과 같은 통계수치를 바탕으로 정부에 보고할 정책연구를 하는 것을 필자는 자주 보았다. 이는, 중국 정부가 자국 통계에 관해 '내부용'과 '공개용'으로 일종의 '이중장부'를 작성하는 경우가 있다하더라도 그 정도가 전면적이지는 않다는 것을 방증한다.

어쨌든 중국 정부의 공식통계는 연구자가 언제나 마음 놓고 활용할 수 있는 것이 되지는 못한다. 같은 까닭에 중국 연구에 정부 공식 통계의 활용 자체를 거부하는 이들도 있다. 하지만 복잡하고 방대한 중국을 가늠할 수 있게 해주는 도구로서 중국 정부의 공식 통계가 갖는 잠재적 유용성은 부인할 수 없다. 중국 정부는 중국 연구자가 관심을 두는 분야에 관한 통계를 제공하는 유일한 주체인 경우가 많아, 연구자가 중국 정부의 공식 통계에 의존하는 것이 불가피할 수도 있다.

또한 일상적으로 중국 연구에서 통계의 활용은 시간 흐름에 따른 중국의 변화를 살피고자 하는 경우가 많은데, 이 경우 비록 개별 시점의 통계수치가 어느 정도 왜곡되어 있더라도 그 왜곡의 방향(과장 혹은 축소)과 정도는 (심각한 위기 상황이나 해당 통계지표와 관련된 정치적·사회적 캠페인 기간이 아닌 경우에는) 여러 시점에 걸쳐 비교적 안정적이어서, 논의에 심각한 지장을 초래하지는 않을 수 있다. 더 나아가, 최근의 세련된 통계분석기법들은 중국에 대한 이해를 넓히고 때로 중국 정부가 내놓는 공식 통계수치의 허구성을 (통계지표들 간의 상관관계 분석 등을 통해) 밝힐 수도 있는 만큼, 통계를 활용한 중국연구 자체를 전면 부정하는 것은 부적절하다.

'완벽한 수치'가 아닐 수 있다는 이유로 중국의 모든 공식 통계의 활용을 거부하는 것은 중국에 대한 이해를 높이는 길이 아니다. 정부의 공식 통계에 기대지 않는 인터뷰나 사례 연구, 설문조사 등이 갖는 그 나름의 한계(주관적·감성적 판단의 문제, 연구 포괄 범주의 제한성 문제, 연구 대상의 대표성 문제 등)를 감안한다면, 중국의 공식 통계를 활용한 연구 역시 '완벽하지는 못하지만 유용한 방법들 중 하나'로 인식해야 할 것이다. 더욱이 현재 중국 정부가 추진하고 있는 통계시스템의 제도적 개선이 어느 정도 성과를 거둔다면 그 유용성은 앞으로 더욱 커질 수 있다고 판단된다. 따라서 연구자는 중국 정부의 통계를 불신하여 그저 피하고 말 것이 아니라, 그를 비판적으로 인식하여 올바로 활용·해석하고자 하는 적극적인 노력을 기울여야 할 것이다. 더불어 잊지 말아야 할 것은, 통계를 활용한 연구의 유용성은 통계의 원자료와 통계분석 결과에 대한 연구자의 비판적 사고가 전제될 때에만 확보되는 것이니 만큼, 복잡한 통계기법의 화려함에 매료되어 연구자의 비판적 사고가 흐려져서는 안 된다는 점이다.

편집자 소개

정재호

1960년생. 서울대 국어교육과 학사. Brown University 역사학 석사. University of Michigan 정치학 박사(1993년). 홍콩과기대학(HKUST) 조교수 및 Brookings Institution의 CNAPS Fellow 역임. 현재 서울대 정치외교학부 교수 및 동대학 중국연구소 소장으로 재직 중. 총 11권의 저서 및 편서가 있으며 *Central Control and Local Discretion in China* (Oxford University Press, 2000), *Charting China's Future* (Rowman & Littlefield, 2006), *Between Ally and Partner: Korea-China Relations and the United States* (Columbia University Press, 2007)과 *China's Local Administration* (Routledge, 2010)이 대표적이다. *China Quarterly*에 실린 6편, *China Journal*에 게재된 2편 등 지금까지 총 60여 편의 국 영문 논문을 발표하였다. *China Quarterly, Pacific Affairs, East Asia, Asian Perspective, China Perspectives, Politics* 등의 학술지 편집위원으로 활동 중이며 중국지방연구아시아연계망(ANSLoC)의 창립간사를 맡고 있다. 2009년 서울대 학술연구상을 수상했으며, 2009~12년 기간에 "Sino-Korean Conflicts and the Role of the United States"라는 주제로 맥아더재단 아시아안보기금(MASI)의 연구를 수행하고 있다.

필자 소개

손인주

1972년생. 서울대 동양사학과 학사. George Washington University 국제대학원 석사. 동대학 정치학 박사(2006년). 상해국제문제연구소 및 중국사회과학원 아태연구소 객원연구원. G-24 및 UNCTAD 컨설턴트. Princeton University 박사후(Post-Doc) 연구원 역임. 현재 University of Hong Kong 정치행정학과 조교수 재직. 현재 Warwick Commission on International Financial Reform의 연구위원이며, 홍콩정부연구기금 프로젝트인 "중국의 다자주의 외교와 제 3세계"의 선임연구자. 주요 논문으로는 "Learning to Cooperate: China's Multilateral Approach to Asian Financial Cooperation" (*The China Quarterly*, 2008), "East Asia's Counterweight Strategy: Asian Financial Cooperation and Evolving International Monetary Order" (G-24 Discussion Paper Series, United Nations, 2007), "Asian Financial Cooperation: The Problem of Legitimacy in Global Financial Governance" (*Global Governance*, 2005) 등이 있다.

신상범

1966년생. 고려대 역사교육과 학사. 고려대 정치외교학과 석사. Indiana University 정치학 박사(2004년). 현재 연세대학교 원주캠퍼스 국제관계학과 조교수 재직. 박사학위 논문으로 *From Red to Green: Economic Globalization and Environmental Protection in*

*China*가 있으며 학술지 논문으로 "Economic Globalization and the Environment in China: A Comparative Case Study of Shenyang and Dalian" (*Journal of Environment & Development*, 2004), "The Role of the Government in the Voluntary Environmental Scheme: The Case of ISO 14001 in China" (*Issues & Studies*, 2005), "East Asian Environmental Cooperation: Central Pessimism, Local Optimism" (*Pacific Affairs*, 2007), "Domestic Side of the Clean Development Mechanism(CDM): The Case of China" (*Environmental Politics*, 2010) 등이 있다.

여유경

1974년생. 숙명여자대학교 정치외교학과 졸업. 서울대학교 외교학과 석사. University of Maryland-College Park 정치학 박사(2007년). 현재 City University of Hong Kong의 공공사회행정학과 조교수 재직. 박사학위 논문으로 *Regulating China's Industrial Economy: A Comparative Case Study of Automobile and Telecoms Service Sectors*가 있으며, 학술지 논문으로 "Between Owner and Regulator: Governing the Business of China's Telecommunications Service Industry" (*The China Quarterly*, 2009), "Remaking the Chinese State and the Nature of Economic Governance?: The Early Appraisal of the 2008 'Super-Ministry' Reform" (*Journal of Contemporary China*, 2009), "Regulating Decentralized Industries: China's Auto Industry" (*China Review*, 2008: Margaret Pearson과 공저)가 있다.

은종학

1970년생. 서울대 국제경제학과 학사. 서울대 경제학 석사. 중국 칭화대학(清華大學) 경영학 박사(2005년). 박사과정 졸업시 清華大 총장으로부터 '우수박사졸업생 영예칭호(優秀博士卒業生 榮譽稱號)'를 수여받았다. 현재 국민대 국제학부 조교수 재직. 박사과정 중 중국의 교판기업(校辦企業)을 연구하였고 그를 바탕으로 개발도상국의 대학-기업 관계에 관한 이론적 논문을 기술경제 분야 저명 학술지인 *Research Policy*에 게재하였다. "Explaining the "University-run Enterprises" in China: A Theoretical Framework for University-Industry Relationship in Developing Countries and its Application to China" (*Research Policy*, 2006). 주요 연구 분야는 중국의 국가혁신체제, 과학-산업 연계, 중저위기술 분야 산업/기업의 혁신 등이며, 관련 논문을 *International Journal of Innovation Management, Journal of International & Area Studies, Seoul Journal of Economics,* 『국제·지역연구』, 『중소연구』, 『중국연구』 등에 다수 게재하였다.

이동영

1967년생. 계명대학교 중국학과 학사. 베이징대학(北京大學) 정치학 석사. 동대학 정치학 박사(2006년). 현재 성균관대학교 동아시아 학술원 동아시아지역연구소 연구원으로 재직. 박사학위 논문으로 "雙重壓力下村民委員會幹部的角色選擇研究: 以村民委員會主任爲中心的研究"가 있으며 학술지 논문으로 "중국 농촌 촌민위원회 간부들의 역할선택 연구" (『政治學論叢』, 2009)가 있다.

정유선

1975년생. 서울대학교 중문과 졸업. 동 대학 정치학 석사(국제대학원 중국연구전공). University of Wisconsin-Madison 정치학 박사(2009년). 현재 대만 중앙연구원 정치학연구소(中央研究院 政治學研究所) 연구원으로 재직. *Property-Owning Socialism in a New State-Society Relationship: Housing Reform in Urban China*가 박사학위논문이다.

정주연

1974년생. 고려대학교 정치외교학과 학사 및 동대학원 석사. 미국 Stanford University 정치학 박사(2006년). Columbia University의 Weatherhead East Asian Institute에서 Post-doctoral Fellow로 있었으며 캐나다 University of Alberta 정치학과에서 조교수 역임. 현재 고려대학교 정치외교학과 조교수로 재직. 박사학위 논문으로 *When Nonliberal Economies Meet Globalization: the Transformation of Interventionist States in East Asia*가 있으며, 학술지 논문으로는 "Retreat of the State? Restructuring the Chinese Bureaucracies in the Era of Economic Globalization" (*China Review*, 2008), 그리고 "China's National Security Policymaking: Waning Military Representation and Shifting Policy Priorities" (*Korean Journal of Defense Analysis*, 2007) 등이 있다.

주장환

1970년생. 고려대 철학과 학사. 베이징대학(北京大學) 정치학 석사. 동대학 정치학 박사(2003년). 현재 한신대 중국지역학과 조교수 재직. 박사학위 논문으로 "轉型期中國政府産業政策性質對政策積效的影響研究"가 있으며, 주요 저서로 『한중 FTA와 동아시아지역주의』(2009, 공저),『개혁개방기 중국 정치 엘리트』(2007) 등이 있다. 학술지 논문으로 "Assessing the 'Revive the Northeast'(*zhenxing dongbei*) Programme: Origins, Policies and Implementation" (*The China Quarterly*, 2009: 공저), "제17기 중국 공산당 중앙위원회: 기술 관료의 쇠퇴와 '일반 관료'의 부상" (『중소연구』, 2009), "Political Orientations of Chinese Metropolitan Residents: A Survey of Beijing, Shanghai, and Guangzhou Residents" (*The Korean Journal of International Relations*, 2009) 등이 있다.

찾아보기

ㅈ

중국연구방법론

초판 1쇄 발행 2010년 10월 15일
초판 4쇄 발행 2018년 10월 30일

지은이 정재호 외
펴낸이 성나인
펴낸곳 서울대학교출판문화원

출판등록 제15-3호

주소 08826 서울 관악구 관악로 1
대표전화 02-880-5252 | 팩스 02-888-4148
홍보마케팅팀(주문 상담) 02-889-4424, 02-880-7995
이메일 snubook@snu.ac.kr
홈페이지 www.snupress.com

ISBN 978-89-521-1137-1 93340